Grundlagen der Praktischen Philosophie

herausgegeben von
Astrid Schollenberger, Bastian Zimmermann
und Joachim Heil

Über den Autor:

Stephan Grätzel,
Universitätsprofessor für Philosophie,
Leiter des Arbeitsbereiches Praktische Philosophie
am Philosophischen Seminar
der Johannes Gutenberg-Universität Mainz
E-Mail: graetzel@uni-mainz.de

Monographien (Auswahl)
System der Ethik
Existentielle Fragestellungen der Praktischen Philosophie
Grundlagen der Praktischen Philosophie Band I
London 2006
Die Vollendung des Denkens
Vorlesungen zu „Philosophie und Mystik"
London 2005
Die Wahrheit der Fiktion
Vorlesungen zur Hermeneutik
London 2005
Die Masken des Dionysos
Vorlesungen zu „Philosophie und Mythologie"
London 2005
Dasein ohne Schuld
Dimensionen menschlicher Schuld aus philosophischer Perspektive
Göttingen 2004.
Kunst ohne Ende
Vorlesungen zu einer „Philosophie der Kunst"
London 2004
Über die Grenzen des Lebens
Vorlesungen zur Philosophischen Anthropologie
London 2004
Der Ernst des Spieles
Vorlesungen zu einer „Philosophie des Spiels"
London 2004

Stephan Grätzel

Grundlagen
der Praktischen Philosophie
Band II

Methoden der Praktischen Philosophie

Phänomenologie, Hermeneutik, Dialektik

==

Turnshare Ltd.
London

published by

Turnshare Ltd.
27, Old Gloucester Street
London WC1N 3XX

E-mail: publisher@turnshare.com
homepage:
http:/www.turnshare.com

Made and printed by
Turnshare Ltd., London

Der von EBEAFI, UN und Life
prämierte Umschlagkarton besteht aus
Recyclingpapier und Meeresalgen.

ISBN 978-1-903343-65-4

Philosophische Reihe
Herausgegeben von
Joachim Heil

Inhaltsverzeichnis

Vorwort
Aktuelle Aufgaben der Praktischen Philosophie IX

Einleitung: Die Methoden als Zugang zur Lebenswelt 1
1. Fraglosigkeit der Welt 4
2. Problematisierung der Welt 7
3. Propädeutik zu einer wissenschaftlich-kritischen Erfahrung des Selbst und der Welt 9
4. Erste Differenzierung der Methoden 11
4.1. Phänomenologie im Kontext: Husserl und Heidegger 14
4.2. Hermeneutik im Kontext: Schleiermacher und Heidegger 16
4.3. Dialektik im Kontext: Kant und Hegel 18
5. Theorie und Praxis: Zwei Welten? 20
5.1. Erlebnis – Ereignis – Handlung 22
5.2. Die Methoden als Grundrepertoire des natürlichen praktischen Erkennens 24

I. Phänomenologie 29

1. Phänomenologie des Nahbereichs 29

1.1. **Edmund Husserl**
Infragestellung der natürlichen Einstellung und Herausstellung der Intentionalität 29
1.1.1. Phänomenologische Differenzierung von Empirischem und Begrifflichem 32
1.1.2. Zeichen: Differenzierung von Symbol und Ausdruck 36
1.1.3. Zeichen: Differenzierung in Singgebung und Sinnerfüllung 38
1.1.4. Anschauung als ausdrückliche Sinngebung 41
1.1.5. Klärung der Gegenständlichkeit 43
1.1.6. Bedeutung von Realität 44
1.1.7. Singgebung: Realisierung des Objektes 46
1.1.8. Deuten, Verstehen 47
1.1.9. „Beseelung“ der Empfindung 50

1.2. **Martin Heidegger**
Infragestellung der Seinsgeltung schlechthin
und Herausstellung des Grundes der Intentionalität 54
1.2.1. Heideggers phänomenologischer Ansatz um 1920 54
1.2.1.1. „Es gibt ...“ = Es weltet 54
1.2.1.2. Der phänomenologische Weltbegriff 61
1.2.2. Heideggers phänomenologischer Ansatz
in *Sein und Zeit* 66
1.2.2.1. Welt 66
1.2.2.2. Praxis 69
1.2.2.3. *In-der-Welt-sein* 73

2. Phänomenologie des Fernebereichs 81
2.1. Ferne und Ent-fernung 81
2.2. **Hermann Schmitz** – Raum der Gefühle 83
2.3. Tiefe der Gefühle 98

II. Hermeneutik 105
1. **Walter Benjamin**
Erzählung als geschichtliche Ferneerfahrung 106
1.1. Der Erzähler 108
1.2. Informationskultur – Verlust der Ferneerfahrung 111
1.3. Autorität von Information und Erzählung 114
1.3.1. Historiker und Chronist 120
1.3.2. Der Sterbende 122
1.4. Verlust von Aura
Authentizität und Tradition im Zeitalter
technischer Reproduzierbarkeit 123
1.5. Erfahrung von Nähe und Ferne
Bewusstsein und Gedächtnis 130
1.6. Geschichtsverständnis im Zeichen
des Forschritts 138

1.7. Kritische Zusammenfassung 140

Rückblick – Ausblick:
Ereignis als Information, Erklärung und Verstehen 142

2. **Wilhelm Dilthey**
Wiederfinden des Ich im Du 144

2.1. Verstehen 144
2.1.1. Verstehen als reziproke Transposition von fremder Lebensäußerung und eigener Situation 144
2.1.2. Verstehen des eigenen Lebens als Lebenslauf 146
2.1.3. Verstehen des Fremden auf der Grundlage der Autobiographie 148
2.1.4. Verstehen als sinnvolles Einfügen in den Strukturzusammenhang des Lebens 149
2.1.5. Verstehen als produktives Nacherleben der fremden Lebensäußerung 154
2.2. Abschließende Bemerkungen zu Dilthey 158

3. **Paul Ricoeur**
Narrative Ontologie 159

3.1. Die lebendige Metapher 159
3.2. Das Problem der Identität: idem und ipse 166
3.3. Narrative Identität – Dimensionen der Figuration 169
3.4. Die Heilswirkung des Mythos im Ausgang der Aristotelischen Tragödienkonzeption 176

III. Dialektik 181

1. Allgemeine Bestimmungen der Dialektik 181
1.1. Begriffliche Bestimmungen 181
1.2. Methodische Bestimmungen 183
1.3. Inhaltliche Bestimmungen 185
1.3.1. Antike Ursprünge in Kult und Tragödie 185
1.3.2. Formalisierung des Grundwiderspruchs im Ausgang von Heraklit 186

1.3.3. Redramatisierung des formalisierten Grundwiderspruchs in der neuzeitlichen Dialektik 190

2. Das Drama des Widerspruchs von idem und ipse 193

2.1. **Hegel**
Kampf auf Leben und Tod um die Selbständigkeit des Selbstbewusstseins 193

2.2. **Jean-Paul Sartre**
Die Ohnmacht des unselbständigen Selbstbewusstseins im Blick des Anderen 200

3. Die Dialektik in der leiblichen Erscheinung des Selbst 206
3.1. Anthropologie der Rolle 214
3.2. Repräsentation, Vertretung, Stellvertretung 218

4. **Adorno/Horkheimer**
Dialektik als Kulturkritik 225

IV. Das leibhaftige Selbst als integrales Moment der Methoden 231

Anmerkungen 239

Literaturverzeichnis 247

Vorwort

Aktuelle Aufgaben der Praktischen Philosophie

Die Reform der Universität und die Philosophie

Philosophie im Kontext einer universitären Reform

Im Zuge einer der größten Reformen der Universitäten, wie wir sie mit der Umstellung der Studiengänge aber auch mit Elite- und Exzellenzuniversitäten gerade erleben, werden alle Fächer aufgerufen, sich auf ihr Kerngeschäft zu besinnen und ihre Möglichkeiten zur Ausbildung von Kompetenzen herauszustellen. Die Philosophie hat in der Vergangenheit nur am Rande berufsbildend gewirkt, da zumindest einzelne philosophische Kompetenzen in bestimmten Berufen immer willkommen waren. Dazu haben seit jeher Kompetenzen in Logik und Argumentationsführung gehört. Weiterhin wurde immer schon von Absolventen eines Philosophiestudiums – neben einer guten Kenntnis der Geistesgeschichte – eine erhöhte Kompetenz im Verstehen und Auslegungen und Zuordnen von Texten erwartet. Die weitgehende Beherrschung solcher allgemeinen Kompetenzen hat in der Vergangenheit dem Studium der Philosophie – vor allem in Verbindung mit praktischen Fächern wie etwa der Journalistik – eine Berufsqualifikation ermöglicht. Absolventen mit solchen Verbindungen hatten gute Chancen auf einen Beruf. Das wird auch in der Zukunft so bleiben.

Die Reform der Studiengänge bringt es mit sich, dass das Studium der Philosophie zur Ausbildung allgemeiner Kompetenzen nicht nur als Beifach, sondern als Fach selbst berufsqualifizierend werden soll. Ein wesentlicher Anteil dieser neuen Qualifizierung liegt im schulischen Bereich. So wird künftig auch in Rheinland-Pfalz die Ethikausbildung der Lehrer an die Philosophie gebunden und zu einem grundständigen Studiengang ausgebaut. Diese Anbindung der Ethik an die Philosophie ist keineswegs selbstverständlich. Es gibt nicht nur große Begehrlichkeiten anderer Fächer wie etwa der Psychologie, Soziologie und Pädagogik, die Ethikausbildung in der Schule zu übernehmen, es gibt auch Gründe, die Ausbildung den Sozialwissenschaften zu übertragen, handelt es sich beim Ethikunterricht doch auch um die Förderung und Ausbildung sozialer Fähigkeiten des Umgangs miteinander und um das Erkennen von und Vermitteln in Konflikten, um nur einige Beispiele zu nennen. Wenn die Philosophie mit ihrem stärker theoretischen Einschlag hier den Vorzug bekommen hat, so ist das ein Zeichen dafür, die Ethik nicht auf soziale Erziehung, sondern auf Werteerziehung abzustellen.

Aufgaben der Philosophie im Hinblick auf die geschichtliche Wertetradition

Mit der Ausbildung zum Ethiklehrer übernimmt die Philosophie eine breite Verantwortung im Rahmen künftiger Werteerziehung auf allen schulischen Stufen. Auch in anderen gesellschaftlichen Belangen, in denen es um Wertefindung geht – vor allem im Bereich der Technikfolgeabschätzung –, bleibt die Philosophie nicht mehr nur kritische Wissenschaft, die dogmatische Positionen hinterfragt, sie ist selbst zum Angebot eines Wertekanons aufgefordert, der über politische Parteien, Religionen und Weltanschauungen hinwegreicht. Solche Werte findet sie zunächst als Errungenschaften einer Geschichte der abendländischen Philosophie, die ihren Weg in der Hochblüte der antiken griechischen Kultur begann und dann über Jahrhunderte die christliche Religion und Theologie begleitet hat; mit dieser Tradition ist die Philosophie eng verbunden, ob sie es will oder nicht. In dieser Tradition der abendländischen Kultur hat die Philosophie die Entwicklung der Werte immer konstruktiv und kritisch begleitet. Entsprechend werden sich auch die künftigen Aufgaben der praktischen Philosophie als konstruktive und kritische Mitarbeit an der Wertebildung und Werteerziehung herausstellen.

Die Mitarbeit an der Wertebildung und Ausbildung

Konstruktive und kritische Mitarbeit der Philosophie bei der Erfassung allgemeiner Menschenrechte und Werte

Die konstruktive und kritische Mitarbeit der Philosophie an der Wertebildung ist gerade in der heutigen Zeit besonders angefragt, weil die religiöse Erziehung rückläufig ist und – wie im ehemaligen Einflussbereich des Sozialismus – eine weitgehende Verdrängung erfahren hat. Diese konstruktive und kritische Mitarbeit ist auch dort angefragt, wo nichtchristliche Religionen und spirituelle Bewegungen immer stärker Fuß fassen. In beiden Fällen wird nach einer überreligiösen Orientierung in der Wertebildung gesucht. Diese Orientierung muss nicht unbedingt im Gegensatz zu den Religionen stehen, sie muss vielmehr die allgemeinen Menschenrechte und Werte auch in den religiösen Bereichen erfassen und herausstellen.

Die Philosophie ist auch deshalb gefragt, weil sie – wie gerade die Renaissance und Aufklärung zeigen – an der Entwicklung der Menschenrechte wesentlich mitgewirkt hat. Mit ihrem Anspruch, ein kultur- und zeitübergreifendes Menschenbild herauszustellen, hat die Philosophie sich zwar auch Kritik eingehandelt, der Philosophie ist es aber trotz oder gerade dank dieser Kritik gelungen, eine vom Kulturrelativismus unabhängige Sicht auf den Menschen, seine Gründbedürfnisse und die allgemeinen Werte und Ziele zu erreichen.

Aufgabe der allgemeinbildenden Vermittlung von Ethik

Neben ihrer kulturübergreifenden, nicht auf Normen, sondern auf Grundwerten beruhenden Sicht ist es der Philosophie möglich, über die Ethikausbildung an Schulen hinaus

Ethik allgemeinbildend zu vermitteln und zur ethischen Orientierung der Gesellschaft insgesamt beizutragen. Damit wird eine Entwicklung gehemmt, die sich im Moment zum großen Nachteil der moralischen Verfassung der Gesellschaft abzeichnet. Gegenwärtig ist nämlich die ethische Orientierung zunehmend eine Aufgabe für Spezialisten und Berufsethiker, die in Grenzfragen vor allem der Medizin, der Bio-Forschung und der Wirtschaft zum Einsatz kommen und in so genannten Ethikkommissionen konkrete Konflikte und Grenzfragen des jeweiligen Faches beraten. Da in solchen Grenzfragen eine klare Werteordnung über die legalisierten Festlegungen durch Vorschriften, Regeln und Gesetze nicht mehr gegeben ist, werden neue Werte im Diskurs und in der Abwägung der Interessen ermittelt. Diese Vorgehensweise scheint in einer demokratischen Gesellschaft normal zu sein, sie hat gegenwärtig aber durchweg den Charakter, nur ein pragmatischer und nicht eigentlich ein moralischer Lösungsweg zu sein. So bleibt bei vielen Grenzentscheidungen ein schlechtes Gefühl und schlechtes Gewissen zurück, obwohl Patentlösungen von vorn herein nicht erwartet werden können. Das hat sich im Falle der Neuregelung des § 218 zur Schwangerschaftsunterbrechung gezeigt, es zeigt sich heute aber gerade verstärkt in vielen Grenzfragen des Lebens, die aus der Möglichkeit biologischer Manipulation heraus gegeben sind. Das moderne Leben scheint einen Umgang mit Kompromissen erforderlich zu machen, nicht bedacht und geradezu ausgegrenzt sind dabei die Folgen der durch die angewandten Ethiken gefundenen und getroffenen Entscheidungen in Grenzfragen des Lebens.

Gefahren einer ‚Spezialistenethik'

Indem heikle Entscheidungen nun den zumeist unphilosophischen Ethikspezialisten überlassen werden, wird die *ethische Kompetenz* zu einer *Kompetenz ethischer Spezialisten*, welche die Tragweite ihrer Entscheidungen nicht übersehen können und auch gar nicht übersehen wollen. Das eigentliche Konfliktpotential, die Nachhaltigkeit der Schuld auch bei legalen oder legalisierten Manipulationen im Grenzbereich des Lebens, wird höchstens seelsorgerlich in Betracht gezogen, nicht aber wissenschaftlich.

In Ethikkommissionen werden solche Fragen, die ja über den persönlichen Konfliktbereich hinausgehen und ein gesamtgesellschaftliches Problem sind, nicht berücksichtigt. Dies hat viele Gründe, die unter anderem auch darin liegen, dass Ethikkommissionen kaum mit Philosophen, sondern eben nur mit Fachleuten besetzt sind. Es liegt aber auch am Verhalten des Faches Philosophie selbst, welches sich von der alltäglichen Realität und ihren Problemen weit entfernt zu haben scheint.

Voraussetzungen des philosophischen ‚Kerngeschäftes'

Die Besinnung des Faches Philosophie und insbesondere der Praktischen Philosophie auf ihr Kerngeschäft muss deshalb von folgenden Voraussetzungen ausgehen:

- In der säkularen Gesellschaft wird eine Werteorientierung außerhalb religiöser Institutionen gesucht.
- Die Philosophie und ihre Geschichte ist das bevorzugte Feld für die Suche nach allgemeinen Werten und Menschenrechten.
- Die Philosophie sollte eine allgemeine ethische Bildung fördern und dem Trend zur Spezialisierung und Anhäufung von Angewandten Ethiken entgegenwirken.

Die Problematik von spezialisierten Berufsethiken

Wesentliche Aufgabe der Philosophie: Erzeugung einer gesamtgesellschaftlichen Verantwortung

Das Spezialistentum der Angewandten Ethiken erzeugt die trügerische Einstellung, ethische Probleme in Spezialistenkreisen lösen und damit abschließen zu können. Hier muss – und das ist eine wesentliche Aufgabe der Philosophie und besonders der Praktischen Philosophie – ein anderes Bewusstsein erzeugt werden, das die gesamtgesellschaftliche Verantwortung bei der Lösung von Grenzproblemen um Leben und Tod herausstellt.

Die konstruktive und kritische Mitarbeit an der Werteerziehung und Bildung kann deshalb nur dort beginnen, wo *Verantwortung* in ihrer *umfassenden* Form erkannt wird. Wir kennen Verantwortung meist nur in der einschränkten Form der persönlichen Verantwortung und der Haftung. Schon verschwommener ist die politische Verantwortung, die zumeist dann in Erscheinung tritt, wenn sie im Zuge einer Abdankung übernommen wird. Die Übernahme politischer Verantwortung für eine Verfehlung, die als politische Phrase kursiert, ist aber genau besehen gar keine Übernahme, sondern das Ablegen des politischen Amtes und damit auch der Verantwortung für die Verfehlung.

Herausstellung der Dimension einer gesamtgesellschaftlichen Verantwortung

Verantwortung zu übernehmen ist eine schwere und schwer zu begrenzende und einzugrenzende Aufgabe, vor allem wenn es um heikle und todbringende Entscheidungen in Grenzfragen geht. Hier liegt eine gesamtgesellschaftliche Verantwortung und damit immer auch eine allumfassende Mitschuld an Handlungen und Vergehen vor. Um diesen umfassenden Komplex zu erfassen, um die moralische Nachhaltigkeit zu erkennen, muss der Handlungsbegriff in seinen verschiedenen Dimensionen erkannt werden. Das ist die Aufgabe einer Propädeutik der Praktischen Philosophie.

„Handlung" als zentraler Gegenstand der Praktischen Philosophie

Handlung als Tätigkeit und Handlung als Geschichte

Im Zentrum Praktischer Philosophie stehen damit der Begriff der Handlung und seine philosophische Definition. Dabei muss es darum gehen, die enge Verbindung von Handlung als Tätigkeit und Handlung als Geschichte herauszustellen. Wir sprechen von einer Handlung, wenn jemand etwas tut, wir sprechen aber auch von Handlung, wenn wir den Verlauf einer Geschichte, einer Erzählung oder eines Filmes, meinen. Weiterhin sprechen wir – allerdings in einer etwas altertümlichen und kaum noch gebräuchlichen Weise – von Handlung, wenn wir von einem Geschäft reden. Gewisse Produkte haben immer noch ihre Handlung, wo sie gehandelt werden, z.B. Eisenwarenhandlungen. Der gemeinsame Begriff des *Handelns* kann also ein Tun bedeuten, er kann aber auch die Geschichte (plot) oder den Tausch meinen.

Handlung als der umfassende Rahmen, in dem menschliches Tun vollzogen wird

In der Praktischen Philosophie ist diese umfassende Bedeutung von Handlung kaum berücksichtigt. Im Gegenteil, dieser Grundbegriff ist doch vor allem durch die Analytische Philosophie erheblich verengt und vereinseitigt worden. So definiert Edmund Runggaldier, ein bekannter analytischer Denker, der eine Monographie über Handlung geschrieben hat, Handlung folgendermaßen: „Eine Handlung liegt dann und nur dann vor, wenn ein menschliche Person etwas absichtlich und bewusst tut oder nicht tut.“[2] Die Vereinseitigung liegt in der Reduktion der Handlung auf eine absichtliche Tätigkeit. Die Absichtlichkeit als Kriterium reduziert die Handlung auf den juristischen Komplex des Vorsatzes bzw. der Fahrlässigkeit, also auf den Komplex der vorsätzlichen oder fahrlässigen Handlung. Handlung ist aber, wie schon angedeutet, weit mehr als ein Tätigsein zwischen Vorsatz und Fahrlässigkeit. Handlung ist der umfassende Rahmen, in dem menschliches Tun vollzogen wird, geschieht und als Geschehen seine Geschichte hinterlässt.

Entfaltung eines integralen Handlungsbegriffs

Wir kommen damit zu einem integralen Handlungsbegriff, wie er als Gegenstand der philosophischen Auseinandersetzung hier entfaltet werden soll.

Handlung ist zunächst überhaupt nicht an eine Person gebunden sondern, an ein Geschehen und an eine Geschichte, in der eine Person vorkommt und an der sie mit ihrem Tun mitwirkt. Die Handlung steckt nicht in einer Person und führt wie das Aufziehwerk einer Puppe zu bestimmtem absichtlichen oder unabsichtlichen Tätigkeiten. Vielmehr handelt eine Person in einer Geschichte, indem sie handelnd ein Geschehen aufgreift, ausführt und weiterführt. Handlungen können daher nicht subjektivistisch verstanden werden, sie sind nicht bloß Aktionen oder Tätigkeiten eines Subjekts, vielmehr sind Subjekte Träger einer Handlung.

Aus dem bisher gesagten ergibt sich ein grundlegendes Kriterien von Handlung:

Handlungen sind integrale Gebilde, die sich einerseits aus Geschehnissen *zusammensetzen, die aktuelle, geschichtliche und zukünftige Ereignisse umfassen, und andereseits aus* Taten, *die aus absichtlichen, fahrlässigen oder unabsichtlichen Motiven hervorgehen.*

Handlung im Zusammenspiel von Horizontale und Horizont

Die Logik dieser Zusammensetzung unterscheidet sich nun von der logischen Abfolge bloßer Taten oder bloßer Ereignisse für sich betrachtet, nicht aber in ihrer Verbindung. Nehmen wir die bloße Folge der Taten oder die bloße Folge der Ereignisse, dann können wir sie nach ihrer kausalen Folge oder nach ihrer Zweckbezogenheit ausrichten. Entsprechend verfährt die Kriminalistik, um ein Ereignis zu rekonstruieren und einen Täter und sein Motiv zu ermitteln. Hieraus entsteht eine Horizontale der chronologischen Ereignisse und Taten und ihrer zielgerichteten Motive. Die Handlung ist aber mehr als diese Horizontale. Denn Handlung hat und ist eine Geschichte, die innerhalb einer umfassenderen Geschichte stattfindet. Mit der geschichtlichen Dimension wird der Horizont entworfen, innerhalb dessen eine Handlung stattfindet. Dieser Horizont kann nun nicht mehr kausal oder final ermittelt werden, wie die bloße Chronologie, er kann nur mithilfe der Erzählung oder der dramatischen, theatralen oder medialen Umsetzung von Erzählung ins Blickfeld gerückt werden. Damit wird die Handlung selbst zu einem Auslegungsvorgang, der keineswegs auf ein Original oder ein realistisches Ursprungsgeschehen zurückgreifen kann.

Handlung ist damit selbst erst einmal ein Ereignis, das erfahren wird und das zum Umgang und eventuell auch zur Reaktion einlädt oder auffordert. Bevor ich etwas tue, ist etwas geschehen. Ich werde in die Handlung eines Geschehens einbezogen, wenn ich aktiv werde. Alles Tun ist eine Antwort auf ein Geschehen und steht in der Folge des Geschehens. Auch wenn mit dem Tun etwas Neues unternommen wird – und das ist gerade dann der Fall, wenn ein Wendepunkt im Leben oder eine Krise einen Neuanfang unumgänglich macht –, so ist doch dieses Neue auf fundamentale Art mit seiner Krisengeschichte verbunden.

Freiheit als Horizont der Handlung

Deshalb geht das Tun auch nicht ins Blaue hinein, sondern ist seinem Vorkommnis verbunden oder sogar verpflichtet. Das sollte gerade angesichts sophistischer Streitereien um die menschliche Freiheit bedacht werden, wie wir sie im Zuge der Naturalismus-Debatte mit ihren Schlachten in angesehenen Tageszeitungen gegenwärtig erleben. Die Frage, ob die menschliche Freiheit im Gehirn vorkommt oder nicht, verkennt die Bedeutung der Freiheit als Spielraum innerhalb des Handlungsrahmens. Freiheit ist nicht im Gehirn zu suchen, sondern im Spielraum der Handlung. Dieser Spielraum reicht aber über Körperbewegung oder „basic actions“ weit hinaus und umfasst neben dem Geschehnis und der Antwort im Tun auch die Vermittlung des Geschehnisses, insofern es sich nie eindeutig und als objektives Geschehen darstellen kann. Alles Tun ist als Umgang und Reaktion auf ein Geschehen der Umgang und die Reaktion auf die Erscheinungsform des Geschehens.

Bedingungen des Erfassens der Objektivität eines Ereignisses

So werden scheinbar gleiche Ereignisse nicht nur sehr unterschiedlich erlebt, sondern auch unterschiedlich behandelt. Eine Objektivität des Geschehens, ein angemessener Umgang und eine Reaktion können nur dann hergestellt werden, wenn das Ereignis beschrieben, ausgelegt und erörtert wird. Auf dem Wege der *Beschreibung*, *Auslegung* und *Erörterung* verwandelt sich das Ereignis, es wird zum Bericht, zur Erzählung, zum Kommentar und zur kritischen Reflexion. Dabei wird es immer „objektiver“, so dass es am Ende den Charakter eines „festgestellen“ Ereignisses hat, das scheinbar als solches geschehen ist. Es ist aber keineswegs ein Ereignis, das als solches geschehen ist und für sich und an sich bestünde, sondern ein Ereignis, das mit dem Ziel, Objektivität zu erhalten und zu erzeugen, behandelt und bearbeitet wurde. Dabei wird das Ereignis zur Erfahrung: es wird erfahren und in schon bestehende Erfahrung integriert.

Dieser Wandlungs- und Verwandlungsprozess von Ereignissen durch verschiedene Formen von Behandlung soll in der methodischen Propädeutik vorgestellt werden. Es geht dabei vor allem darum, die Breite und Tiefe des Erfahrungsraumes abzustecken. Erfahrung ist, wie alle der hier gezeigten Methoden zeigen, ein komplizierter Vorgang der *Aneignung*, *Verwandlung* und *Verarbeitung*.

Die Methoden Praktischer Philosophie

Die Transformation des Geschehens- und Ereignischarakters spiegelt sich zumindest prinzipiell in den Methoden der Phänomenologie, der Hermeneutik und der Dialektik ab – prinzipiell deshalb, weil sie nur grundsätzlich Bereiche wiedergeben, zwischen denen es fließende Übergänge gibt. Die Phänomenologie befasst sich dabei mit der Erscheinung der Dinge und ihrem Gegebensein. Hier wird die Faktizität des Gegebenseins untersucht. Die Frage der Phänomenologie

Phänomenologie: Frage nach dem Wie des Erscheinens der Phänomene

lautet: Wie erscheinen Dinge und wie werden sie zum Ereignis? Die Phänomenologie stellt die Dinge in einen Weltzusammenhang, den sie Lebenswelt nennt. Sie geht dabei kritisch zuwege, wenn sie – wie Husserl in seiner späteren Phase – die Vereinheitlichung der Lebenswelt unter dem naturwissenschaftlichen Forschungsstil in Frage stellt. Die Lebenswelt ist weit mehr als eine Ansammlung von Fakten und Objekten. Sie ist vor allem und zuerst eine Welt der Geschehnisse und Ereignisse mit ihren Gefühlen und Stimmungen.

Hermeneutik: Frage nach dem Sinn der Ereignisse für uns und unser Dasein

In dieser Form als Welt der Gefühle und Stimmungen ist sie auslegungsbedürftig. Es gibt einen notwendigen Zug, den *Sinngehalt* von Ereignissen mit ihren Gefühlen auszulegen und ihnen eine *Bedeutung* zu geben. Mit dieser Auslegung der Ereignisse betreten wir schon das Feld der Hermeneutik, die nicht nur eine Auslegungskunst ist, sondern zum Verstehen des Menschen gehört. Der Unterschied zwischen Erklären und Verstehen, der vor allem von der Hermeneutik des 19. Jahrhunderts aufgezeigt wurde, ist zunächst einmal der Unterschied zweier Methoden: der naturwissenschaftlichen Kausalität, die äußerliche Zusammenhänge bzw. Ursachen und Folgen erklärt, und einer geisteswissenschaftlichen Finalität, die innere Zusammenhänge bzw. Motive und Ziele versteht. In direktem Zusammenhang mit der Phänomenologie und gleichsam als die sich ihr anschließende Methode hat die Hermeneutik diese anthropologische Erweiterung bekommen, als Auslegung das grundsätzliche Weltverstehen zu sein. Zu dieser Verbindung von Phänomenologie und Hermeneutik hat Heidegger den entscheidenden Schritt getan.

Mit diesen beiden Methoden ist aber das methodische Feld der Praktischen Philosophie noch nicht umrissen. Wesentlich fehlt noch die inhaltliche Auseinandersetzung mit den Grundwidersprüchen des Lebens, allem voran der elementa-

Dialektik: Frage nach dem Sinn des vermeintlichen Widerspruchs, der dem Dasein selbst zugrunde liegt

re Widerspruch zwischen Leben und Tod. Dieser Widerspruch ist nicht logischer, sondern dialektischer Natur. Der Tod vernichtet nicht nur Leben, sondern er ermöglicht es gerade. Diese Dialektik hat die Kultur der Menschheit wesentlich bestimmt. Das Geheimnis, wie aus dem Tod das Leben hervorgeht, ist der tragische Widerspruch des Lebens, der nicht nur in den Tragödien erzählt und dargestellt wurde und wird, sondern auch in der Philosophie zur Kernfrage gehört. Das Problem des Todes, soweit er Leben vernichtet und ermöglicht, ist das dialektische Problem schlechthin. Die Dialektik, die zunächst nur eine Kunst der Erörterung ist, ermöglicht das Verständnis für unauflösliche Probleme, indem sie den methodischen Zugang für die Erörterung differenter und logisch unvereinbarer Positionen schafft.

Die Methoden Praktischer Philosophie beschäftigen sich also insgesamt mit den Erscheinungen der Lebenswelt, ihrem Verständnis und ihrer Auslegung. Mit der Auslegung der Welt und des Lebens entstehen Grundwidersprüche, die nicht bagatellisiert und zu Scheinproblemen erklärt werden dürfen, sondern deren methodische Befassung den dritten Teil einer methodischen Grundlegung bildet. Soweit es sich um Methoden handelt, werden diese Verfahren an die Lebenswelt herangetragen. Die Lebenswelt und ihre Selbstverständlichkeit werden dabei methodisch in Frage gestellt. Die Selbstverständlichkeit, in der diese Lebenswelt immer schon erscheint und mit der sie zumeist ausgelegt wird, wird dabei zum Gegenstand der Untersuchung gemacht. Die methodische Infragestellung der Selbstverständlichkeiten des Lebens soll dazu dienen, die vom Leben selbst gestellten Probleme besser zu verstehen und handhaben zu können. Dazu gehören nicht zuletzt die Grenzfragen in der ethischen Besinnung, die wir zu Beginn gestreift haben. Die methodische Infragestellung lässt nicht nur die Dimensionen moralischer Nachhaltigkeit und Mitverantwortung deutlich werden, wenn sie zeigt, dass das Leben ein In-Geschichten-sein ist und deshalb auch die Probleme und Widersprüche von Geschichte auf die Gegenwart übergreifen. Die drei Methoden geben auch Richtungen vor, wie diese Fragen zu lösen sind. Damit werden wir uns dann im dritten Band der *Grundlagen der Praktischen Philosophie*, der unter dem Titel *Ethische Praxis* steht, beschäftigen.

Jetzt steht aber erst einmal die Ausfaltung und auch die Verbindung der Methoden an.

Einleitung:
Die Methoden als Zugang zur Lebenswelt

Philosophische Zugänge zum Feld der Handlung

Methoden der Praktischen Philosophie ist der zweite Band der Reihe *Grundlagen der Praktischen Philosophie*. Er ist bereits vorbereitet worden durch den Band *System der Ethik*[1], der in die ethische Fragestellung einführt. Im *System der Ethik* ging es um eine Differenzierung dieser Fragestellungen und darum, das Feld der Ethik näher zu bestimmen. Im Vorfeld dieser Bestimmung tauchten zunächst Fragen auf: Was ist Praktische Philosophie? Was ist Ethik? Was ist Moral? Liegen die Unterschiede nur in einer oberflächlichen Bestimmung oder gehen sie tiefer? Wenn sie tiefer gehen, dann zeichnet sich in ihnen eine grundsätzliche Problematik menschlichen Handelns ab. Sie entfaltet sich in den unterschiedlichen Arten von Fragen, mit denen wir in Leben und Alltag beschäftigt sind.

Wenn wir uns jetzt den Methoden der Praktischen Philosophie zuwenden, dann betreten wir kein neues Feld, sondern wählen nur einen anderen Weg zu demselben. Das gemeinsame Feld ist die philosophische Klärung und Systematisierung der *Handlung*. Die Unterschiedlichkeit der Wege besteht darin, wie mit der Frage bzw. der Fraglosigkeit umgegangen wird: Die Ethik fragt mit dem ihr eigenen ‚Was tun?' nach dem gelingenden Leben und sucht nach Antworten. Im Gegensatz dazu geht die jetzt vorzunehmende *methodische* Abklärung aber zunächst von der Fraglosigkeit der praktischen Welt und ihrer Alltäglichkeit aus, um sie dann in Frage zu stellen. Sie geht den umgekehrten Weg. In einem weiteren Band, dem dritten Teil der *Grundlagen*, werden wir uns wieder der Lebenswelt und der Alltäglichkeit mit ihren kritischen Herausforderungen zuwenden, wobei wir dann auf die grundsätzlichen und methodischen Überlegungen der vorausgehenden beiden Teile zurückgreifen können. In dem Band *Ethische Praxis* werden wir auf Anwendungen in Alltag und Beruf eingehen.

Fragwürdigkeit der Lebenswelt

Der Teil, der uns jetzt beschäftigen wird, ist also der methodischen Grundlegung der Praktischen Philosophie gewidmet. Die Praktische Philosophie beschäftigt sich mit der Lebenswelt in ihrer Fraglosigkeit. Dieser Begriff der Lebenswelt ist schon ein *Terminus technicus*, ein Begriff, der nicht ursprünglich aus der Alltagssprache stammt, sondern aus der Philosophie. Genau genommen ist die Lebenswelt durch die Phänomenologie Edmund Husserls terminologisch geworden und gehört mittlerweile – über den philosophischen Gebrauch hinaus – auch dem alltäglichen Sprachgebrauch an. Die Lebenswelt ist, wie der Begriff selbst schon sagt, die Welt, in der wir leben. Diese Welt, in der wir leben, kann fragwürdig werden. Das ist dann der Fall, wenn von der Situation dieser Welt selbst oder von der Einstellung zu dieser Welt her sich diese Welt nicht als homogenes bzw. als sinnvolles Ganzes zeigt, sondern als eine Welt, die in sich gebrochen erscheint, in der sich Krisen zeigen, in der es Entscheidungsphasen gibt, die uns herausfordern. Solche Phasen müssen nicht unbedingt negativ sein. Vielmehr sind es einfach Phasen, in denen etwas Neues angefordert ist, in denen man sich für etwas entscheiden muss. Jeder Mensch muss in bestimmten Situationen Entscheidungen treffen. Es sind damit Phasen, in denen die Lebenswelt fragwürdig wird. *Fragwürdig* meint nicht, dass diese Lebenswelt etwa dubios wäre, sondern es bedeutet, dass ich mich als Teil dieser Lebenswelt bzw. als jemand, der sich hier bewähren muss, in Frage

,Was soll ich tun?' als Teilfrage eines Systems existenzieller Fragen

gestellt und herausgefordert sehe. Mit dieser Fragwürdigkeit hat sich das *System der Ethik* beschäftigt. Die kritischen Phasen sind Entscheidungsphasen oder auch Krisen. In diesen Phasen stelle ich mir die Frage: ‚Was soll ich tun?' Und diese Frage ‚Was soll ich tun?' ist Teil einer ethischen Fragestellung oder eines Systems von Fragen. Denn ich frage eigentlich nicht nur ‚Was soll ich tun?', sondern ich frage auch ‚Was kann ich tun?', ‚Was darf ich tun?' und ‚Was muss ich tun?' Den Aufriss dieser unterschiedlichen Fragestellungen hat das *System der Ethik* veranschaulicht. Dabei zeigt sich, dass ein großer Unterschied darin besteht, ob ich etwas nur tun bzw. machen kann, ob ich die dazu nötigen Fähigkeiten oder Tugenden besitze und ob mir dieses Können verboten oder ob es zugelassen wird. Das alles sind Fragen, die durch Normen, Werte, Gebote oder Verbote geregelt werden. Es ist ein Unterschied, ob ich mich mit Fragen des Könnens und Dürfens beschäftige oder ob ich mit einem Sollen und Müssen konfrontiert bin. Denn hier beschäftige ich mich mit Fragen des Gewissens, die in moralische und in existentielle Bereiche hineingehen. Das ist der Umkreis des *Systems der Ethik*: die eine Seite der Welt, die fragwürdige Seite.

Fraglosigkeit der Welt

Kommen wir aber wieder auf die aktuelle Problematik zurück. Womit wir uns jetzt im Hinblick auf die Methoden beschäftigen wollen, ist wie gesagt das Gegenteil, die *Fraglosigkeit* der Welt. Die Fraglosigkeit gibt die normale und natürliche Einstellung zum Leben wieder, bei der wir nicht gerade in kritischen Situationen oder in Entscheidungsphasen sind, also in Krisen leben. Fraglos ist die natürliche Einstellung, denn wir stellen die Welt natürlicherweise nicht in Frage; würden wir das ausschließlich tun, wären wir nicht lebensfähig. Normalerweise ist uns das Leben, auch wenn sich uns eine Reihe von Problemen stellen, als solches unproblematisch. Die Lebenswelt wird nur in kritischen Situationen fragwürdig.

1. Fraglosigkeit der Welt

• **Fragwürdigkeit** – Kritische Phase – Entscheidungsphase – Krise	• **Fraglosigkeit** – Gegebenheit – Hinnahme – Selbstverständlichkeit
• **„Was soll ich tun?"** – Ethische Fragen „System der Ethik"	• **„Warum ist überhaupt etwas, und nicht vielmehr nichts?"** – Problematisierung
• **Praxis** – Entscheidungen	• **Propädeutik** – Kritische Einstellung

Die Fraglosigkeit als der Ausgangspunkt der methodischen Überlegungen habe ich unterteilt in drei Formen: die *Fraglosigkeit der Gegebenheit*, die *Fraglosigkeit der Hinnahme* und die *Fraglosigkeit der Selbstverständlichkeit.*

Fraglosigkeit der Gegebenheit

Das sind keine Begriffe, die scharf trennen, vielmehr sollen sie andeuten: Die Fraglosigkeit der Gegebenheit ist die Fraglosigkeit der Einstellung zu den Dingen außerhalb einer philosophischen Problematisierung und eines philosophischen Bewusstseins. In dieser Weise werden noch nicht einmal die Dinge in der Welt in Frage gestellt. Denn selbst die Wissenschaften, die Naturwissenschaften aber auch die Geisteswissenschaften, gehen normalerweise davon aus, dass die Dinge als solche fraglos sind. Sie stellen die Dinge als solche nicht in Frage, sondern sie fragen positivistisch nach den Zusammenhängen oder auch nach der Herkunft der Dinge, möglicherweise auch danach, welchen Zweck die Dinge haben. Die Infragestellung der Gegebenheit von Dingen ist etwas anderes und macht eine grundsätzliche Methode der Philosophie aus.

Fraglosigkeit der Hinnahme

Die zweite Form, die Fraglosigkeit der Hinnahme, bezieht sich auf die Art und Weise, wie uns Informationen zukommen, wie und in welcher Form uns Informationen zugänglich gemacht werden, wie wir etwas erklären, verstehen, bedeuten, ausdeuten. Auch die Formen der Kommunikation – des Verstehens, des Erklärens, der Deutung – sind zunächst nicht krisenhaft und, soweit sie funktionieren, fraglos. Ihre Problematik tritt erst in Kommunikationsstörungen auf oder eben in der philosophischen Hinterfragung.

Fraglosigkeit der Selbstverständlichkeit

Die dritte Form der Fraglosigkeit, die Selbstverständlichkeit, betrifft die Fragwürdigkeit der Widerspruchslosigkeit der Dinge, wie sie nach dem Satz vom Widerspruch gegeben sind: Ein Tisch ist ein Tisch und nicht auch zugleich und in derselben Hinsicht ein Nicht-Tisch.

Philosophische Grundfrage: Warum ist überhaupt etwas, und nicht vielmehr nichts?

Diese Fraglosigkeit wird nun durch eine Art künstliche Fragestellung in Frage gestellt. Denn von sich aus stellt sich die Gegebenheit der Dinge ja gerade nicht in Frage. Was hier methodisch unternommen wird, ist die Simulation einer kritischen Einstellung gegenüber den natürlichen Einstellungen: Das geschieht, indem wir die Grundfrage der Philosophie stellen: ‚Warum ist überhaupt etwas, und nicht vielmehr nichts?'

Mit dieser Frage wird die grundsätzliche Problematisierung eines Zustandes herbeigeführt, der als solcher eigentlich nicht problematisch ist. Stelle ich die Frage ‚Warum ist überhaupt etwas, und nicht vielmehr nichts?' stelle ich also die Frage nach dem Sein, dann wird ein zusätzliches Problem geschaffen, das es vorher nicht gab. Denn wir leben normalerweise so dahin und kümmern uns nicht um die Art und Weise, wie das Sein zu verstehen ist. Wir kümmern uns gewöhnlich nicht darum, wie uns die Dinge gegeben sind und was passiert, wenn wir kommunizieren, und warum die Logik auf Widerspruchslosigkeit aufbaut, obwohl es doch eigentlich nur Widersprüche gibt. Wenn wir uns aber als Philosophen berufen fühlen, dann beginnen wir das alles zu hinterfragen. Damit wird auch alles auf einmal fragwürdig.

Die kritische Einstellung zur Welt

Der Fraglosigkeit wird also durch die Infragstellung hinterfragt: Das Ganze hat das Ziel, eine kritische Einstellung zur Welt, zur Lebenswelt, zu erreichen. Ziel ist es, nicht mehr naiv von einer Gegebenheit der Welt auszugehen, sondern gegenüber der natürlichen und naiven Einstellung eine kritische Einstellung zur Gegebenheit zu entwickeln. Das ist die Propädeutik, die Vorübung, um die Kritik an der natürlichen Einstellung nicht als bloßes Meinen oder Glauben, sondern wissenschaftlich begründet in ihrer praktischen Relevanz aufzuzeigen.

2. Problematisierung der Welt

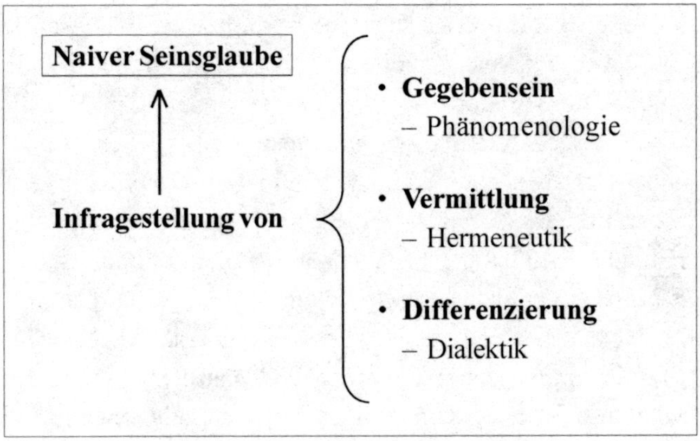

Phänomenologie als kritische Infragestellung eines positiven Gegebenseins der Welt

Die erste Form der Problematisierung, die ich Ihnen vorstellen möchte, ist die Problematisierung der Welt. Das ist die Infragestellung eines naiven Seinsglaubens bzw. die Infragestellung des Gegebenseins der Welt. Eben diese Aufgabe hat die Phänomenologie. Die Phänomenologie, so wie sie uns als klassische Disziplin von Husserl her bekannt und geläufig ist, ist die Infragestellung des Gegebenseins der Dinge. Allerdings werden die Dinge nicht einfach dogmatisch verneint. Phänomenologie ist eine *simulierte* kritische Einstellung im Unterschied zu existentiellen Fragen, die nicht simuliert sind, sondern aus echten Krisen erwachsen. In der Phänomenologie wird also aus einer gewissen Distanz heraus die Gegebenheit der Welt problematisch gemacht, indem die Basis, auf die normalerweise positive Wissenschaften zurückgreifen, einer methodischen Hinterfragung zugeführt wird. Auf das Nähere kommen wir natürlich noch zu sprechen.

Hermeneutik als kritische Infragestellung der Art und Weise, wie uns Welt vermittelt wird

Die zweite Form der Problematisierung zeigt sich als eine Infragestellung der Vermittlung. Wie ich schon andeutete, geht es auch um die Art und Weise, wie uns die Welt vermittelt wird, d.h. es geht um das Medium und die Medien, mit denen uns insgesamt die Welt vermittelt wird. Diese Art und Weise der Vermittlung kritisch zu hinterfragen ist die Aufgabe der Hermeneutik. Was die Hermeneutik im Einzelnen leistet, das werden wir auch genau besprechen. Soviel möchte ich aber schon voranstellen: In der Hermeneutik geht es darum, dass *Daten*, so wie sie uns gegeben sind, immer auslegungsbedürftig sind. Wir können nicht einfach sagen: ‚Ein Datum ist ein Faktum oder ein Faktum ist ein Datum'. Das ist schon ein naiver Glaube oder Seinsglaube. Alle Daten sind immer schon vermittelt und damit in irgendeiner Weise ausgelegt, also unter einen Horizont gebracht und vor irgendeinen Hintergrund gestellt. Daten sind vermittelte und inszenierte Daten und nicht fraglos gegebene. Das ist die Problematisierung, die uns die Hermeneutik zumutet.

Dialektik als kritische Infragestellung der verschiedenen logischen Positionen

Die dritte Form der Problematisierung meint das Differenzieren von gegensätzlichen Positionen zum gleichen Thema oder Gegenstand. Das ist es, was – ganz allgemein und auch etwas verkürzend gesprochen – die Dialektik ermöglicht. Vielleicht haben Sie früher in der Schule dialektische Aufsätze schreiben müssen. Hier untersucht man Argumente, die für eine bestimmte These sprechen, und gleichzeitig Argumente, die gegen diese These sprechen, um dann zu einer Art Synthese zu gelangen. Wir finden hier also die künstliche Herbeiführung einer Diskussion, in der die gegensätzlichen Positionen ausgelotet werden. In diesem Verfahren ist es wichtig, Argumente der Gegenseite, die man nicht teilt, so zu entwickeln, als würden sie interessieren oder als wären es die eigenen Argumente.

Diese drei Methoden problematisieren insgesamt den naiven Seinsglauben, dem wir alle anhängen. Denn wir alle verwenden den Begriff des Seins in jeder Hinsicht fraglos – sei es im Sinne der Gegebenheit von Dingen, sei es im Sinne der Gegebenheit von Daten und Informationen oder sei es in der Gegebenheit von logischen Eindeutigkeiten. Das Fraglose wird hier nun gründlich in Frage gestellt mit dem Ziel, eine kritische Einstellung zur Welt einzunehmen.

3. Propädeutik zu einer wissenschaftlich-kritischen Erfahrung des Selbst und der Welt

	• **Distanzierung** – Phänomenologie
Kritische Einstellung durch	• **Auslegung** – Hermeneutik
	• **Erörterung** – Dialektik

Die kritische Einstellung ist damit die Propädeutik zu einer wissenschaftlichen Einstellung. Die wissenschaftliche Einstellung sollte sich nicht auf den Boden der naiven Einstellung stellen, sondern zuerst diese Propädeutik durchlaufen. Das ist vor allem wichtig, wenn sie praktisch und anwendungsbezogen sein soll. Darauf komme ich noch zu sprechen. Widmen wir uns nun den einzelnen Methoden.

Phänomenologie als Methode der Eröffnung einer Differenz zwischen der Bedeutung und dem Gegebensein der Dinge

Da ist zunächst das Verfahren der Distanzierung. Das ist die Aufgabe der Phänomenologie. Die Phänomenologie distanziert den Beobachter zur Welt, als könnte er sich aus dem Gegebensein der Welt heraushalten. Das heißt allerdings nicht, dass die Dinge verschwinden – gerade im Gegenteil. Es geht darum, die Dinge als solche und unabhängig vom Seinsglauben zu erfassen.

Hermeneutik als Methode der Eröffnung eines Bedeutungshorizontes, der sich normalerweise hinter unserem Rücken in Szene setzt

Die kritische Einstellung der Hermeneutik entsteht durch Auslegung oder genauer: Auslegungs*kunst.* Die philosophische Hermeneutik im weiteren Sinne geht davon aus, dass Daten immer schon ausgelegt sind, dass wir in einer Welt leben, die immer schon ausgelegt ist. Die Welt hat insofern immer schon einen Bedeutungshorizont, von dem alles herkommt und der gewissermaßen im Rücken der Daten ungenannt mit einhergeht. Die Auslegung versucht, diesen Hintergrund zu öffnen. Die Auslegung ist ein uraltes Verfahren der Deutung und Entschlüsselung von Schriften; sie ist vor allen Dingen zunächst ein technisches Verfahren in der Theologie, in der Jurisprudenz, in den Philologien und in den Geschichtswissenschaften. Aber – das zeigt der Gang der Hermeneutik bis in unsere Tage hinein – dieses spezielle Verfahren der Auslegung von Schriften oder Zeichen hat sich erweitert bis hin zur Auslegung von ganz alltäglichen Erscheinungen. Nicht mehr allein spezielle kanonische Texte, heilige Texte, sind jetzt auslegungsbedürftig, sondern der *Alltag* selbst erweist sich als auslegungsbedürftig. Die späteren bzw. philosophischen Formen der Hermeneutik stellen Methoden dar, eine kritische Einstellung zur Welt zu gewinnen.

Als dritte Methode stellt die Dialektik als eine Kunst der Erörterung eine Form der kritischen Einstellung nicht nur zu mir selbst, sondern auch zur Welt her. Ich hatte Ihnen ja schon angedeutet, inwieweit dieses Erörtern und Gesprächführen erfordert, dass ich mich auf Positionen einlasse, die mir nicht geläufig, für mich uninteressant oder auch fremd sind. Indem die Argumentation der Gegenseite aufgegriffen wird, wird nicht nur eine Kontroverse aufrechterhalten oder vielleicht erst geschaffen, es wird auch Verständnis für das Andere und für den Anderen geweckt. Damit wird die Einstellung kritisch in den Blick genommen.

Dialektik als Methode der Eröffnung einer kritischen Erörterung der Einstellung zu mir selbst und der Welt

Alle drei Methoden – die Phänomenologie, die Hermeneutik und die Dialektik – eröffnen eine kritische Einstellung zur Welt und damit auch zu mir selbst.

4. Erste Differenzierung der Methoden

- **Phänomenologie**
  – Lehre vom ***Wie*** des Erscheinens / Aufscheinens
- **Hermeneutik (heremeneutiké techné)**
  – Kunst der Auslegung / Übersetzung
- **Dialektik (dialektiké techné)**
  – Kunst der Erörterung

Phänomenologie – Wenn Sie den Begriff *Phänomenologie* nachschlagen, dann lesen sie zumeist: ‚Phänomenologie ist die Lehre von den Erscheinungen'. Was aber soll denn eine ‚Lehre von den Erscheinungen' sein? Eine solche Definition führt in die Irre, da wir im natürlichen Leben nicht mit

Frage nach der Faktizität der Fakten

Erscheinungen umgehen, sondern mit Wirklichkeiten und Realitäten. Erscheinungen sind Trugbilder und Illusionen. Eine Lehre von den Erscheinungen wäre eine Lehre von solchen Trug- und Wahnbildern oder von Geistererscheinungen. Das hat aber mit Phänomenologie nichts zu tun. Phänomenologie ist nicht die Lehre von den Erscheinungen, sondern die Lehre von dem *Wie* des Erscheinens oder Aufscheinens der Dinge.

Diese terminologische Abklärung ist keineswegs nebensächlich oder übertrieben, denn hier zeigen sich schon die ersten Anzeichen für ein weit verbreitetes Missverstehen der Phänomenologie und ihrer Methode. Die besondere Stärke der phänomenologischen Lehre liegt gerade darin, dass sie von der realen Welt ausgeht und zeigt, inwieweit diese Realität dann Erscheinung ist. Phänomenologie stellt die Frage, auf welcher Bedingung das Erscheinenkönnen von Gegenständen aufruht. Das führt uns zurück auf die bereits erwähnte kritische Haltung der Phänomenologie: Die Dinge sind uns gegeben – das ist ja keine Frage –, aber *wie* sind uns die Dinge gegeben? *Wie* kommt es, dass wir die Dinge in ihrer Gegebenheit als faktische, als wahre, als reale Dinge erfassen und nicht als Schein oder als bloße Erscheinungen? Wir halten die Dinge ja gerade nicht für Erscheinungen, sondern eben für Dinge. Niemand käme auf die Idee, dieser Tisch hier sei eine Erscheinung. Der Tisch ist natürlich keine Erscheinung, sondern er ist ein Faktum. Jetzt stellt sich aber die Frage: Wie kommt es zu der Faktizität dieses Faktes? Das ist die Frage der Phänomenologie.

Frage nach dem ursprünglichen Sinn einer Botschaft, eines Symbols oder Zeichens

Die **Hermeneutik** ist eine Kunst der Auslegung. In ihren historischen Anfängen war sie eine sehr eingeschränkte Methode. Aber schon bei Schleiermacher zeigen sich Möglichkeiten, die Hermeneutik zu einer Methode des Verstehens überhaupt zu erheben. Diese Möglichkeiten sind seither enorm gewachsen, die hermeneutische Technik und Einsicht ist zu einer grundlegenden philosophischen Richtung geworden, die gerade durch den französischen Philosophen Paul Ricoeur in die Handlungstheorien hinein reicht.

In der Hermeneutik geht es aber zunächst darum, Botschaften, die immer Transformation darstellen, auf dem Wege ihrer Verwandlungen zurückzuverfolgen. Jede Botschaft ist schon eine Übersetzung. Aber was ist eine Übersetzung? Wo kommt sie her? Was ist der Ursprung? Gibt es einen ursprünglichen Text? Das sind die primären Fragen. Wenn ich nun aber gar keinen Text habe, wenn ich also in der normalen Alltagswelt gar nicht von Texten reden kann, sondern von Symbolen oder Zeichen, dann kommen noch ganz anderer Fragen hinzu. Hier stellt sich die Frage nach der ursprünglichen Bedeutung, dem ursprünglichen Sinn dieser Symbole oder Zeichen.

Frage nach der Notwendigkeit des Widerspruchs, der in den Phänomenen selbst zu finden ist

Die **Dialektik** ist wie die Hermeneutik auch eine alte, bereits in der Antike genannte Kunst der Erörterung. Auch sie ist *nicht nur* diese Kunst der Erörterung, sondern geht wesentlich weiter in das lebensweltliche und alltägliche Verständnis hinein. Über die Kunst der Erörterung und der gepflegten Gesprächsführung hinaus ist sie die methodische Umsetzung des Grundwiderspruches, den das Leben in unzähligen Formen zeigt, der aber im naiven Seinsglauben verschwindet. Als methodische Umsetzung erscheint der im naiven Seinsglauben verschwundene Grundwiderspruch in Form von kontroversen Positionen, aber auch in ihrer Weiterentwicklung und Aufhebung.

Zur Einführung möchte ich Ihnen einige Zitate vorstellen, welche die einzelnen Methoden zwar nicht umfassend oder erschöpfend darstellen, die aber dennoch geeignet sind, grundsätzlich Aufschluss darüber zu geben, wie sie einzeln zu verstehen sind.

4.1. Phänomenologie im Kontext: Husserl und Heidegger

Das Zitat von Edmund Husserl finden Sie in den *Ideen zu einer reinen Phänomenologie und phänomenologischen Philosophie*[2], einem Text von 1913, in dem er seine Phänomenologie, die er schon zuvor weitgehend in den *Logischen Untersuchungen*[3] entwickelt hatte, reformiert und weiter führt. Die Phänomenologie ist für Husserl ganz allgemein: *eine Wissenschaft, die ausschließlich Wesenserkenntnisse feststellen will und durchaus keine Tatsachen.*

> • **Husserl**
> „Eine Wissenschaft, die ausschließlich ‚Wesenserkenntnisse' feststellen will und *durchaus keine ‚Tatsachen'*."
> (Ideen I, 6)

Phänomenologie ist keine Wissenschaft der Fakten, sondern Wissenschaft von den Erkenntnissen der Fakten

Vielleicht ist schon durch das bisher Gesagte deutlicher geworden, was Husserl meint. Er bringt hier zum Ausdruck, dass die Phänomenologie keine Tatsachen und Fakten liefern möchte, die sich als selbstverständlich oder in ihrer Gegebenheit fraglos zeigen. Denn genau das ist ja der unphilosophische Standpunkt, den jede positive Wissenschaft beziehen muss. Positive Wissenschaften wollen und können diesen Punkt gar nicht in Frage stellen. Das ist Aufgabe der Philosophie. Die Philosophie geht also nicht von den Tatsachen, nicht von der Tatsächlichkeit, von der Faktizität aus, sondern von Wesenserkenntnissen, die dafür zuständig sind, dass wir Tatsachen als Tatsachen erkennen, dass Tatsachen zu Tatsachen werden.

Diesen Bruch zwischen Tatsache und Wesen, der hier schon spürbar ist, müssen wir im Laufe der Darstellung der Methode noch etwas deutlicher machen. Es geht also in der Phänomenologie ganz allgemein um eine Infragestellung der Tatsächlichkeit und ihres Seinszustandes im Sinne des naiven Seinsglaubens, nicht aber um eine Infragestellung der Wesenhaftigkeit der Dinge.

Martin Heidegger, der sich vor allem in *Sein und Zeit*[4] auf Husserls *Logische Untersuchungen* und auf die *Ideen*, die damals ja auch schon erschienen waren, bezieht, hat in dem vorliegenden Zitat eine Formulierung gefunden, die sich ganz wortgetreu an das hält, was der Begriff Phänomenologie zum Ausdruck bringt. Heidegger sagt hier, dass es in der Phänomenologie darum geht, das, was sich von selbst her zeigt, von selbst her sehen zu lassen. Sie merken bereits, hier wird es schwieriger. Es geht darum, etwas, was sich von selbst her zeigt – die Phänomene –, so aufzuzeigen, dass sie sich auch von selbst her sehen lassen können, dass sie also etwas Eigenständiges darstellen. Die Methode, welche untersucht, wie die Phänomene zu dieser Eigenständigkeit der Dinglichkeit kommen, ist die Phänomenologie. Es geht hier um den Nachvollzug des Dingcharakters. Damit werden wir uns beschäftigen: Wir müssen erkennen, dass dasjenige, was uns normalerweise als fertiges Objekt gegeben ist und Grundlage sowie Anfang von Erkenntnis zu sein scheint, bereits Endprodukt und Ergebnis eines phänomenologischen oder mit der Phänomenologie nachzuvollziehenden Erkenntnisvorganges ist.

- **Heidegger**
  „Das was sich zeigt, so wie es sich von ihm selbst her zeigt, von ihm selbst her sehen lassen.“ (SuZ, 34)

Phänomenologie als Klärung der Frage, wie Phänomene zu ihrer Eigenständigkeit als Dinge kommen

4.2. Hermeneutik im Kontext: Schleiermacher und Heidegger

In Bezug auf die Hermeneutik möchte ich Ihnen ebenfalls zwei Zitate vorstellen, von denen das zweite noch einmal von Heidegger stammt. Damit deutet sich bereits an, dass Heidegger nicht nur als reiner Phänomenologe, sondern auch als Hermeneutiker zu verstehen ist. Heidegger ist zur Darstellung des Zusammenhanges und der Entwicklung der beiden Methoden unverzichtbar. Zunächst aber zu Friedrich Schleiermacher.

- **Schleiermacher**
  „Jede Rede kann ferner nur verstanden werden durch die Kenntnis des geschichtlichen Gesamtlebens, wozu sie gehört, oder durch die Kenntnis der sie angehenden Geschichte" (*Hermeneutik und Kritik*, 77).

Hermeneutik als Eröffnung des geschichtlichen Horizontes, vor dem sich Verstehen ereignet

Für Schleiermacher kann, wie es in *Hermeneutik und Kritik*[5] heißt, jede Rede nur durch die Kenntnis des geschichtlichen Gesamtlebens verstanden werden, zu dem sie gehört, oder durch die Kenntnis der sie angehenden Geschichte. Die Aussage ist eigentlich klar verständlich: Dinge tauchen nicht unvermittelt und spontan auf, sie fallen nicht vom Himmel, sondern sie entstehen im Rahmen einer Geschichte. Hier geht es also um etwas, was man eigentlich normalerweise auch so denkt, aber dann doch im naiven Seinsglauben wieder vergisst: dass nämlich die Dinge in einen geschichtlichen Zusammenhang gestellt und nur von diesem geschichtlichen Zusammenhang her bedeutsam sind und verstanden werden können. Wir können aber den geschichtlichen Zusammenhang nicht einfach ausblenden. Denn der geschichtliche Zusammenhang ist maßgeblich für das Verstehen; wobei wir dann noch sehen müssen, was Verstehen eigentlich ist. Verstehen ist etwas anderes als Erklärung, so viel möchte ich hier schon andeuten. Verstehen heißt, mit dem erfassten Text, mit der Rede oder auch dem Gegenstand zugleich deren geschichtlichen Hintergrund zu erfassen. Zeichen, Symbole und ihre Geschichten können nur vor diesem Hintergrund erfasst werden. Die Hermeneutik als Methode stellt sie in den geschichtlichen Zusammenhang hinein.

Bei Heidegger wird das Verfahren schwieriger. So konfrontiert uns das angeführte Zitat mit der Verbindung von Phänomenologie und Hermeneutik. Die zitierte Phrase soll Ihnen auch verdeutlichen, dass es nicht um drei unterschiedliche Blöcke von Methoden geht, die wenig oder nichts miteinander zu tun haben, sondern dass diese drei Methoden im Hinblick auf die Deutung der Lebenswelt zusammengehören. Auch ist die Reihenfolge der Darstellung der Methoden nicht beliebig, sondern bewusst gewählt, weil sie die Verbindung der drei Methoden besser veranschaulicht als eine andere Reihenfolge.

- **Heidegger**
  „...der methodische Sinn der phänomenologischen Deskription ist *Auslegung*.“ (SuZ, 37)

Hermeneutik als methodische Eröffnung des Sinnes der phänomenologischen Beschreibung

Bei Heidegger finden Sie also schon den Versuch, die Phänomenologie mit der Hermeneutik zu verbinden. Für ihn ist der methodische Sinn der phänomenologischen Deskription *Auslegung*. Das heißt: Wenn ich die Dinge in der Weise sehe, wie sie sich von sich her zeigen, und nachvollziehe, wie sie sich von sich her zeigen, lege ich die Dinge schon aus. Weil ich nämlich – das kann man schon vorausgreifend hier einfließen lassen – ein Wesen bin, das immer in der Auslegung lebt. Ich lebe nur in der Auslegung. Da gibt es nichts

Faktisches vor der Auslegung. Das Faktische ist vielmehr das Produkt bzw. das Endprodukt eines Auslegungsvorganges.

4.3. Dialektik im Kontext: Kant und Hegel

> • **Kant**
> „Kritik des Verstandes und der Vernunft ..., um den falschen Schein ihrer grundlosen Anmaßungen aufzudecken, und ihre Ansprüche auf Erfindung und Erweiterung ... herabzusetzen“ (*Kr.d.r.V*, B 87).

Schließlich möchte ich Ihnen zwei Zitate zur Dialektik präsentieren. Das erste Zitat stammt aus der *Kritik der reinen Vernunft*[6] von Immanuel Kant. Für Kant ist Dialektik die Kritik der Vernunft und ihrer Erkenntnisvermögen, um den falschen Schein ihrer grundlosen Anmaßungen aufzudecken und ihre Ansprüche auf Erfindung und Erweiterung herabzusetzen.

Dialektik als ‚Logik des Scheins' als Methode der Aufdeckung des Scheins, der entsteht, wenn die Vernunft über die Grenzen einer uns möglichen Erfahrung hinausstrebt

Wenn Sie das lesen, ohne Kant zu kennen, dann versteht man überhaupt nichts. Es ist, aus dem Zusammenhang genommen, sehr schwierig und dunkel, was Kant hier meint, und wird erst aus seiner Kritischen Philosophie heraus verständlich. Vor dem Hintergrund der Frage der Theorie ‚Was kann ich wissen?‘ hat Kant gezeigt, dass die Dialektik ein wesentliches Merkmal darstellt, grundsätzliche, aber unauflösbare und unabschließbare Fragen einfach stehen zu lassen. Das hat vorher in der Weise eigentlich noch niemand gewagt. Die Frage beispielsweise: ‚Hat die Welt einen Anfang oder hat sie keinen Anfang?‘ ist immer wieder und bis auf den heutigen Tag – trotz Kant – als sachliche Frage behandelt worden, die eine bestimmte Antwort und Lösung hat oder haben kann. Ganze Wissenschaften haben darum gestritten und streiten bis heute. Letzteres, weil Kant bis heute unverstanden geblieben ist. Denn Kant sagt: Beides ist gültig! Wir können diese Frage nicht sachlich behandeln, also lassen wir sie dialektisch stehen. Das wirkt im ersten Moment etwas unbefriedigend, insgesamt gesehen ist es aber eine tiefe Einsicht, welche die grundsätzliche – nicht durch Wissenschaft verschiebbare – Grenze des Erkennens aufzeigt. Denn wir können danach mit Kant sagen, dass wir niemals diese Problematik des Anfangs der Welt sachlich lösen können. Mit der Dialektik geht es Kant darum, der Vernunft die Grenzen der Möglichkeit ihrer Erkenntnisse aufzuzeigen. Sie ist eine Erkenntnis der Grenzen des Erkennens.

Zum Schluss noch ein Zitat aus der *Wissenschaft der Logik*[7] von Hegel, dem Text, in dem er die dialektische Logik entwickelt. Die dialektische Logik ist die Logik der inneren Bewegung, des inneren Widerspruches der Dinge, in gewisser Weise also die Infragestellung des Satzes vom Widerspruch und seiner formalen Gültigkeit. Denn es ist für Hegel der Inhalt in sich, *die Dialektik, die der Gegenstand an ihm selbst hat*, welche den Gegenstand fortbewegt. Hegel erkennt also eine innere Dialektik im Verstehen des Gegenstandes. Bei ihm wird die Dialektik als Kunst der gepflegten Gesprächsführung, die zur Selbstdisziplin des Erkennens bei Kant geführt hat, in das Erkennen von Gegenständen hineinverlegt. Dort, im Inneren des Gegenstandes, ist eine Bewegung, als würde hier, im Verständnis der Dinge, eine dialektische Unterredung stattfinden. Auch bei

- **Hegel**

  „denn es ist der Inhalt in sich, *die Dialektik, die er an ihm selbst hat*, welche ihn [den Gegenstand] fortbewegt“ (*Wissenschaft der Logik*, Werke 5, 50).

Dialektik als Logik der inneren Bewegung der Dinge

Hegel finden Sie also eine Zuspitzung auf die reelle, man könnte sagen, auf die alltägliche Situation des Erkennens, wie in der Phänomenologie und in der Hermeneutik auch.

Wir gelangen also durch alle drei Methoden, die ganz unterschiedliche Herkünfte haben, zu dem gemeinsamen Problem des Gegenstandes, seiner Erscheinung als Fakt, Tatsache. Damit aber ist der naive Seinsglaube in dreifacher Hinsicht thematisiert und gleichzeitig seine methodische und kritische Infragestellung.

5. Theorie und Praxis: Zwei Welten?

- **Theoretische Welt**
  - Natürliche Einstellung
    - A = A
  - Geschlossene Welt
    - Dinge, Gegenstände
  - faktisch

- **Praktische Welt**
  - Praktische Einstellung
    - Was ... tun?
  - Offene Welt
    - Krisen, Entwürfe, Pläne
  - problematisch

Frage nach der Bedeutung des Theoretischen für das Praktische

Die Frage, die uns nun beschäftigt, lautet: Inwieweit sind Methoden, die in der Theoretischen Philosophie eine Rolle spielen, für die Praktische Philosophie relevant? Das ist ein Punkt, den wir ganz besonders beachten müssen. Denn die Probleme, die von Phänomenologie, Hermeneutik und Dialektik aufgeworfen werden, machen natürlich zunächst einmal Fragestellungen der Theoretischen Philosophie aus. Die Frage lautet also – anders herum: In welchem Rahmen und wozu müssen wir uns auch in der Praktischen Philosophie mit Theorie beschäftigen?

Zwei Welten: Sein und Sollen

Nun eröffnet sich uns die Problematik, dass wir es hier mit zwei Welten zu tun haben, nämlich mit einer praktischen Welt, in der wir leben und die uns herausfordert, und einer theoretischen Welt, in der wir die Dinge in ihrem Sosein behandeln. Sie werden diese Unterscheidung bis in die philosophische Methodenbetrachtung hinein finden: Einerseits gibt es die praktische Welt als eine Welt des Sollens, die für alles das steht, was getan werden soll, aber auch kann, darf und muss, andererseits sind wir mit der Welt des Seins konfrontiert, in der alles ist, wie es ist. Dabei wird immer Wert darauf gelegt, dass wir diese beiden Welten nicht vermischen. Das, was sein soll (das Sollen) ist nicht durch das, was ist (das Sein), zu bestimmen. Dieser Hinweis hat eine große Bedeutung und Wichtigkeit, insofern das Sein in der natürlichen Einstellung normalerweise ein frageloses Sein ist. Die Kritik, die an naturalistischen Einstellungen berechtigterweise geäußert wird, liegt darin, dass das, was wir tun sollen, nicht durch das bestimmt sein kann, was ist, und dass somit das, was wir über den Menschen wissen, z.B. in Form von naturwissenschaftlichen Erkenntnissen, unser Handeln nicht bestimmen soll. Es sollen also keine bloß biologistischen oder naturalistischen Vorstellungen von dem, was der Mensch sei, in das Handeln einfließen. Das sind berechtigte Überlegungen, die allerdings dazu führen, dass wir gleichsam zwei Welten vor uns haben: die praktische Welt, die Welt des Handelns und Tuns, die neue Welten öffnet und die sich somit selbst öffnet, und die theoretische Welt, die ausgehend von dem Satz des Widerspruchs in der Geschlossenheit der natürlichen Einstellung verharrt und sie bestätigt.

Zusammenführung zweier Welten

Die Lösung, die wir hier anstreben müssen, ist eine Zusammenführung dieser beiden Welten. Denn wir bekommen sonst keine Ethik, die sich kritisch mit der natürlichen Einstellung auseinandersetzt. Somit muss die Theorie soweit herangezogen werden, wie sie die natürliche Einstellung hinterfragt. Die Theoretische Philosophie ist in dieser Richtung sehr weit gekommen, sie hat ein gewichtiges kritisches Potential entwickelt, welches als solches aber nur Potential bleibt und nicht auf seinen Sinn hin ausgedeutet wird, während die Praktische Philosophie – mit Ausnahme von Kant – von der natürlichen Einstellung ausgeht und sie der ethischen Bewertung zugrunde legt, ohne die Fruchtbarkeit der Kritik mit einzubeziehen. Eine *ethische Praxis* kann aber erst dann in ihren Grundzügen entfaltet werden, wenn es gelungen ist, die natürliche Einstellung als ethische Haltung zu erkennen und ihre Voraussetzungen und Implikationen herauszustellen.

5.1. Erlebnis – Ereignis – Handlung

- **Dinge, Gegenstände**
  – Klärung des Sinnes (Bedeutung)
- **Geschichten, Geschichte**
  – Klärung des Verstehens
- **Dramaturgie der Geschichten**
  – Klärung der Entwicklung

Wie kann nun die Einheit dieser beiden Welten hergestellt werden? Im Hinblick auf die Möglichkeit einer solchen Einheit müssen wir uns – und hier spiegeln sich schon die drei Methoden wider – auf das besinnen, was sich im *Erlebnis*, im *Ereignis* und in der *Handlung* vollzieht und mit diesen Begriffen oder Komplexen angesprochen wird. Die theoretische Abklärung des Praktischen bezieht sich auf diesen Bereich, auf dieses Feld. Wir werden also als erstes die Dinge oder Gegenstände bzw. die Frage der Gegenständlichkeit soweit abklären, wie sie für das Verstehen von Erlebnis, Ereignis und Handlung wichtig sind. Wir werden dabei weder in die Feinheiten einer analytischen noch in die einer phänomenologischen Reduktion hineingehen. Vielmehr interessiert uns die phänomenologische Fragestellung als Klärung des Sinnes des Dinges.

Klärung des Sinnes des Dinges

Es wurde bereits herausgestellt, dass die Phänomenologie nicht die Lehre von der Erscheinung ist, sondern die Lehre von dem Wie des Erscheinens der Dinge. Denn es ist ja gerade das Problem, dass die Dinge uns nicht als Erscheinungen, sondern als Realität erscheinen. Man kann nicht sagen, der Gegenstand *erscheine* uns, sondern muss eingestehen, dass der Gegenstand *ist.* In dieser Weise gehen wir von dem *Ist* der Dinge aus und fragen: Inwieweit ist uns dieses Ist erschienen? Das ist die Frage der Phänomenologie und mit dieser werden wir uns anfänglich beschäftigen. Dabei interessiert uns, und dies wird unseren ersten Frageweg kennzeichnen, inwieweit das Bedeuten, das Auslegen, das Sinngeben an der Erscheinung von Realität beteiligt ist.

Auch das zweite methodische Verfahren, das sich im hermeneutischen Bereich bewegen wird, geht nur soweit, das Verständnis des Lebens als in Geschichten zu entwickeln. Die Hermeneutik ist, wie bereits angedeutet, aus einer Auslegungskunst hervorgegangen. Doch durch die Phänomenologie hat sie einen bedeutenden Schub erlangt. Im Zusammenwachsen mit der Phänomenologie ist sie zu einer Auslegung der Erscheinung der Dinge geworden, sodass die Dinge in ihrem Wie des Erscheinens jetzt als solche verstanden werden, die nicht ohne Auslegung gegeben sind. Die Dinge sind damit auslegungsbedürftig und durchlaufen als gegebene Dinge von jeher schon einen Prozess der Auslegung. Das geht über die Phänomenologie im engeren Sinne hinaus und in den Bereich der Hermeneutik hinein, weil sich zeigt, dass der Prozess der Auslegung, in dem wir uns befinden, uns mit der Geschichte dessen, was wir auslegen,

Verdeutlichung des In-Geschichten-seins

verbindet. Die Hermeneutik ist eine Methode der Verbindung. Sie zeigt das In-Geschichten-Sein des Lebens auf und verdeutlicht damit die Verbindung der Lebensgeschichte mit der umfassenden Geschichte, aber auch mit den erzählten Geschichten von Romanen, Erzählungen, Filmen usw. Den Möglichkeiten der Verbindung und Verbindlichkeit durch Information, Erzählung und Geschichte gilt unser methodisches Interesse.

Dramaturgie des Erscheinens von Gegenständen

Das dritte Verfahren unseres Fragens bezieht sich auf die Dramaturgie der Geschichten, auf deren innere Dynamik, die mit ihren Gegensätzen und Widersprüchen zusammenhängt. Die Dialektik, so wie wir sie hier verstehen wollen, ist die Methode, die diese Dramaturgie mit ihren Spannungen herausstellt. Diese Methode erkennt im Widerspruch die Logik der Entwicklung von Geschichten. Der Widerspruch ist kein ausschließender Widerspruch, sondern ein integrierender. Hier sind wir mit dem Konzept von Hegel, der diese Methode der Dialektik unternommen hat, eng verbunden.

5.2. Die Methoden als Grundrepertoire des *natürlichen* praktischen Erkennens

Leitfaden zur Eröffnung des Zusammenhangs der drei Methoden

Kommen wir noch zu dem Zusammenhang dieser drei Methoden. Denn diese Methoden lassen sich nicht scharf voneinander trennen, sie gehen vielmehr ineinander über. Insofern werden Sie hier keine klare Abtrennung von Schulen vorfinden. Natürlich gibt es große Unterschiede zwischen Phänomenologie, Hermeneutik und Dialektik. Es gibt auch große Unterschiede innerhalb dieser Richtungen. Diese Schulstreitereien interessieren uns hier aber nicht. Vielmehr verfolgen wir die gemeinsame Linie, die diese Methoden aufweisen.

Die Phänomenologie geht aus von dem Gegenstand. Der Gegenstand ist ein Bedeuten. Das ist die These. Der Gegenstand ist nicht einfach nur gegeben, sondern er ist ein Ergebnis von Bedeutung. Ohne Bedeutung kein Gegenstand. Das wird Sie vielleicht im ersten Moment verwundern, aber wir werden das im Weiteren genauer besprechen. Wir haben hier schon einmal die Grundthese genannt.

- **Phänomenologie**
  – Gegenstand ist Bedeuten (Bedeutung)
- **Hermeneutik**
  – Bedeutung ist Auslegung
- **Dialektik**
  – Auslegung ist Differenzierung

Die Hermeneutik zeigt nun im Einzelnen, dass das Bedeuten und die Bedeutung eine Auslegung ist, eine Interpretation. Auslegung und Interpretation stellen nicht nur eine wissenschaftliche Methode dar, es gibt schon eine natürliche Form der Auslegung. Auch sie trägt zur natürlichen Einstellung bei und verfestigt sie. Bevor wir Hermeneutik betreiben, sind wir schon Hermeneutiker. Wir sind immer schon Phänomenologen, weil wir immer schon die Dinge erkennen, und wir sind auch immer schon Hermeneutiker, weil wir die Dinge auch immer schon auslegen. Das ist die natürliche Form der Methode, bevor sie im Einzelnen als Schulwissen entwickelt wird.

Die Dialektik gibt der Auslegung eine ganz bestimmte Form, nämlich die der Differenzierung. Auch die Differenzierung ist eine grundlegende Methode des Erkennens, die vor der wissenschaftlichen Ausbildung schon praktiziert wird. Denn es ist dem Erkennen von vornherein möglich, die Negation sowohl als Ausschließung wie als Integration zu verwenden und auf diese Weise komplexe Strukturen aufzubauen. Damit sind wir auch immer schon Dialektiker.

Methoden: Grundrepertoire des praktischen Erkennens

Diese Methoden sind damit das Grundrepertoire des *natürlichen* praktischen Erkennens, welches zur Orientierung in der Welt notwendig ist. Aus diesen *natürlichen* Anlagen einer methodischen Einstellung zur Lebenswelt haben sich die wissenschaftlichen Methoden entwickelt, denen wir uns jetzt im Einzelnen zuwenden.

Fassen wir das bisher Gesagte vorher noch einmal kurz zusammen. Der Aufriss des Arbeitsfeldes besteht darin: Wir legen eine gemeinsame Welt zugrunde, von der wir ausgehen. Diese Welt wird als *Lebenswelt* bezeichnet. Lebenswelt ist ein Kunstbegriff, der die Einheitlichkeit der so verstandenen Welt zum Ausdruck bringen soll. Der Kunstbegriff dient dazu, die unterschiedlichen Einstellungen zur Welt zu systematisieren. In der *ethischen* Einstellung ist die Lebenswelt selbst fragwürdig und kritisch, sie fordert uns heraus, zu reagieren, zu handeln, zu entscheiden und auch Krisen zu überwinden. Dabei ist sie in einen Rahmen von Fragestellungen eingespannt, die ich unter dem Begriff *System der Ethik* zusammengestellt haben wollte. In der *methodischen* Einstellung ist die Lebenswelt zunächst nicht fragwürdig und kritisch, sie geht von der unkritischen, sogenannten natürlichen Einstellung des naiven Seinsglaubens aus, der dann durch die *Methoden* der Phänomenologie, Hermeneutik und Dialektik in Frage gestellt wird. Die methodisch geleitete

Infragestellung der Lebenswelt werden wir dann – in einem dritten Band dieser Reihe – wieder zurückführen auf die *ethische Praxis* des Alltags und seine Anforderungen an unterschiedliche Formen des Handelns und der Handlung.

Die vorliegende Untersuchung geht nicht von der ethischen Fragestellung oder Infragestellung, dem In-Frage-gestellt-Sein aus, sondern der Ausgangspunkt ist jetzt die normale, natürliche Einstellung zur Welt, die als solche zunächst einmal fraglos erscheint, auch wenn natürlich Probleme innerhalb dieser Einstellung auftreten. *Fraglosigkeit* heißt nicht, dass es nicht innerweltliche Probleme gäbe, fraglos ist die Welt als solche: Sie wird als solche in ihrem Gegebensein fraglos angenommen. Das ist der Boden aller positiven Einstellungen und Wissenschaften, aber auch allen alltäglichen Umgangs mit der Welt. Wir gehen von einer natürlichen Einstellung aus, das heißt: Wir stellen die Welt als solche nicht in Frage, sondern gehen von ihr aus. Die Methodik, mit der wir hier vorgehen, meint ein künstliches Infragestellen dieser natürlichen Einstellung, nicht der Welt insgesamt. Es handelt sich hier um eine Inszenierung der Fragwürdigkeit, welche die Welt als solche hinnimmt. Das ist den drei Methoden gemeinsam.

Methodische Inszenierung der Fragwürdigkeit vor dem Hintergrund der Welt als solcher

Wir verbleiben nicht in der natürlichen Einstellung, sondern versetzen uns in die philosophische Haltung – oder besser – in die kritische Einstellung, um die Modi, wie Welt uns gegeben ist, zu hinterfragen.

I. Phänomenologie

1. Phänomenologie des Nahbereichs

1.1. Edmund Husserl
Infragestellung der natürlichen Einstellung und Herausstellung der Intentionalität

Zu den Sachen selbst! – Missverständnis des Empirismus

In meinen Ausführungen zur phänomenologischen Methode werde ich mich auf Edmund Husserls *Logische Untersuchungen* beziehen. Ich möchte Ihnen dennoch zuvor kurz den wissenschaftlichen Impetus der phänomenologischen Methode vorstellen und habe zu diesem Zweck ein Zitat aus seiner zweiten wichtigen Hauptschrift *Ideen zu einer reinen Phänomenologie und phänomenologischen Philosophie* gewählt. Husserl ist hier in seiner ganzen Intention weiter als in den *Logischen Untersuchungen*, auf die wir aber wieder zurückkommen.

> „Indessen alles, was der Empirist da sagt, beruht auf Mißverständnissen und Vorurteilen, so wohlgemeint – so wohlgemeint und gut das ihn ursprünglich leitende Motiv [nämlich: die Erfahrung, S.G.] ist" (Husserliana III, 43).

‚Zu den Sachen selbst!' war Husserls wissenschaftlicher Kampfruf. In ihm war er sich – zumindest dem Wortlaut gemäß – mit den Empiristen einig. Weiter reicht diese Gemeinsamkeit jedoch nicht, denn für Husserl liegt im Empirismus der Fehler, die Grundforderung eines Rückganges zu den Sachen selbst mit der Forderung aller Erkenntnisbegründung durch Erfahrung zu identifizieren bzw. zu verwechseln. Dagegen gilt für Husserl: Was wir aus der Erfahrung und mit der Erfahrung wissen können, ist nicht die Sache selbst, nicht das Ding in seiner Seinsgeltung. Vielmehr ist es die *Intentionalität*, welche die Sache zur Sache werden und uns die Sache als solche erkennen lässt. Die Intentionalität lässt die *natürliche Einstellung* entstehen, in der dann Gegenstand und Reales identisch erscheinen. Die phänomenologische Einstellung zeigt dagegen auf, dass die Realität nicht der Gegenstand ist, sondern das Ergebnis eines Prozesses der Realisierung, an dessen Ende der Gegenstand da zu sein scheint.

Ungenügen des Psychologismus hinsichtlich einer Begründung der natürlichen Welt

Edmund Husserl ist noch heute von großer Bedeutung, da es ihm gelungen war, dem Psychologismus seiner Zeit eine wissenschaftliche Schwäche nachzuweisen. Der Psychologismus war die herrschende Weltanschauung des ausgehenden 19. Jahrhunderts. Prinzipiell lässt er sich damit beschreiben, dass alle Phänomene als Phänomene der Psyche gegründet und begründet werden. Der Psychologismus ist also die Lehre, dass alles Erkennen von der Psyche abhängt. Diese Vorstellung ist uns gar nicht so fremd, weil auch wir heute eine ähnliche Weltanschauung haben, insofern wir davon ausgehen, dass alle erkennenden Vorgänge neuronal bestimmt sind. Das ist einerseits richtig, denn wir bestehen unbestritten aus Fleisch und Blut und haben vielleicht auch eine Seele oder eine Psyche. Es fragt sich aber, ob dies einen Begründungszusammenhang darstellt. Denn wenn ich in diesen Argumentationsweg konsequent weitergehe, das heißt die Argumentation des Psychologismus auf mich selbst beziehe, also darauf, mich selbst als Psyche oder als neuronales System zu erfassen, muss ich fragen: Habe ich mich nicht schon vor diesem Erfassen ausgelegt und interpretiert, indem ich den Geltungsgrund meiner Argumentation von vornherein zugrunde gelegt habe? Husserl sah und bemerkte zu Recht, dass der Psychologismus die Geltung des Erkennens in seiner Erkenntnistheorie schon voraussetzt. Er behauptet etwas, was er nicht erkennen kann, nämlich dass Erkenntnisse Resultate psychischer Assoziationen seien. Der Begriff *psychische Assoziationen* ist ja auch ein Begriff, der schon verstanden ist, der ja auch schon Teil der natürlichen Interpretation der Welt ist. Im Psychologismus werden von einer Voraussetzung her, nämlich von der natürlichen Einstellung zur Welt her, Dinge untersucht, die zwar die natürliche Welt begründen können, aber nicht die natürliche Einstellung selbst, welche diese Welt erst als solche erscheinen lässt. Die natürliche Einstellung kann nicht durch sich selbst begründet werden. Das ist unmöglich. Ich kann in meinem natürlichen Eingestellt-Sein zur Welt, welches diese voraussetzungslos annimmt, gerade dessen Vorraussetzung nicht mitbedenken. Dass die Welt eben da ist, dass es in der Welt Dinge gibt, dass diese Dinge einen kausalen Zusammenhang haben, dass ich ein Wesen aus Fleisch und Blut bin und dass ich hier von dieser Welt, von diesen äußeren Gegebenheiten, beeinflusst bin, – in diesem Ganzen Zusammenhang kann ich nicht die Geltung für dieses alles in Betracht ziehen. Da die Welt schon Bedeutung und Auslegung ist, nämlich die Auslegung der natürlichen Einstellung, muss man, um schon erkenntnistheoretisch sauber zu argumentieren, zunächst diese natürliche Einstellung hinterfragen. Dabei ist man aber schon gezwungen, aus der natürlichen Einstellung herauszugehen. Das war Husserls Anliegen. Damit hat er den Psychologismus kritisiert, so dass jener unter dem Einfluss der Phänomenologie in der ersten Hälfte des 20. Jahrhunderts weitgehend in den Hintergrund getreten ist und erst in unseren Tagen, unter dem Einfluss der neurologischen Forschungen, wieder Aktualität gewinnt.

1.1.1. Phänomenologische Differenzierung von Empirischem und Begrifflichem

Gegenstand ist Bedeutung

- **Erklärung**
  – psychologisch
    - Nachweis empirischer Zusammenhänge
      – Kausale Verknüpfung
- **Aufklärung**
  – logisch
    - Klärung der Bedeutung
      – Aktualisierung des Sinnes

Schauen wir uns nun Husserls Argumente genauer an.

In den *Logischen Untersuchungen* heißt es:

Vermengung zweier wissenschaftlicher Interessen

> „Die empiristische ‚Abstraktionstheorie' leidet, wie die meisten Lehrstücke der neueren Erkenntnistheorie, unter der Vermengung zweier wesentlich verschiedenen wissenschaftlichen Interessen, von denen das eine die Erklärung der Erlebnisse die andere die ‚logische' Aufklärung ihres gedanklichen Inhaltes oder Sinnes und die Kritik ihrer möglichen Erkenntnisleistung betrifft" (Husserl 1968, II/1, 119–120).

Das ist ein Satz, der den Grund des Problems nennt: Es liegt eine Vermengung von psychologischen Erkenntnissen mit deren logischer Bedeutung vor. Diese zwei streng zu trennenden Methoden- bzw. Untersuchungsbereiche werden in der psychologistischen Betrachtungsweise einfach zusammengezogen.

> „In der ersteren Beziehung handelt es sich um die Nachweisung der empirischen Zusammenhänge, die das gegebene Denkerlebnis mit anderen Tatsachen im Flusse des realen Geschehens verknüpfen, Tatsachen, die es als Ursachen herbeigeführt haben, oder auf die es Wirkungen ausübt" (Husserl 1968, II/1, 120).

Psychologische Erklärung: Nachweise der empirischen Zusammenhänge

Diesen Gedanken finden Sie im linken Bereich des Schaubildes unter dem Stichwort der psychologischen Erklärung. In erster Linie geht es hier um den Nachweis empirischer Zusammenhänge, d.h. es handelt sich um das, was als psychologische Phänomene bzw. als psychologische Tatsachen empirisch vorgefunden wird und deren Zusammenhang, deren Wirkungen und Ursachen. Das ist verhältnismäßig leicht zu verstehen. Der nächste Punkt ist wesentlich komplexer:

> „In der anderen Beziehung ist es hingegen auf den ‚Ursprung der Begriffe' abgesehen, die zu den Worten gehören; also auf die Klärung ihrer ‚eigentlichen Meinung' oder Bedeutung durch evidente Bestätigung ihrer Intention im erfüllenden Sinn, den wir durch Herbeiholung passender Anschauung erst aktualisieren" (ebd.).

Logische Aufklärung: Klärung der Bedeutung der Erlebnisse

Hier muss man noch einmal nachlesen und überlegen, was Husserl mit *Aufklärung* eigentlich meint. Natürlich hat der Leser der *Logischen Untersuchungen* an dieser Stelle schon einhundertzwanzig Seiten hinter sich und weiß ungefähr, um was es geht. Darin liegt die Schwierigkeit, dieses Zitat an den Anfang zu setzen. Aber hier handelt es sich um eine zentrale Stelle, die verdeutlicht, was bei der psychologistischen Betrachtung vermischt wird. Husserl will auf eine wichtige Differenzierung hinweisen. Was aber will er genau getrennt wissen?

Gegen die Vermischung von empirisch-kausaler Verknüpfung der psychischen Tatsachen und Intentionen

Wir haben einerseits die psychischen Tatsachen und ihre Verknüpfung, auf der anderen Seite den Ursprung der Begriffe, der nicht in den psychischen Tatsachen liegen kann. Warum? Weil sie unabhängig von der empirisch-kausalen Verknüpfung der Begriffe als Denkerlebnisse eine diesen Erlebnissen zugrunde liegende Intention haben. Dabei handelt es sich um das *Vermeinte* der Begriffe, das sich erst mit der Klärung ihrer Bedeutung durch evidente Bestätigung ihrer Intention im erfüllenden Sinn ergibt. Das ist eine schwierige Darstellung, weil hier spezifische Begriffe, die wir dann auch gleich klären werden, eingesetzt sind. Es geht um die Klärung der Intention des *Vermeinten*, um das, was in den Begriffen gemeint ist, um die Bedeutung der Begriffe. Die logische Aufklärung liegt also in dem, was in den Begriffen gemeint ist. Es geht ihr somit nicht darum, wieso die Begriffe zustande gekommen, ob sie psychisch, neurologisch oder wie auch immer entstanden sind, sondern sie klärt das auf, was in den Begriffen gemeint ist und was als solches in psychologischen Zusammenhängen nicht thematisch vermittelt wird, sondern unvermittelt geschieht: Es geht um das *Vermeinte*.

Ich höre z.B. einen Ton. Das ist das Erlebnis. Jetzt ist die Frage, was das Vermeinte des Tons ist, was ist mit und in dem Ton gemeint?

Ein Musiker wird erkennen, ob und von welchem Instrument der Ton erzeugt wurde. Wenn er ein absolutes Gehör hat, wird er die Tonhöhe erkennen. Ein Ornithologe wird erkennen, dass es sich hier um den Ton eines bestimmten Vogels handelt. Das heißt: Der Ton als solcher ist bloßes Erlebnis. In der Erkenntnis geht es darum, das, was in dem Ton gemeint und mit dem Ton vermeint und ausgedrückt ist, zu erfassen. Das ist etwas anderes als das Erlebnis selbst und im Unterschied zu dessen Eindeutigkeit vieldeutig. Es kann unendlich viele Möglichkeiten geben, wie ein Ton gemeint ist. Das Hupen eines Autos kann ganz unterschiedlich gemeint sein. Ihre mannigfaltige Bedeutung entfalten erst recht menschliche Ausdrücke, die nicht begrifflich artikuliert sind – wie Lachen, Weinen, Schreien usw. Ein Ton kann unendlich viele Bedeutungen haben.

‚Intentionaler Akt': Aktualisierung des Bedeutungssinnes des Erlebnisses

Die Bedeutung wird durch die Intention im erfüllenden Sinn erst durch Herbeiholung passender Anschauung aktualisiert. Die Bedeutung ist also zunächst noch gar nicht aktuell, sie wird aktualisiert. Das ist der *intentionale Akt*, von dem Husserl immer wieder spricht. Der intentionale Akt ist eine Aktualisierung des Bedeutungssinnes.

Soweit einmal diese kritische Anmerkung, die Husserl hier zur Abklärung des Bedeutungsursprungs vorgeführt hat. Die empiristische und psychologistische Lehrmeinung vermengt die Bedeutung und die Aktualisierung dieser Bedeutung mit dem psychischen Erlebnis. Das sind aber zwei unterschiedliche Betrachtungen. Ein psychisches Erlebnis ist als solches noch keine Bedeutung. Es wird bedeutet. Deswegen ist es in der natürlichen Einstellung auch so ein schwieriges Verfahren, diese natürliche Einstellung zu hinterfragen. Oftmals ist es eben nicht klar, dass ein psychologisches Ereignis als solches noch gar keine Bedeutung darstellt. Diesen Vorgang der Bedeutung will Husserl rekonstruieren.

1.1.2. Zeichen: Differenzierung von Symbol und Ausdruck

Wir kommen jetzt auf den Beginn von Husserls Untersuchung zurück, in dem er den Zeichencharakter zu differenzieren sucht.

> „Jedes Zeichen ist Zeichen für etwas, aber nicht jedes hat eine ‚Bedeutung', einen ‚Sinn', der mit dem Zeichen ‚ausgedrückt' ist" (Husserl 1968, II/1, 23).

Es gibt daher Zeichen, die keinen Ausdruck darstellen.

> „Das Bedeuten ist nicht nur eine Art des Zeichenseins im Sinne der Anzeige" (ebd.).

Anzeigende Zeichen: Anzeige auf ein Etwas

Das Bedeuten geht über das Zeichensetzen, über die Anzeige, wesentlich hinaus. Das anzeigende Zeichen macht den äußeren Bezug aus. Wir würden es auch Symbol nennen, wohlgemerkt im technischen Sinne verstanden. Das anzeigende Zeichen ist bloßes Zeichen, auch Kennzeichen und Merkmal für etwas. Daneben gibt es auch das bedeutsame Zeichen, welches über das bloße Etwas hinausgeht und mit dem Zeichen etwas meint, nämlich das Vermeinte. Wir sind dem Begriff schon begegnet. Das *Vermeinte* ist ein Begriff, den Husserl sehr gerne verwendet.

Das vermeinte Zeichen ist der Ausdruck. Der Ausdruck ist mehr als der bloße Wortlaut oder das bloße Zeichen. „Er meint etwas, und indem er es meint, bezieht er sich auf Gegenständliches" (Husserl 1968, II/1, 37). Durch den Ausdruck wird der Bezug zu den Gegenständen hergestellt und konstituiert. Der Ausdruck, dasjenige, was sich mit dem Ausdruck intentional entfaltet, schiebt sich zwischen unser Erlebnis und die Gegenständlichkeit, und zwar immer, auch wenn wir das in der Weise nicht mitbekommen oder nicht merken. Es ist der intentionale Akt. Diese intentionale Bestimmung bleibt unbewusst, wir haben davon keine Vorstellung. Wir haben eine Vorstellung vom Gegenstand, der im Vermeinten bestimmt wird, aber wir haben keine Vorstellung von dem Vorgang, der diesen Gegenstand bestimmt, nämlich von dem intentionalen Akt selbst. Das ist das Problem der

Bedeutsame Zeichen: Ausdruck des Vermeinten in der Beziehung zwischen dem Erlebnis und der Bestimmung der Gegenständlichkeit dieses Erlebnisses

• **anzeigende Zeichen**	Anzeichen, Kennzeichen, Merkmal
• **bedeutsame Zeichen**	Ausdruck, Bedeutung, **Vermeintes**

natürlichen Einstellung: Wir meinen, wenn wir die Gegenstände sehen, dass wir sie so sehen, wie sie sind, weil wir sie so erleben. Zwischen *So-erleben* und *So-sein* ist aber ein Unterschied. Das So-erleben kann psychologisch oder neurologisch erklärt werden. Das aber ist nicht das Erkenntnisproblem. Die Phänomenologie fragt, wie der Gegenstand uns zum Gegenstand und in seinem So-sein geworden ist. Er ist zum Gegenstand geworden als Vermeintes auf dem Wege der Bedeutungsfindung bzw. der Sinngebung.

1.1.3. Zeichen: Differenzierung in Sinngebung und Sinnerfüllung

- **Wesentlicher Akt**
  - Bedeutungsintention
    - Bedeutungsverleihung, Sinngebung
- **Außerwesentlicher Akt**
  - Bedeutungserfüllung
    - Bestätigen, Bekräftigen, Illustrieren

Wesentlicher Akt: Vorgang der Bedeutungsverleihung

Die Sinngebung vollzieht sich nach Husserl in zwei Schritten bzw. Akten. Dabei wird Akt hier nicht im Sinne einer Tätigkeit verstanden, die gleichsam verrichtet werden könnte, sondern im Sinne einer solchen Bestimmung, die sich ohne unser Wissen vollzieht. Husserl unterscheidet zunächst den *wesentlichen* Akt der *Bedeutungsintention*, bei der dem Gegenstand, dem Vermeinten, die vermeinte Bedeutung gegeben wird. Das bedeutet, dass in der Bestimmung der Gegenstände eine Art Sinngebung stattfindet. Zum Beispiel: Dies ist ein Tisch, dies ist ein Stuhl, dies ist ein Hörsaal usw. Das ist ein Vorgang der Bedeutungsverleihung.

Außerwesentlicher Akt: Vorgang der Bedeutungserfüllung im Gegenwärtigsein des Gegenstandes

Davon unterscheidet er einen zweiten, zusätzlichen Akt, nämlich den abschließenden ergänzenden, *außerwesentlichen* Akt der *Bedeutungserfüllung*. Die Bedeutungserfüllung ist das Gemeinte, das auch im Gegenständlichen gefunden wird als das, was mir dann als Vermeintes bzw. als Gegenstand gegenübersteht.

In den beiden Schritten wird der logische Akt der Sinngebung, der uns als unmittelbar sinngebender Akt unmittelbar und einheitlich gegenwärtig ist, auf eine differenzierte Weise vorgestellt. Das ist natürlich ein methodisches Verfahren, welches zeigt, wie Gegenstände, ohne dass wir es zusätzlich wissen, von unserer Bedeutungsgebung abhängen. Bedeutungsgebung und Sinngebung sind für Husserl identisch. Hier werden Sinnzusammenhänge gestiftet, sodass der einzelne Gegenstand immer in ein gewisses Sinngefüge eingefügt wird. Ein Beispiel: Der Gegenstand, z.B. der Tisch, ist Teil dieses Hörsaals, der Hörsaal ist Teil des Gebäudes und das Gebäude ist Teil der Universität. Hier werden durch diesen bedeutungsgebenden Akt, durch diese bedeutungsgebende Intention, Sinnbezüge aufgebaut und aufgereiht.

Bedeutungsgebung heißt Sinngebung

Husserl unterscheidet zweierlei Akte oder Aktreihen:

> „Einerseits diejenigen, die dem Ausdruck w e s e n t l i c h sind, wofern er überhaupt noch Ausdruck, d.i. sinnbelebter Wortlaut, sein soll. Diese Akte nennen wir die b e d e u t u n g s v e r l e i h e n d e n A k t e oder auch B e d e u t u n g s i n t e n t i o n e n. Andererseits die Akte, die zwar dem Ausdruck als solchem außerwesentlich sind, dafür aber in der logisch fundamentalen Beziehung zu ihm stehen, daß sie seine Bedeutungsintention mit größerer oder geringerer Angemessenheit e r f ü l l e n (bestätigen, bekräftigen, illustrieren)" (Husserl 1968, II/1, 38).

Husserl differenziert also die Intention in ihre zwei Stufen bzw. in diese wesentliche Stufe und in die außerwesentliche Stufe, wobei die außerwesentliche Stufe die Bedeutungsintention gegenständlich bestätigen muss.

Für Husserls Methode ist es nun wichtig, allein auf diese Intention zurückzugehen und alles andere, was sonst an diesem Erlebnis psychisch oder außerweltlich den Vorgang des Erlebnisses begleitet, nicht hinzu zu nehmen, um nicht die Bedeutungsgebung mit dem zu vermischen, was schon Bedeutung hat und im Sinne eines Gegenstandes schon konstituiert ist.

> „Unser Interesse, unsere Intentionen, unser Vermeinen – bei passender Weite lauter gleichbedeutende Ausdrücke – geht ausschließlich auf die im sinngebenden Akt gemeinte Sache" (Husserl 1968, II/1, 40).

Die Intention geht nicht auf den bloßen Gegenstand, sondern auf die im sinngebenden Akt gemeinte Sache

Das ist ein bemerkenswerter Satz, der einer gewissen Reflexion bedarf. Die Phänomenologie ist einfach deshalb schwierig, weil sie uns nötigt, aus der natürlichen Einstellung zurückzutreten und diese Einstellung, wie sie sich vollzieht, zu betrachten. Hier zeigt er es eben: Unser Interesse, unsere Intention, unser Vermeinen (als gleichbedeutende Bezeichnungen) geht ausschließlich auf die im sinngebenden Akt gemeinte Sache. Das, was wir uns als Gegenständlichkeit denken, ist eigentlich das Gemeinte, die Sache, das Gemeinte, Gewollte, das Intendierte, Interessierte usw.

> „Rein phänomenologisch gesprochen, heißt dies aber nichts anderes als: die anschauliche Vorstellung, in welcher sich die physische Worterscheinung konstituiert, erfährt eine wesentliche phänomenale Modifikation, wenn ihr Gegenstand die Geltung eines A u s d r u c k s annimmt" (Husserl 1968, II/1, 40-41).

Gegenstand als Geltung eines bedeutungsverleihenden Aktes

Das ist eine methodische Bezeichnung: Wir müssen den Gegenstand als Geltung eines Ausdrucks betrachten, und da bekommt die Welt plötzlich diesen phänomenologischen Zusammenhang. Wir können das Phänomenologische, die Sinngebung des Vorgangs, herausheben.

1.1.4. Anschauung als ausdrückliche Sinngebung

- **Naiv-gegenständlich**
  – Leben in den Intentionen (intentionalen Akten)
- **Phänomenologisch**
  – Heraushebung der intentionalen Akte

„Während das an ihr, was die Erscheinung des Gegenstandes ausmacht, ungeändert bleibt, ändert sich der intentionale Charakter des Erlebnisses. Es konstituiert sich hierdurch, ohne daß irgendeine erfüllende oder illustrierende Anschauung auftreten müßte, ein Akt des Bedeutens, der im anschaulichen Gehalt der Wortvorstellung seine Stütze findet" (Husserl 1968, II/1, 41).

Die Anschauung kommt erst mit dem Bedeuten

Die Anschauung kommt erst mit dem Bedeuten. Wir schauen nicht erst an und bedeuten dann, sondern wir bedeuten und schauen dabei an. Das ist der Ablauf des Erkennens. Was wir sehen, ist ohne Bedeuten unerkennbar. Erst indem wir es bedeuten, erkennen wir es.

Das ist ein dem normalen Verständnis völlig geläufiger Zusammenhang. Selbst wenn es Ihnen nicht sofort einleuchten sollte, können Sie es sich leicht vorstellen, wenn Sie z.B. an das Phänomen von Vexierbildern denken. Bei einem Vexierbild sind zwei oder mehr Bedeutungen bei einer Anschauung möglich. Die Vielfalt der Bedeutungen führt aber auch zu einer Vielfalt der Anschauungen, so dass letztlich in einem Bilde mehrere Bilder enthalten sind.

Leben in Intentionen

In der naiv-gegenständlichen oder natürlichen Einstellung leben wir in den Intentionen, ohne dass wir es wissen und ohne dass wir es erkennen. Die Phänomenologie ist die Heraushebung dieses Lebens in den Akten, die Herausstellung und Darstellung der intentionalen Akte.
Während wir also in der normalen und natürlichen Einstellung diese Akte bloß vollziehen, reflektieren wir sie in der Phänomenologie. Diese Reflexion ist, abgesehen davon, was die Phänomenologie als erkenntnistheoretisches Modell für eine Bedeutung hat, für das vorliegende Unternehmen ganz wichtig.

Sinngebung als primärer Akt, durch den wir Welt verstehen

Für unseren Zusammenhang, in dem wir die Phänomenologie als Methode der Praktischen Philosophie betrachten, ist diese Reflexion auf die Sinngebung der entscheidende Ausgangpunkt. Denn es zeigt sich, dass die Sinngebung der primäre Akt ist, durch den wir Welt verstehen. Alles Weltverstehen bis in die feinsten Verästelungen hinein geht von diesem ursprünglichen intentionalen Akt aus. Wir sind also in der einfachen Erkenntnis der Dinge immer schon deutende Wesen, die Bedeutungen in das Erlebnis hineinlegen und es damit bedeutsam machen. Durch das Deuten erzeugen wir Gegenständlichkeit im Erlebnis. Das ist ein ganz wichtiger Ausgangspunkt. Denn hier dreht sich die schon erwähnte Weltanschauung um: Das Erkennen folgt nicht mehr dem Anschauen und interpretiert das bloß Angeschaute, sondern Anschauung wird erst aus dem primären Akt der Sinngebung möglich.

1.1.5. Klärung der Gegenständlichkeit

- **Wesentlich**
  - Kundgabe, Bedeutung, gemeinter Gegenstand
    - Intention, Verleihung
- **Außerwesentlich**
  - Erfüllende Gegenständlichkeit
    - Erfüllung, Deckung mit Intention

Grundlegung der Sinnfrage jenseits der natürlichen Einstellung

Der natürliche Ausgangspunkt des Erkennens ist das Erlebnis. Das Erlebnis ist aber ohne Erkenntnis und wird erst in der Intention ausgelegt, so dass sich uns durch das Erkennen und durch die Vollzüge der intentionalen Akte als wesentliche und außerwesentliche Akte überhaupt erst die Gegenständlichkeit so herstellt, wie wir sie in der natürlichen Einstellung haben.

Wenn wir wissenschaftlich von der natürlichen Einstellung ausgehen, dann kommen wir philosophisch nicht weiter als die anderen Wissenschaften, die mit der Klärung innerweltlicher Probleme befasst sind. Wahrscheinlich fallen wir sogar hinter sie zurück, da der Philosophie nicht die empirischen Möglichkeiten bereit stehen, welche die Natur- und Sozialwissenschaften haben. Mit der phänomenologischen Einstellung aber gehen wir nicht von dem Boden der natürlichen Einstellung aus. Das ist ein ganz wichtiger Grundansatz für die weitere Methodik. Die Praktische Philosophie will ja die Sinnfrage klären, und zwar nicht nur theoretisch, sondern in der ganz praktischen Absicht des gelingenden Lebens. Wir kommen auf diese Fragen des gelingenden Alltags in einer Welt der Krisen, die wir im *System der Ethik* behandelt haben, wieder zurück. Davor aber ist es notwendig, die Sinnfrage zu klären. In der phänomenologischen Einstellung zeigt sich, dass sich die Sinnfrage schon in der Abklärung der Gegenständlichkeit der Welt konstituiert. Indem ich Dinge erkenne, wird der Sinn geltend gemacht und zugrunde gelegt. Die Bedeutung der phänomenologischen Methode liegt darin, diesen Vorgang im Einzelnen aufzeigen zu können.

1.1.6. Bedeutung von Realität

- **Natürliche Einstellung**
  - Gegenstand ist real
    - Gegebenheit der Fakten
  - natürliche Seinsgeltung
- **Phänomenologische Einstellung**
  - Intention ist real
    - Erfüllen von Evidenzen
  - Ausschaltung der Seinsgeltung (epoché)

Realität der Gegenstände

Kommen wir noch einmal auf die Ausgangssituation der Phänomenologie zurück, auf die so genannte natürliche Einstellung, welche davon ausgeht, dass Gegenstände real sind. Dieser Ausgangspunkt ist selbstverständlich nicht falsch, denn Gegenstände sind grundsätzlich real. Das Problem liegt auch nicht in der Realität der Gegenstände, sondern in der damit verbundenen Einstellung zur Welt überhaupt, die sich für natürlich hält, dies aber nicht ist. Die Gegebenheit der

Dinge als Fakten ist keineswegs selbstverständlich oder gar natürlich, sie ist ideell. Damit überhaupt Fakten als Fakten vorliegen, ist immer schon eine Seinsgeltung vollzogen worden, die diesen Fakten erst den Charakter des Natürlichen und Selbstverständlichen verleiht.

Realität der Intentionalität

Auch die phänomenologische Einstellung geht von der Realität aus, allerdings nicht von der empirischen Realität des Gegenstandes, sondern von der Intentionalität. Sie untersucht die Erfüllung von Evidenzen. Evident ist dasjenige, was uns als wirklich oder real erscheint. Die spezielle Methode Husserls dabei ist die so genannte Ausschaltung der Seinsgeltung – die *epoché*.

Einklammerung: Ausschaltung der Seinsgeltung der Gegenstände in der natürlichen Einstellung

Die *epoché* beansprucht, den Seinssinn, der in den Gegenständen manifest ist, zu hinterfragen und in seinem Vollzug mit Hilfe der *Einklammerung* zu analysieren und zu rekonstruieren. Das ist ein theoretisches Verfahren, das wir hier nicht weiter verfolgen wollen, weil es uns nicht darum geht, die wahren oder absoluten Seinszusammenhänge herauszustellen. Uns geht es zunächst einmal nur um die Problematisierung der natürlichen Einstellung, die nicht so natürlich ist, wie sie sich gibt. Die Thematisierung dieser Problematik ist schon ein gewaltiger Schritt, der für die methodische Erkenntnis der praktischen Welt ganz entscheidend ist. Wie weit die Wahrheiten oder Evidenzen dann phänomenologisch erschlossen werden, ist eine Frage der theoretischen Philosophie. Das lassen wir dahingestellt. Uns geht es ja um die Praxis und darum, wie die Dinge, mit denen wir umgehen, ihre Geltung erlangt haben und wie mit Hilfe einer Problematisierung der Seingeltung der scheinbare Absolutismus der Wirklichkeit relativiert werden kann.

1.1.7. Sinngebung: Realisierung des Objektes

Die Realisierung des Objektes als intentionales Erlebnis

Die Realisierung des Objektes ist ein intentionales Erlebnis. Das intentionale Erlebnis ist sowohl Zuwendung zu etwas durch das Interesse, es ist auch Aufmerksamkeit auf etwas, indem etwas unser Interesse bindet und festhält. In der Zuwendung und Aufmerksamkeit geschieht ein Vermeinen dessen, was wir in den Dingen, in den Gegenständen, sehen. Das Vermeinen äußert sich im Ausdruck. Dieser Vorgang insgesamt konstituiert das Objekt. *Ausdruck* ist der terminologische Begriff bei Husserl, der das intentionale Erlebnis beschreibt.

• **Intentionales Erlebnis** – Zuwendung – Aufmerksamkeit – Vermeinen – Ausdruck	• **Objekt**

In den *Logischen Untersuchungen* heißt es:

> „Wenn wir ein Ausdrücken als solches normal vollziehen, *leben wir* nicht in den Akten, die den Ausdruck als physisches Objekt konstituieren; nicht diesem Objekt gehört unser ‚*Interesse*', vielmehr leben wir in den sinngebenden Akten, wir sind ausschließlich dem Gegenständlichen *zugewendet*, das in ihnen erscheint, wir haben es darauf *abgesehen*, wir *meinen* es im besonderen, prägnanten Sinne" (Husserl 1968, II/1, 408–409).

Das Erleben ist nicht das Objekt, das wir erkennen, das Erleben ist der Akt der Zuwendung, der Aufmerksamkeit, des Vermeinens und Ausdrucks. Zuwendung, Aufmerksamkeit, Vermeinen und Ausdruck machen den Erlebnischarakter des Wissens aus. Im Zuge dessen wird dann das Objekt erkannt. Deshalb ist das Objekt aber nicht das, was wir erleben. Denken Sie noch einmal an das Beispiel der Vexierbilder. Der expressionistische Maler Salvatore Dali hat sich gern mit solchen Vexierbildern beschäftigt. Bilder wie sein *Sklavenmarkt mit unsichtbarer Büste Voltaires* zeigen seine künstlerische Absicht, Intentionalität zu demonstrieren und zu veranschaulichen. Dabei wird deutlich, dass der Vorgang intentionaler Sinngebung auch vom Künstler bewusst geleitet und manipuliert werden kann.

Der Erlebnischarakter des Wissens

1.1.8. Deuten, Verstehen

Das Deuten und Verstehen ist der Vollzug des Bedeutens bzw. der Bedeutung. Der Vollzug des Bedeutens ist entscheidend für die Realisierung, er ist der Vorgang des Erkennens. Husserl spricht dabei von einer *Beseelung der Empfindung*. Diese Beseelung der Empfindung ist der Akt des Auffassens und Meinens. Das ist das Erlebnis in seinen Vollzügen. Dem folgt die Nennung der Bedeutung, die Erfüllung, der außerwesentliche intentionale Akt mit der Möglichkeit der Reflexion über dasjenige, was in diesem Auffassen aufgefasst ist. Letztlich gehört auch die Nennung und Kundgabe der Bedeutung zum Ausdruck. Der Ausdruck kann sich als Feststellung, aber auch in einer Frage, einem Wunsch oder Befehl vollziehen.

Vorgang des Erkennens

Ich möchte Ihnen das noch anhand einzelner Zitate belegen.

> „Die verstehende Auffassung, in der sich das Bedeuten eines Zeichens vollzieht, ist, insofern eben jedes Auffassen in gewissem Sinne ein Verstehen oder Deuten ist, mit den … objektivierenden Auffassungen verwandt, in welchen uns mittels der erlebten Empfindungskomplexion die anschauliche Vorstellung (Wahrnehmung, Einbildung, Abbildung usw.) eines Gegenstandes … erwächst" (Husserl 1968, II/1, 74).

Das ist ein komplizierter Satz, der den ganzen Gedankengang noch einmal umschreibt: Die verstehende Auffassung, in der sich das Bedeuten eines Zeichens vollzieht, ist der gesamte intentionale Akt. Weil jedes Auffassen ein Verstehen ist, wird an einer anschaulichen Vorstellung, Wahrnehmung oder Einbildung das Bedeuten eines Zeichens vollzogen. Die Wahrnehmung oder Einbildung wird erst damit real.

> „Die Wahrnehmungsvorstellung kommt dadurch zustande, dass die erlebte Empfindungskomplexion von einem gewissen Aktcharakter, einem gewissen Auffassen, Meinen beseelt ist; und indem sie es ist, erscheint der wahrgenommene G e g e n s t a n d" (Husserl 1968, II/1, 75).

Die bedeutete Wahrnehmung als Bedingung der Erscheinung des Gegenstandes

Das ist einer der Kernsätze von Husserl, weil hier der Erscheinungsbegriff zentral definiert ist. Indem die Wahrnehmung so oder so gedeutet und bedeutet ist, erscheint der Gegenstand überhaupt erst als gegebener und nicht vorher.

Zur Nennung und Kundgabe der Bedeutung heißt es:

> „Ausdrücke können ebenso wohl wie auf andere Gegenstände, auch auf die gegenwärtigen psychischen Erlebnisse des sich Äußernden Beziehung haben" (Husserl 1968, II/1, 78).

Ausdrücke können also auch selbstbezogen sein, indem sie nicht lediglich auf die Gegenstände intentional gerichtet sind, sondern auch auf das, was gesagt wird und auf die Art, wie es gesagt oder bedeutet wird.

> „Darnach zerfallen die Ausdrücke in solche, die das Gegenständliche, das sie nennen (oder überhaupt bezeichnen), zugleich kundgeben, und in solche, bei denen der genannte und der kundgebende Inhalt auseinandertreten“ (ebd.).

- **Vollzug des Bedeutens (der Bedeutung)**
  - „Beseelung“ der Empfindung
    - Akt des Auffassens und Meinens
  - Nennung der Bedeutung
    - Reflexion über ...
  - Nennung der Kundgabe der Bedeutung
    - Frage, Wunsch, Befehl

Die Ausdrücke zerfallen also in solche Ausdrücke, die das Gegenständliche nennen und zugleich kundgeben, und in solche, bei denen der genannte und der kundgegebene Inhalt auseinander treten.

> „Beispiele für die erste Klasse bieten die Frage-, Wunsch, Befehlssätze“ (ebd.).

Wenn ich etwas frage, wünsche oder befehle, dann ist das, was ich intentional nenne, zugleich auf die Weise der Kundgabe mit verkündet, so dass hier noch einmal eine zusätzliche Intention – nämlich die der Frage, des Wunsches oder des Befehls – enthalten ist. Bei den anderen Ausdrücken tritt das auseinander, so dass wir nur reine Aussagereflexionen haben.

Die Sprechakttheorien von Austin und Searle haben diesen Gedanken später aufgegriffen, allerdings ohne sich explizit auf Husserl zu beziehen. Hier wird von den verschiedenen Sprechakten als lokutionären und illokutionären Akten gesprochen. Der *lokutionäre Akt* entspricht dem, was für Husserl die Nennung ist, die Aussage. Die *illokutionären Akte* korrespondieren mit den Akten, welche eine Frage, einen Wunsch oder einen Befehl zum Ausdruck bringen, die also über die inhaltliche sachliche eine zusätzliche Intention hinaus haben. Husserls Position ist hier allerdings genauer, da er die Intention schon in den Akten erkennt, die Austin irreführend ‚lokutionär' nennt.[1]

1.1.9. „Beseelung" der Empfindung

- **Apperzeption (Auffassung)**
  - Überschuss im Erlebnis
    - Akt der Bedeutung
  - Apperzipierende (auffassende) Akte
    - werden erlebt, aber nicht selbst wahrgenommen
  - Gegenstände
    - werden wahrgenommen, aber nicht selbst erlebt

Akte werden erlebt, aber nicht wahrgenommen

Die *Apperzeption* als intentionaler Akt bringt die wichtige Differenzierung von Erlebnis und Gegenständlichkeit terminologisch zum Ausdruck: Das Erlebnis ist eben gerade nicht die Gegenständlichkeit. Wir erleben die intentionalen Akte, aber wir erleben nicht das Objekt. Trotzdem ist das Objekt das Vermeinte, es ist also, da es nicht erlebt wird, ideell. In diesem Zusammenhang erfasst die Apperzeption – ein Begriff aus der theoretischen Philosophie – den ideellen Überschuss des Sinnes über das bloße Erlebnis hinaus.

Apperzeption: Überschuss an Sinn

> „Apperzeption ist uns der Überschuß, der im Erlebnis selbst, in seinem deskriptiven Inhalt gegenüber dem rohen Dasein der Empfindung besteht; es ist der Aktcharakter, der die Empfindung gleichsam beseelt und es seinem Wesen nach macht, daß wir dieses oder jenes Gegenständliche wahrnehmen, z.B. diesen Baum sehen, jenes Klingeln hören, den Blütenduft riechen usw. Die Empfindungen und desgleichen die sie ‚auffassen' oder ‚apperzipierenden' Akte werden hierbei erlebt, aber sie erscheinen nicht gegenständlich, sie werden nicht gesehen, gehört, mit irgendeinem ‚Sinn' wahrgenommen. Die Gegenstände andererseits erscheinen, werden wahrgenommen, aber sie sind nicht erlebt" (Husserl 1968, II/1, 385).

Objekte werden wahrgenommen, aber nicht erlebt

Die Gegenstände werden wahrgenommen, aber nicht erlebt. Die Akte selbst werden erlebt, aber nicht wahrgenommen. Diese Ausschließung ist auch der Grund, warum wir in der natürlichen Einstellung nicht bemerken, dass wir natürlich eingestellt sind. Wir identifizieren Wahrnehmung und Erlebnis und halten die Seinsgeltung des Erlebnisses für objektiv. Was wir wahrnehmen sind die Gegenstände, sie werden aber eben nicht erlebt.

Welt ≠ Erlebnis

- Welt ist der intendierte Gegenstand
- Erlebnis ist das Welt-Meinen

Hier liegen dann die Fehler des Empirismus, insofern er davon ausgeht, dass die Gegenstände objektiv *erlebt* werden. Wir erleben aber keine Gegenstände, sondern wir erleben nur intentionale Akte. Die Gegenstände selber sind ideell, sie sind das Vermeinte, das Gedachte, das Gewollte, das Interessierte in diesen Akten.

Apperzeption als Fähigkeit, das Gemeinte zu objektivieren

Wichtig ist nun, dass Husserl der Apperzeption die Fähigkeit zuteilt – über das Erlebnis, welches wir Wahrnehmungserlebnis nennen können, hinaus –, dieses Gemeinte zu objektivieren und in den Raum zu stellen, so dass wir eine objektive Welt erfahren und glauben, wir erlebten diese Objekte. Diese objektive Erfahrung ist ein Produkt des Nicht-Erkennen-Könnens der intentionalen Akte. Die Akte werden ausgeblendet, ganz ähnlich wie das Auge im Akt des Sehens sich ja selbst auch nicht sieht.

Kommen wir zu einem letzten Zitat aus Husserls *Logischen Untersuchungen*:

Welt als intendierter Gegenstand

> „Die Welt aber ist nimmermehr Erlebnis des Denkenden. Erlebnis ist das die-Welt-meinen, die Welt selbst ist der intendierte Gegenstand“ (Husserl 1968, II/1, 386–387).

Das Erlebnis, das in den apperzipierenden Akten erlebt wird, ist nicht Ergebnis und Resultat der Erkenntnis. Das Ergebnis ist der intendierte Gegenstand, welcher selbst nicht erlebt, sondern gemeint, ideell, abstrakt und vielleicht auch Illusion ist.

Wie ist zu verstehen, dass die Wirklichkeit der Gegenstände eine ideelle Wirklichkeit ist? Gibt es nun eine Wirklichkeit der Gegenstände oder nicht? *Die Antwort ist, dass die erlebte Wirklichkeit der Welt die Intentionalität ist, die gemeinte und ideelle Wirklichkeit aber sind die Gegenstände.*

Wir haben hier mit Husserl einen kritischen Weltbegriff aufgestellt, der für alles Weitere wichtig ist. Es ist der Weltbegriff, der den Komplex der Lebenswelt beschreibt. Die Lebenswelt ist die *erlebte* Welt, die wir *erlebend* erfassen. Das bedeutet, dass wir, insofern wir dieses erlebende Erfas-

Nicht Dinge bestimmen uns, sondern das Warum und Wozu der Dinge bestimmt die Lebenswelt

sen der Welt vollziehen, auf Gegenstände und Sachen, die in dieser Lebenswelt vorkommen, ausgerichtet sind. Die Lebenswelt ist von dem Intentionalen, von dem Interesse, von dem *Warum* und *Wozu* des Umganges mit den Dingen bestimmt. Die Lebenswelt ist das Produkt der intentionalen Akte, der Zuwendung und Aufmerksamkeit, der Interessen und Wünsche. Das ist der entscheidende und wichtige Ertrag bei Husserl, den wir für die weitere Auseinandersetzung mit unseren methodischen Fragen in Anspruch nehmen. Der Erfahrungsbegriff wird kritisch betrachtet, aber nicht nur im Hinblick auf theoretische Fragen wie etwa das Problem des Empirismus, sondern auch im Hinblick auf unsere eigenen alltäglichen, natürlichen Einstellungen, die uns glauben lassen, die Gegenstände seien das Erlebnis selbst und könnten mit dem Erlebnis theoretisch verbunden werden. So kommt es zum Irrglauben, die Gegenstände würden uns bestimmen oder wären Auslöser unserer Wahrnehmung. Nun hat sich mithilfe von Husserls phänomenologischer Einstellung die Annahme umgekehrt: Denn Husserl zeigt, dass Verstehen, Deuten und damit natürlich auch der Umgang mit der praktischen Welt mit der Intentionalität beginnen.

1.2. Martin Heidegger
Infragestellung der Seinsgeltung schlechthin und Herausstellung des Grundes der Intentionalität

1.2.1. Heideggers phänomenologischer Ansatz um 1920

1.2.1.1. „Es gibt ...“ = Es weltet

Wir kommen nun auf Martin Heidegger zu sprechen. Er war Schüler von Edmund Husserl und hat dessen Ansatz kreativ und genial weitergedacht.

Dazu möchte ich Ihnen eine Vorlesung vorstellen, die Heidegger im Jahr 1919 unter dem Titel *Die Idee der Philosophie und das Weltanschauungsproblem*[2] gehalten hat. Hier hat er bereits seinen eigenen Standpunkt und seine eigene Philosophie entwickelt, welche über das Denken Husserls hinausführt. In dieser Vorlesung – und deswegen habe ich sie ausgesucht – behandelt Heidegger unter anderem das Problem der Gegebenheit: Er thematisiert hierbei das ‚Es gibt‘ sowie die Frage ‚Gibt es etwas?‘ und gelangt somit zur Infragestellung der Seinsgeltung schlechthin in der Frage ‚Warum ist überhaupt etwas, und nicht vielmehr nichts?‘

Ganz ähnlich wie Husserl kritisiert auch Heidegger an den Wissenschaften einschließlich der Philosophie, dass sie theoretisch, und zwar einseitig theoretisch, orientiert seien. Die Theorie übe eine ungute Dominanz aus, indem sie sich an die natürliche Einstellung anlehne und von der Selbstverständlichkeit des Gegenständlichen ausgehe. Auch wenn nun alle Naturwissenschaften von der positiven Geltung der Dinge ausgehen müssen, sei damit noch keine ursprünglich wissenschaftliche Haltung gekennzeichnet, der es – wie schon mehrfach gesagt – um die Infragestellung der Dinge und ihrer Seinsgeltung zu gehen habe. Dieser philosophischen Hinterfragung will nun auch Heidegger nachgehen. Gemäß seiner Kritik an der bloßen Theorie und ihrer positiven oder positivistischen Einseitigkeit will er auf etwas zurückgehen, was vortheoretisch ist. Der Begriff *vortheoretisch* ist hier wichtig, da er deutlich machen soll, dass wir vor allen expliziten Theorien und ihren Ausführungen immer schon eine vortheoretische Einstellung haben. *Heideggers vortheoretische Einstellung entspricht somit Husserls natürlicher Einstellung.* Auch Heidegger geht es darum, das Vortheoretische, diesen vortheoretischen Bereich, der uns in der natürlichen Einstellung verhaften lässt, vortheoretisch zu behandeln. Dies kann nun eben nicht mittels Psychologie, Neurologie oder anderer positivistischer Wissenschaften, also

- **Heidegger (1920)**
  - – Welt = Umwelt
  - – Umwelt = Bedeutung
  - – Bedeutung = Erleben
  - – Erleben = Ereignis
  - – Objekt = Ent-leben

- **Heidegger SuZ (1927)**
  - – Welt
    - All des Seienden
    - Bereiche des Wissens
    - **Lebenswelt**
    - Weltlichkeit
  - – Lebenswelt = Umwelt
  - – Umwelt = Praxis
  - – Praxis = Um-zu
  - – Um-zu = Bedeuten

Vortheoretische Einstellung

nicht theoretisch geschehen. Hier ist somit derselbe Ausgangspunkt beschrieben, wie wir ihn bei Husserl gefunden haben.

Am Anfang seiner Vorlesung geht Heidegger von der Analyse der Erlebnisstruktur und der Frage ‚Gibt es etwas?' aus. Die ganze philosophische Problematik ist für Heidegger an diese Frage gebunden: Von der Lösung dieser Frage hängt es für ihn ab, ob die Philosophie überhaupt noch eine Zukunft habe. Es geht Heidegger also, etwas überspitzt formuliert, um das Überleben der Philosophie. Kann sie zu ihrer eigentlichen Frage ‚Gibt es etwas?' etwas sagen? Das ‚Es gibt' ist für Heidegger ein Vorgang, den er mit ‚Es weltet' bezeichnet hat. Dieser Ausdruck – eine Sprachschöpfung Heideggers – gibt Husserls Begriff der Intentionalität eine größere Klarheit und Prägnanz, auch wenn Husserl die Welt schon in diesem Sinn verstanden hat, wie es bei Heideggers ‚welten' gemeint ist. Das ‚Welten' als Aktivum bringt die Welt phänomenologisch auf den Punkt.

Es war auch ein gewisses Ereignis, als Heidegger dieses Wort erstmals verwendete, denn es hat die Zuhörer, unter denen auch Hans-Georg Gadamer saß, der auch davon berichtet, gewaltig aufgerüttelt. Auf uns heute hat es möglicherweise nicht mehr die gleiche Wirkung wie damals; trotzdem bleibt es eine geniale Weiterführung von Husserls Anliegen, die Intentionalität, die ja im Erkenntnisakt unsichtbar bleibt, zu verdeutlichen.

Die Frage nach dem Sinn von Sein als Frage nach der Entstehung der Bedeutungsgebung des Seins

‚Gibt es etwas?' Das ist eine Frage an einem Abgrund, wie Heidegger sagt, und die Kernfrage der Philosophie. Im ‚Gibt es etwas?' geht es um die Fragestellung des Seins oder, wie es Heidegger später formulieren wird, um *die Frage nach dem Sinn von Sein.* Der Sinn von Sein thematisiert die Bedeutung und die Art und Weise der Bedeutungsgebung des Seins. *Die Frage nach dem Sinn von Sein* ist also genau die Frage, welche wir die ganze Zeit behandelt haben: Wie kommt es dazu, dass die Dinge uns etwas bedeuten? – Es geht nicht um die Frage ‚Warum gibt es die Welt?' oder ‚Was ist der Sinn des Lebens?', sondern es geht darum, wie es dazu kommt, dass Dinge uns etwas bedeuten. Hierzu führt Heidegger ein mittlerweile berühmt gewordenes Beispiel an.

Er steht im Hörsaal am Katheder und fragt, was ein Katheter eigentlich bedeute:

> „In den Hörsaal tretend, sehe ich das Katheder. Wir nehmen ganz davon Abstand, das Erlebnis sprachlich zu formulieren. Was sehe »ich«? Braune Flächen, die sich rechtwinklig schneiden? Nein, ich sehe etwas anderes. Eine Kiste, und zwar eine größere, mit einer kleineren daraufgestellt? Keineswegs, ich sehe das Katheder, an dem ich sprechen soll. Sie sehen das Katheter, von dem aus zu Ihnen gesprochen wird, an dem ich schon gesprochen habe. Es liegt im reinen Erlebnis auch kein – wie man sagt – Fundierungszusammenhang, als sähe ich zuerst braune, sich schneidende Flächen, die sich mir dann als Kiste, dann als Pult, weiterhin als akademisches Sprechpult, als Katheder gäben, so daß ich das Kathederhafte gleichsam der Kiste aufklebte wie ein Etikett" (Heidegger GA, Bd.56/57, 71).

Das ist meisterlich, wie Heidegger hier versucht, seinen Zuhörern klar zu machen, was ein Katheder bedeutet und wie es zu seiner Bedeutung kommt. Zunächst ist das Katheder für die Anschauung ein Kasten bzw. braune Flächen. An diesem Gegenstand ist zunächst einmal seine Bedeutung nicht ablesbar, denn diese wird lediglich im Zusammenhang deutlich: Jemand, der aus ganz anderen Kulturzusammenhängen kommt, der weder weiß, was eine Vorlesung ist noch, was die Veranstaltung bedeutet, kann mit einem solchen Kasten nichts anfangen. Für ihn ist er dann einfach nur ein brauner Holzkasten.

Umwelt als Zusammenhang, aus dem heraus intentionale Akte erfolgen

Heidegger schließt daraus, dass das Erlebnis des Kathedersehens eine Zusammensetzung ist aus dem, was der Gegenstand selbst ist und seiner Bedeutung, die er durch die intentionalen Akte schon bekommen hat. An dieser Stelle erfolgt aber ein Schritt, mit dem Heidegger über Husserl hinausgehen wird, denn er fragt sich: Wie kommt es denn überhaupt zu intentionalen Akten? Werden diese Akte nur aus mir heraus gleichsam weltschöpferisch geleistet? Das kann nicht der Fall sein. Heidegger kommt bei der Behandlung dieses Problems auf den terminologischen Begriff der *Umwelt* zu sprechen. Die Welt – als die vermeinte und ideelle Welt, von der Husserl gesprochen hat – ist die Umwelt. Die Welt ist nie ein bloßer Raum, sondern sie ist das Umfeld, in welches das Vermeinte gestellt ist. Das Katheder hat einen solchen Bezug zu seiner Umgebung. Es ist nicht nur in eine räumliche Umgebung, sondern auch in die situative Umgebung gestellt. Das Katheder steht zwar hier in diesem Raum, aber dieser Raum steht in der Universität und die Universität hat nicht nur eine räumliche oder bauliche, sondern eine kulturelle Bedeutung. So wird dieser Teil Teil einer Umwelt und diese Umwelt ist ganz entscheidend für die Bedeutung.

> „In dem Erlebnis des Kathedersehens gibt sich *mir* etwas aus einer unmittelbaren Umwelt. Dieses Umweltliche (Katheder, Buch, Tafel, Kollegheft, Füllfeder, Pedell, Korpsstudent, Straßenbahn, Automobil usf. usf.) sind nicht Sachen mit einem bestimmten Bedeutungscharakter, Gegenstände, und dazu noch aufgefaßt als das und das bedeutend, sondern das Bedeutsame ist das Primäre, gibt sich mir unmittelbar, ohne jeden gedanklichen

Umweg über ein Sacherfassen“ (Heidegger GA, Bd.56/57, 72–73).

Ich erfasse also nicht zuerst Sachen, sondern ich erfasse zuerst Bedeutungen. Das hat Husserl zwar auch schon gesagt, aber Heidegger stellt die Bedeutungen in das Bedeutungsfeld der Umwelt hinein. Das Vermeinte ist umweltlich schon vorgemeint und bedeutet. Husserls Komplex der Gegenstände und des Gegenständlichen wird hier von Heidegger noch weiter aufgelöst.

Mit Husserl sind Gegenstände Bedeutungen. Heidegger will nun deutlich machen, dass Intentionalität nicht nur theoretisch eine Zuwendung, ein Aufmerksamsein ist, sondern vortheoretisch ein ‚Welten‘, durch das nicht nur Empirie, sondern die alltägliche Welt insgesamt erscheint. Hier wird eine weitere Ebene eröffnet, welche die Intentionalität der Intentionen zu erkennen gibt.

Vortheoretische Verfassung der natürlichen Einstellung

Wir haben festgestellt, dass die natürliche Einstellung, von der nicht nur die alltägliche Auffassung der Welt, sondern auch die Naturwissenschaften und die Geisteswissenschaften ausgehen, soweit letztere positive Wissenschaften sind, gar nicht so natürlich ist, sondern bereits eine theoretische Verfassung besitzt. Sie besteht darin, dass die natürlich verstandene Welt in einer ganz bestimmten Art und Weise vorverstanden ist. Heidegger hat gezeigt, dass vor allen Dingen die an der Technik ausgerichtete Neuzeit maßgeblich dazu beigetragen hat, dass die Welt schon technisch vorverstanden ist.[3] Die Neuzeit ist an der Technik orientiert. Daraus folgt, dass der Realitätsbegriff ein einheitlich technischer ist und eine homogene Realität ausrichtet, nämlich die Realität der objektiven Gegebenheiten und der objektiven Welt. Wenn wir nun diese Realität hinterfragen, geht es uns darum, das Vorverständnis von Welt aus der Intentionalität, aus der Zuwendung und Aufmerksamkeit einer vortheoretischen Einstellung zur Welt heraus zu stellen. Diese Art von Einstellung entgeht uns, sie ist aufgrund des modernen, technischen Wissenschaftsstils, durch seine Methoden des Experimentes und Beweises, welche ganz auf die objektive Welt gerichtet sind, nicht mehr im Vordergrund. Für uns ist die Welt einfach da: ‚Es gibt' – ist die Grundüberzeugung, wobei das eigentliche Problem, wie es dazu kommt, dass es die Welt gibt, nicht gesehen wird. Hierin liegt die eigentliche Veranlassung, warum wir uns bei einer Grundlegung der Praktischen Philosophie mit der Theorie befassen müssen: Es geht nicht darum, wissenschaftstheoretische Probleme abzuklären, sondern es gilt, diesen Modus der Gegebenheit einer Welt als vortheoretische Einstellung zu prüfen und zu hinterfragen. Weiterhin gilt es, zu erkennen, dass die natürliche Einstellung nicht natürlich, sondern von einem technischen Wissenschaftsbegriff bestimmt ist. Dieser verhindert es in der Einseitigkeit seines technischen Vorverständnisses von Welt, die Vielfalt der Intentionalität und ihrer unterschiedlichen Motivationen wahrzunehmen und vor allem als Quelle des Wissens zu erkennen. Das Ziel dieser kritischen Auseinandersetzung mit der Theorie ist damit der Blick auf die Intentionalität selbst und ihre ursprünglichen Interessen.

1.2.1.2. Der phänomenologische Weltbegriff

• **Husserl (1900/1901)**	• **Heidegger (1920)**
– Welt = „ideel"	– „Es gibt ..." = Es *weltet*
• ideel ≠ Erlebnis	• Welt = Umwelt
• Erlebnis ≠ Intention	• Umwelt = Bedeutung
• Gegenstand = Erlebnis	• Bedeutung = Erleben
	• Erleben = Ereignis
	• Ereignis = „welten"
	• welten = es gibt
	• gegeben = entlebt

Erinnern wir uns noch einmal: Husserl zeigt, dass die Welt ideell ist. Was uns objektiv an Erkenntnis gegeben ist, sind nicht die Erlebnisse selbst, sondern das Vermeinte, das wir in diesen Erlebnissen meinen, der inhaltliche und objektive Sinn.

Der objektive Sinn – 2 + 2 = 4 – ist unabhängig vom Erlebnischarakter, er ist ideell. Es ist für diesen Sinn als Sinn gleichgültig, wie ich ihn erlebe, ob mit Freude oder Trauer. Das Ergebnis gilt unabhängig von Launen oder anderen Erlebniszuständen.

Husserl: der Gegenstand als das Vermeinte im Erlebnis

Die objektive Welt ist ideell. Ideell ist nicht das Erlebnis, sondern die Welt des Vermeinten. Das Erlebnis ist die Intention, d.h. meine *Aufmerksamkeit*, mein *Zugehen auf die Welt*, das *Sinngeben* oder das *Befassen mit...* Die Intentionalität belässt den Gegenstand als etwas, das von dem Erlebnis unabhängig ist. Der Gegenstand ist vom Erlebnis getrennt. Das ist die entscheidende Einsicht Husserls: Der Gegenstand ist das Vermeinte im Erlebnis.

Heidegger: die Frage nach dem Grund der Intentionalität

Heidegger greift diese Einsicht Husserls auf, wobei es ihm nun um die Frage geht, wie diese Intentionalität selber beschaffen ist. Er geht dabei nicht von einer einheitlichen Intentionalität oder einer Intentionalität überhaupt aus, sondern er interessiert sich dafür, wie die Intentionalität selbst intendiert ist. Er sucht den Grund der Intentionalität.

Die Intentionalität hat offensichtlich etwas mit der Umwelt zu tun, auf die sie sich bezieht, und ist in dieser Hinsicht auf das Umwelthafte bezogen, nicht auf Gegenstände, die sie hervorbringt. Wenn am Ende der Gegenstand als bloßer Gegenstand, als bloßes Faktum erscheint, wie in der objektiven Welt, dann hat er mehrere Phasen der Intentionalität durchlaufen.

Zunächst einmal nämlich ist die Intentionalität die Aufmerksamkeit auf die Welt überhaupt. Hier wird alles, was wir erkennen, in eine Umwelt einbezogen und von dieser Umwelt her auch bedeutet und bedeutsam gemacht. Das Pult hat in einem Hörsaal eine andere Bedeutung als in einem Wohnhaus. Es ist immer auf das Umfeld bezogen, soweit dieses Umfeld selbst auch schon bedeutet und gedeutet ist. Das *Um* ist die Umwelt um die Sache herum. Im Bedeuten wird der Gegenstand in seiner Umgebung wahrgenommen und als in diese Umgebung eingepasster vermeint.

Bedeuten als ‚welten'

Auch das eigentümliche Wort *welten*, welches Heidegger in diesem Zusammenhang findet und erfindet, ist ein aktivischer Vorgang und drückt das Bedeuten aus, in dem ich mich auf die Dinge hin richte und in dem ich mit ihnen umgehe.

Diese Hinwendung zum Ding lässt das Objektive immer stärker heraustreten. Dabei tritt für Heidegger das Ereignis zunehmend in den Hintergrund. Das Ding wird zum Objekt. Dabei handelt es sich um eine Folge des Weltens selbst. Das Gegebene wird, wenn es *weltet*, immer stärker *ent-lebt*. Das bedeutet: Je deutlicher das Objektive als Objektives erfasst wird und je mehr sein reiner Sachgehalt hervortritt, umso weniger ist dieser ganze intentionale Vorgang erkennbar, der diesen Sachverhalt ermöglicht hat. Am Ende bleiben das reine Faktum, der reine Sinnzusammenhang, die reine Zahl übrig, und zwar von ihrer Erlebnisstruktur abgelöst. Diesen Vorgang der Objektivierung versteht Heidegger unter *ent-leben.*

Heidegger sagt nun in seiner Vorlesung:

Das Etwas weltet nicht

> „Das Etwas überhaupt, nach dessen »es geben« gefragt ist, weltet nicht“ (Heidegger GA, Bd.56/57, 71).

Das ist genau das gleiche, das auch Husserl bereits gesagt hatte: Das Etwas, der Gegenstand in seinem objektiven Sachverhalt, ist kein Bestandteil der Bedeutungsgebung, sondern es ist das Vermeinte, das Ideelle. Heidegger drückt das hier zwar etwas anders aus, aber es ist noch die große Nähe zu Husserl erkennbar, der auch eine klare Abtrennung von Erlebnis und Gegenstand bzw. Vermeintem herausgestellt hat.

Ereignis als Form der Verinnerlichung

Heidegger nennt das Erlebnis auch ein *Ereignis*. (vgl. Heidegger GA, Bd. 56/57, 75). Der Begriff Ereignis ist ein wichtiger Begriff für ihn, er wird ihn in seinen Werken immer wieder aufgreifen. *Vom Ereignis*[4] ist auch der Titel einer seiner Schriften, welche sogar zu seinem zweiten Hauptwerk neben *Sein und Zeit* erklärt wird. Dieser Gedanke hat ihn also nicht verlassen.

Wenn wir umgangssprachlich von Ereignis sprechen, dann wird Heideggers eigenwillige Verwendung nicht spürbar. Er meint (etymologisch allerdings nicht korrekt) mit Ereignis, dass sich mir etwas *er-eigne*, das als etwas mein Eigen wird und – wie bei der Aneignung, aber auch wieder davon unterschieden – mit mir verschmilzt. *Das Ereignis ist also eine Form des Verinnerlichens*. Es ist kein bloßer Bewusstseinsvorgang, sondern es ist die Aufnahme dessen, was im Erlebnis gemeint ist: *es gibt*. Das Etwas ist davon unterschieden. In ihm zeigt sich schon die Versachlichung, die von dem Ereignis getrennt ist.

Die vortheoretische Einstellung ist schon von der Versachlichung dessen, was wir erkennen wollen, geprägt. Wenn ich das Etwas und seine Realität habe, dann ist der Vorgang des *Weltens* beendet und in der Sache aufgegangen.

Gegebenheit als theoretische Form

> „*Wie erlebe ich das Umweltliche*, ist es mir »gegeben«? Nein, denn *gegebenes* Umweltliches ist bereits theoretisch angetastetes, es ist schon von mir, dem historischen Ich, abgedrängt, das »es weltet« ist bereits nicht mehr primär. »Gegeben« ist bereits eine leise, noch unscheinbare, aber doch echte theoretische Reflexion darüber. Die »Gegebenheit« ist also sehr wohl schon eine theoretische Form“ (Heidegger GA, Bd.56/57, 88–89).

‚Es ist mir gegeben!‘ – das ist also schon die theoretische Stellungnahme zu dem, was weltet, zu dem, was ankommt. Damit ist die natürliche Einstellung schon eine theoretische Reflexion. Man kann sich nicht auf eine *Natur der Sache* zurückziehen. Die Gegebenheit ist ein Prozess der weitergehenden und zunehmenden Versachlichung. Das ‚Es ist gegeben‘ ist nur der Anfang.

> „Dieser Prozeß der fortschreitenden zerstörenden theoretischen Infizierung des Umweltlichen ist phänomenal genau verfolgbar, z.B. eine Reihe: Katheder, Kiste, braunfarbig, Holz, Ding“ (Heidegger GA, Bd.56/57, 89).

Heidegger kommt hier also auf das Kathederbeispiel zurück: Katheder, das war noch Weltendes. Die weitergehende

Ent-deutung: Weltendes – Gegebenes – Real-sein

Versachlichung – braune Kiste, Holz, Ding – zeigt dann immer mehr eine weltlose Sache. Das ist die Folge der fortschreitenden theoretischen Infizierung. Dabei geht die Besonderheit und Vielfalt der Aufmerksamkeit, des Bedeutens, verloren.

> „Das Ding ist bloß noch da als solches, d.h. es ist real, es existiert. Realität ist also keine umweltliche Charakterisierung, sondern eine im Wesen der Dinghaftigkeit liegende, eine spezifisch theoretische. Das Bedeutungshafte ist ent-deutet bis auf diesen Rest: Real-sein" (ebd.).

Theoretischer Rest der Ent-deutung: Es gibt etwas

Die Realisierung ist also ein Prozess der Theoretisierung. Die spezifischen Einzelheiten werden im Zuge der Theoretisierung ent-deutet, bis auf diesen einen Rest, der nicht ent-deutet werden kann, nämlich: ‚Das Ding *ist*' bzw. ‚Es gibt etwas'. Das ist der harte theoretische Rest, auf den sich dann die so genannte natürliche Einstellung aufbaut. Die natürliche Einstellung, das kann man hier wiederholen, ist also völlig unnatürlich.

Noch ein weiteres Zitat dazu:

> „Die letzten Probleme bleiben verdeckt, wenn die Theoretisierung selbst verabsolutiert wird und ihr Ursprung aus dem »Leben« nicht verstanden ist" (Heidegger GA, Bd.56/57, 91).

Verabsolutierung des Theoretischen: Prozess der Ent-lebung

Wird die Theoretisierung selbst verabsolutiert, dann liegt überhaupt keine richtige Theorie vor, sondern eine Theorie, die lediglich einseitig auf das bloße Realsein, auf die Realitätsproblematik abzielt. Ihr Ursprung aus dem Leben und dem konkreten Umgang mit den Dingen dagegen wird nicht mehr verstanden. Das will Heidegger rückgängig machen. Ihm – und auch uns – geht es darum, diesen Zusammenhang von Objektivierung und Entlebung zu verstehen, weil wir ja wissen wollen, wie und warum die Aufmerksamkeit und Zuwendung auf die Umwelt verloren geht und wie wir sie vielleicht wieder finden können.

> „Der Prozeß sich steigernder Objektivierung als Prozeß der Ent-lebung“ (ebd.).

Der Prozess sich steigernder Objektivierung ist, indem er auf die Verabsolutierung des Theoretischen abzielt, ein Prozess der Ent-lebung.

So weit einmal zu dieser eigentümlichen Wendung: Das ‚Es gibt‘ wendet sich bis hin zum gegebenen Etwas und wenn es nur noch Etwas ist, dann ist es *ent-lebt*.

1.2.2. Heideggers phänomenologischer Ansatz in *Sein und Zeit*

1.2.2.1. Welt

Ursprüngliches Seinsverständnis und das Problem des Sinns des Da

Ich komme jetzt auf Heideggers Hauptwerk *Sein und Zeit* zu sprechen. Wir werden allerdings nur von der phänomenologischen Seite her auf Heideggers Raum- und Weltbegriff eingehen. In *Sein und Zeit* hat Heidegger die angesprochene Thematik weiter gefasst und den Bereich der Hermeneutik ausgebaut. Die Form des Bedeutens hat er zu dem Konzept des Verstehens erweitert und entwickelt. Dazu hatte ich Ihnen ja ganz am Anfang ein Zitat vorgestellt, welches zeigt, wie Heidegger in *Sein und Zeit* die Phänomenologie mit der Hermeneutik verbindet. Diese Verbindung tritt deutlich im Begriff des *Daseins* hervor, denn das Dasein ist die Art und Weise, wie der Mensch sich selbst in der Welt versteht: Er versteht sich als *da*. Der Mensch hat somit ein ursprüngliches Seinsverständnis. Dieses Seinsverständnis ist aber nicht nur eine Auszeichnung, sondern bringt auch ein Problem mit sich, denn der Mensch muss dieses Seinsverständnis inhaltlich füllen und ihm eine konkrete Ausrichtung, einen konkreten Sinn geben. *Das Seinsverständnis ist also ein zu erfüllendes*. Heidegger spricht hier von dem Dasein als demjenigen Sein, dem es in seinem Sein um dieses Sein geht. Das sei hier aber nur am Rande erwähnt. Hier geht es uns in erster Linie um den Weltbegriff. Die Phänomenologie beschäftigt sich mit der Welt, insofern sie natürlich und unproblematisch erscheint, sich aber als theoretisch und äußerst kompliziert herausstellt.

- **Welt**
  - All des Seienden
  - Bereiche des Wissens
  - **Lebenswelt**
    - Lebenswelt = Umwelt
    - Umwelt = Praxis
    - Praxis = Um-zu
    - Um-zu = Bedeuten
  - Weltlichkeit

In *Sein und Zeit § 14 Die Idee der Weltlichkeit der Welt überhaupt* differenziert Heidegger den Weltbegriff in einer Weise, wie er und auch Husserl es vorher noch nicht getan hatten. Hier wird das Weltverständnis terminologisch unterschieden.

Welt als Allgemeinbegriff

Zunächst einmal ist die Welt all das Sein hier. Wenn wir von der Welt reden, dann ist das ein Allgemeinbegriff für alles, was es gibt; ein völlig unspezifischer Begriff.

Welt als Weltanschauung

Die zweite Verwendung des Begriffes Welt geht auf bestimmte Bereiche des Wissens ein: z.B. die Welt des Mathematikers, die Welt des Philosophen und die Welt des Physikers. Der Begriff gibt schon zu erkennen, wie Welt gesehen wird; mit diesem Begriff ist also auch eine gewisse Weltanschauung verbunden. Denn die Welt des Physikers sieht anders aus als die Welt des Mathematikers oder die Welt des Poeten. Das ist die Welt, wie ich sie sehe – die gewusste Welt.

Welt als Lebenswelt

Weiterhin differenziert Heidegger auch eine Welt als Lebenswelt. Mit diesem Weltbegriff haben wir uns anhand der bisher vorgestellten Texte von Husserl und Heidegger befasst. Die Lebenswelt, um es noch einmal zu wiederholen, ist ein Kunstbegriff, um eine Einheitlichkeit der Welt zu erfassen, obwohl es viele Welten gibt und sie ja ganz unterschiedlich sind. Die Lebenswelt ist die gemeinsame Welt, in der wir leben, auch wenn es unterschiedliche Personen in unterschiedlichen Welten gibt. Der Begriff ist ein heuristischer Begriff, der es ermöglicht, die natürliche und vortheoretische Einstellung und damit auch das Verständnis des Alltags herauszustellen.

Welt als In-der-Welt-sein

Der letzte Begriff, die Weltlichkeit, – auf den wir allerdings hier nicht eingehen wollen – ist der existenzphilosophische Begriff, der die ganze Dimension des *In-der-Welt-seins* umfasst. Hier wird die gesamte Existenzialität des Menschen in den Blick gerückt: Wir wissen uns als verstehende Wesen sterblich, und dieses Wissen um den Tod reflektiert wiederum auf unser Weltverständnis. Wir beschäftigen uns hier zunächst nur mit der Welt als Lebenswelt im Anschluss an die bereits behandelte Vorlesung Heideggers.

1.2.2.2. Praxis

Zeug ⟵

– Dinge des praktischen Lebens
  - Werkzeug, Fahrzeug, Flugzeug, Schreibzeug
– Zeugganzes
  - Dinge verweisen
    – „etwas, um zu“
    – „etwas, auf etwas“
– Handlichkeit
  - Umgang

– Auffallen
  - das Unbrauchbare
– Aufdringlichkeit
  - das Fehlende
– Aufsässigkeit
  - das Unerledigte

bloßes Ding

In *Sein und Zeit* fragt Heidegger, wie wir denn die Dinge im normalen Umgang zu verstehen haben. Wie sind die Dinge des Alltags zu verstehen?

> „Die Griechen hatten einen angemessen Terminus für die »Dinge« πράγματα, d.i. das, womit man es im besorgenden Umgang (πρᾶξις) zu tun hat“ (Heidegger SuZ, 68).

Von den Dingen der Praxis zu den ent-lebten Gegenständen

Die Griechen hatten also einen Begriff für die Dinge, den wir nicht mehr haben. Wenn wir von Dingen sprechen, dann sind das entleerte oder *ent-lebte* Gegenstände. Sprechen wir von einem Gegenstand als *Ding*, so tun wir dies zumeist in abschätziger Weise. An dem Ding-Begriff der Griechen hatte die Verwissenschaftlichung der Welt noch keine Spuren hinterlassen.

Was war der angemessene Terminus für die Dinge? – Πράγηατα.

Πράγηατα (pragmata) sind das, womit man es im besorgenden Umgang, der πρᾶξις (Praxis), zu tun hat. Heidegger bezieht sich hier auf die Praxis, auf den besorgenden Umgang. Die Dinge der Praxis sind die pragmata.

Der Hinweis soll deutlich machen, dass im griechischen Verständnis die Dinge noch vollständig aus der Praxis heraus, in die sie eingebunden waren, verstanden wurden. Für uns sind die Dinge weitgehend theoretisch geworden, weil sie im Zuge des technischen Wissenschaftsideals theoretisiert wurden. Für die Griechen waren sie noch in die Umwelt eingebunden, was auch in der Sprache deutlich wird. Heißt das nun aber, dass wir überhaupt keine pragmata mehr kennen? – Natürlich nicht. Sie finden sich in demjenigen wieder, was wir das *Zeug* nennen.

> „Wir nennen das im Besorgen begegnende *Seiende* das Zeug“ (ebd.).

Zeug ist Heideggers Übersetzung für πράγηατα.

Dinge der Praxis: Zeug

Nun ist für uns auch das Wort Zeug entwertet. Man spricht auch von Zeug in einem abschätzigen Sinne. Heidegger aber versteht Zeug als Dinge in Verbindung mit seinem Zweck, als Dinge im Zusammenhang, z.B. als Werkzeug, Fahrzeug, Flugzeug, Schreibzeug u.s.w. Zeug taucht immer in einem Zusammenhang auf und gleichzeitig in diesem unter, so dass es nicht mehr als eigenständiges Ding wahrnehmbar ist. Das Zeug verweist für Heidegger also auf den Zusammenhang, in dem es als das Werk-, Fahr,- Flug,- oder Schreibzeug verwendet und gebraucht wird, auf seinen Gebrauchszusammenhang.

Deshalb kann er in einer phänomenologisch korrekten und weitreichenden Aussage feststellen:

„Ein Zeug »ist« strenggenommen nie“ (ebd.)

Zeug ‚ist‘ nicht, sondern taucht im Zusammenhang auf

Während man von einem Ding sagen würde, dass es *ist*, kann man das vom Zeug im phänomenologischen Sinne nicht sagen. Denn das Zeug hat in der Strenge dieser Sicht nicht den Realitätscharakter wie das Ding. Dies wurde schon am Beispiel des Katheders deutlich: Das Pult *ist* nur als Ding, während es als Zeug *nicht ist*, sondern gebraucht wird. Hierbei taucht es nicht in seiner Realität, *dass es ist*, als Seiendes auf, sondern verschwindet im Gebrauch und Umgang. Ein Zeug findet man als solches und einzelnes Ding nicht vor, sondern immer in einem Zusammenhang: Zeug ist z.B. Zeug als Schreibzeug und dieses Schreibzeug taucht wieder in einem unfassenderen Zusammenhang des Studierens auf. Da sich immer weitergehendere Zusammenhänge aufdecken lassen, können wir schließlich einsehen: *Das einzelne Zeug verweist immer über sich hinaus auf einen Zusammenhang und letztlich auf eine Ganzheit, auf ein Zeug-Ganzes.* Zeug-Dinge werden nur in einem Zusammenhang erfasst, in dem sie etwas sind, um etwas zu machen, und in dem sie mit dem, was sie sind, auch auf etwas anderes verweisen. Das Schreibzeug zum Schreiben ist das „Um-zu“ (Heidegger SuZ, 69), so dass diese Verweisung nicht allein stehen bliebt, sondern nur im Zusammenhang einer Schreibkultur auftaucht.

Zeug verweist auf eine Ganzheit

Zeug geht im ‚Um-zu‘ auf

Ein weiterer heuristischer Begriff, der das Ding als Zeug, also in seinem Zusammenhang mit der Praxis erscheinen lässt, ist die „Handlichkeit“ (ebd.). Heidegger spricht terminologisch von „*Zuhandenheit*“ (ebd.), gemeint ist dabei die Handlichkeit. Das bedeutet, dass Zeug wie der Hammer im Gebrauch, im Hämmern, aufgeht und verschwindet. Als bloßes Ding erscheint er beispielsweise nur dann, wenn er nicht funktio-

Zeug ist nur im Mangel an Zuhandenheit vorhanden

niert. So kommt es eben vor, dass Zeug nicht funktioniert, auffällig oder sogar aufsässig und aufdringlich wird. In diesem Fall ist dieser Zusammenhang des *Um-zu* gestört. Hier meldet sich die pure *Vorhandenheit*, das Zeug ist unbrauchbar. Der Hinterreifen eines Fahrrads z.B. fällt erst als solcher, das heißt in seiner Vorhandenheit, auf, wenn er platt ist. Hier kehrt sich das Zeug um und wird zwischenzeitlich oder ganz zum Ding, wenn es nicht behandelt und repariert wird. Das Nicht-Brauchbare, der Hammer, der zerbricht, oder der Fahrradreifen, der platt ist, ist für diesen Moment aus dem Zusammenhang herausgeholt. Eine solche Störung des Verweisungszusammenhanges passiert auch bei der Aufdringlichkeit und Aufsässigkeit. Aufdringlich ist ein Zeug gerade dann, wenn es vermisst wird, aufsässig ist es, wenn es unerledigt bleibt. In allen diesen Fällen ist der Gebrauchs-Zusammenhang gestört oder unterbrochen.

> „Die Modi der Auffälligkeit, Aufdringlichkeit und Aufsässigkeit haben die Funktion, am Zuhandenen den Charakter der Vorhandenheit zum Vorschein zu bringen" (Heidegger SuZ, 74).

Hier in den Modi der Auffälligkeit, der Aufdringlichkeit und Aufsässigkeit verändert sich das Verständnis der Dinge im Gebrauch: Das auffällig, aufdringlich und aufsässig gewordene Zeug ist nicht mehr zuhanden, sondern vorhanden. Es ist ein Ding geworden und hat seine Zeugfunktion aufgegeben.

> „Ein Zeug ist unverwendbar – darin liegt: die konstitutive Verweisung des Um-zu auf ein Dazu ist gestört" (ebd.).

Hieraus folgt ein wichtiges Resultat, das diese Beobachtung zusammenfasst:

„Der Zeugzusammenhang leuchtet auf nicht als ein noch nie gesehenes, sondern in der Umsicht ständig vorhinein schon gesichtetes Ganzes. Mit diesem Ganzen aber meldet sich die Welt“ (Heidegger SuZ, 75).

Das ist die Quintessenz: In der *Umsicht*, das heißt im umsichtigen Gebrauch, scheint nicht nur der Zusammenhang des Zeugs auf, sondern es meldet sich die Welt als die Welt, in der wir leben. In diesem lebensweltlichen Zusammenhang verstehen wir Welt. Es ist die Welt des *In-der-Welt-seins*.

1.2.2.3. In-der-Welt-sein

- **Besorgend-vertrauter Umgang mit Dingen**
  - Entfernen
    - Wegnahme von Ferne, Näherung
  - Ausrichten
    - Angabe, Bestimmung von Richtungen
  - Raum-geben
    - Einräumen, Erschließen der Um-welt
    - Entweltlichung

Ent-fernung als Wegnahme der Ferne hin zum entlebten Ding

Der umsichtige und besorgend-vertraute Umgang mit den Zeug-Dingen ist in seinem Ereignis und seiner Aneignung eine Annäherung an die Welt und damit aber immer eine der *Ent-fernung*. Dieser Begriff der Ent-fernung ist schwierig, weil er von Heidegger entgegen unserem geläufigen Verständnis verwendet wird. Im Umgang mit der Welt machen wir uns die Welt zueigen und handlich, aber damit wird sie ent-fernt. Diese Ent-fernung kann so weit gehen, dass die Dinge als bloße Dinge auch ent-lebt sind. Dann sind sie das bloße Etwas, das *ist*, das es gibt, das *da* ist. Der besorgende, vertraute Umgang ist ein Ent-fernen, welches – vor allem durch Hinzunahme der Technik – zum Ent-leben führen kann.

> „Entfernen besagt ein Verschwindenmachen der Ferne, das heißt der Entferntheit von etwas, Näherung" (Heidegger SuZ, 105).

Ich entferne mich also nicht von etwas, sondern Entfernen bedeutet hier ein Wegnehmen von Ferne, Ent-fernen.

Ferne als Ausdruck der Unbestimmtheit des Raumes des Alltäglichen

Nun könnte man fragen, warum sich Heidegger so missverständlich ausdrückt. Er könnte doch gleich von Näherung oder Annäherung sprechen. Warum also dieses sperrige und auch durchaus missverständliche Wort Ent-fernung? Weil es beim Erschließen um die Ferne geht. Der Raum der Welt des Alltäglichen wird zunächst durch Umgang bestimmt, durch den Nähe geschaffen wird. Ferne ist dagegen der Ausdruck des Unbestimmten oder noch nicht Bestimmten. Ferne wird im Umgang nach und nach entfernt, bis sie ganz verschwunden ist. Dann sind die Dinge da – und zwar nur noch da als bloße reine Fakten. Das ‚Es gibt Etwas' ist das Ergebnis von Entfernung, d.h. von einem Wegholen oder Vernichten von Ferne. Im Ent-fernen wird die Welt soweit handlich gemacht, bis sie nicht nur praktisch zugänglich ist, sondern auch theoretisch unter dem Begriff einer einheitlichen Realität verstanden werden kann.

Bedeuten der Welt: Ent-fernung

Deshalb ist der Vorwurf an Heidegger, einen missverständlichen Begriff verwendet zu haben, zu kurz gegriffen. Wir leben nämlich in einer Welt, in einer Umwelt, die auch auf Ferne bezogen ist. In diesem Bezug wird Ferne ent-fernt, das heißt auf Nähe gebracht. So schaffen wir uns eine Welt des Gebrauchs, in der wir uns zurechtfinden, mit der wir umgehen, die wir kennen und ausgedeutet haben. Deshalb ist das Bedeuten von Welt – hier haben wir auch wieder die Verbindung zu Husserl – ein Ent-fernen, ein Wegnehmen von Ferne. Der Begriff der Ent-fernung ist somit nur für ein verstehendes Wesen – also für das Dasein – möglich, wie Heidegger sagt:

Ent-fernung ist nicht Abstand

> „Nur sofern überhaupt Seiendes in seiner Entfernheit für das Dasein entdeckt ist, werden am innerweltlichen Seienden selbst in bezug auf anderes »Entfernungen« und Abstände zugänglich. Zwei Punkte sind so wenig voneinander entfernt wie überhaupt zwei Dinge, weil keines dieser Seienden seiner Seinsart nach entfernen kann. Sie haben lediglich einen im Entfernen vorfindlichen und ausmeßbaren Abstand“ (Heidegger SuZ, 105).

Ent-fernung als intentionale Bestimmung des Raumes

Wir können demnach nicht sagen, dass zwei Punkte voneinander *entfernt* wären. Auch wenn man das normalerweise so sagt, ist das dennoch eine ungenaue Ausdrucksweise. Räumlich bestimmte Orte können voneinander nur einen Abstand, aber keine Ent-fernung haben. Der Unterschied zwischen Abstand und Ent-fernung liegt demnach darin, dass der Abstand objektiv von außen gemessen werden kann wie etwa der Abstand, der zwei Punkte A und B voneinander trennt. Die Ent-fernung – in Heideggers Verständnis – wird nicht von außen oder außerhalb bestimmt, sondern wird von einem Punkt A, der ich selbst als Maßnehmender bin, intentional zu einem Punkt B hin ausgerichtet. *Während der Abstand gemessen wird, wird die Ent-fernung in den Raum hinein entworfen, wobei Ferne entfernt wird.* Das ist leicht nachzuvollziehen, da es bei der Entfernung um die räumliche Intentionalität überhaupt geht, beim Abstand dagegen um die zusätzliche Intention der Messung. Das zeigt, dass die Intentionalität selbst eine Intention hat: Sie hat die Tendenz, die Ferne zu entfernen.

Intention der Intentionalität: Tendenz auf Nähe

„*Im Dasein liegt eine wesenhafte Tendenz auf Nähe*" (ebd.).

Nähe bedeutet hier das Herstellen eines Raumes, in dem eine Umwelt zu mir besteht, die ich ausgedeutet habe und die mir nahe ist, mit der ich umgehe, die ich gebrauche und die handlich ist.

Heidegger spricht in *Sein und Zeit* lediglich von einer *Tendenz auf Nähe*. In einer Vorlesung von 1925, zu einer Zeit also, als er dieses Buch konzipierte, spricht er sogar von einer *Tollheit auf Nähe*:

> „In allen Arten der Steigerung der Geschwindigkeit, die wir heute mehr oder minder freiwillig und gezwungen mitmachen, liegt die Überwindung der Entfernungen. Diese eigentümliche Überwindung der Entfernungen ist ihrer Seinstruktur nach (ich bitte das ohne irgendeine Wertung zu verstehen!) eine Tollheit auf Nähe, die im Dasein selbst ihren Seinsgrund hat" (Heidegger *Marburger Vorlesung*, GA 20, 312).

Radikalisierung der ‚Tollheit auf Nähe' durch moderne Technik

Diese Tollheit *ohne Wertung* zu verstehen, ist natürlich unmöglich. Heidegger möchte mit dieser Bemerkung eher darauf hinweisen, dass die Tendenz auf Nähe das wesentliche Merkmal der Intentionalität ist und sich zur Tollheit entwickeln kann. Damit beschreibt Heidegger – lange vor der Postmoderne – das Wesen der modernen Kultur und Technik aus der Intentionalität der Ent-fernung heraus. Technik ist dabei nur der verlängerte Arm und das Mittel, um diese Nähe herzustellen bzw. die Ferne wegzunehmen. Je umfassender Kultur auf Technik aufgebaut ist, desto intensiver wird Ferne entfernt. Deshalb ist heute der Welt-Raum auf Nähe gebracht. Denn durch all das, was uns die Technik und insbesondere die Kommunikationstechnik ermöglicht, wird nicht nur Ferne überwunden, sondern eben auch ent-fernt. Ent-fernung ist aber schon eine Tendenz der Intentionalität und nicht erst die krankhafte Veränderung einer Kultur. Die Entfernung ist die Tendenz und Intention des Deutens und der Bedeutung und damit die Intention der Intentionalität. Intentionalität hat also die innere ‚Absicht', alles auf Nähe zu bringen und, so weit es eben geht, Nähe zu schaffen. Der Grund dafür liegt für Heidegger im *Besorgen* und der *Sorge*, allgemein gesprochen in der Herstellung und Bereitstellung einer Umgebung, in welcher der Mensch Sicherheit und Geborgenheit hat.

Ausrichten: Intention der Intentionalität

Doch die Ent-fernung ist nur die allgemeine Beschreibung für den besorgenden Umgang mit den Dingen. Heidegger nennt noch zwei weitere Konkretisierungen: einmal das *Ausrichten*, zum anderen das *Einräumen*. Das Ausrichten macht deutlich, dass die Tendenz auf Nähe, das Annähern bzw. Entfernen und Wegnehmen von Ferne, nicht ins Unbestimmte geht, sondern immer eine Zielrichtung hat. Intentionalität ist immer auf etwas gerichtet. Deutung und Bedeuten sind damit nicht abstrakte Vorgänge und Akte, sie sind Richtung gebend und damit Raum bestimmend. Das wird durch ein Zitat deutlich:

> „Jede Näherung hat vorweg schon eine Richtung in eine Gegend aufgenommen, aus der her das Ent-fernte sich nähert" (Heidegger SuZ, 108).

Natürlich muss man, um diesen Satz zu verstehen, Heideggers eigentümliche Terminologie, die ja auf alltagsprachliche Begriffe wie Entfernung, Richtung und Gegend zurückgreift, abgeklärt haben. Ist das geschehen, dann wird verständlich, wovon Heidegger hier spricht: Jede Näherung hat eine Richtung, es gibt keine unbestimmte Näherung. Jede Näherung hat immer schon eine Richtung in eine Gegend aufgenommen, aus der her das Ent-fernte sich nähert, „um so hinsichtlich seines Platzes vorfindlich zu werden" (ebd.). Das ist die Art und Weise, wie uns die Dinge erscheinen, wie sie *da* sind: Die Dinge werden in dieser Annäherung und Wegnahme von Ferne gegenwärtig gemacht im Gebrauch. Gegenstände erscheinen als Gebrauchsgegenstände und fallen nur aus diesem Gebrauchszusammenhang bzw. Zeugzusammenhang heraus, wenn sie versagen bzw. nicht mehr als Zeug funktionieren.

Raumgeben: Schaffen eines Bezuges zu dem Raum, in dem die Dinge erscheinen = Einräumen als Weltbezug

Eine weitere Konkretisierung der Intentionalität, welche von Heideggers Phänomenologie des *Weltens* bzw. des *In-der-Welt-seins* vollzogen wird, ist das *Raumgeben*. Alle Dinge sind immer schon in den Raum gestellt, wenn sie als Dinge erscheinen. Es wird also immer ein Bezug zu dem Raum geschaffen.

Dieses Pult hier zum Beispiel wird nur als in den Raum gestellt und im Zusammenhang mit dieser Umgebung als Pult verstanden, an dem man beispielsweise Vorlesungen hält. Würde man dieses Pult in einen anderen Zusammenhang stellen, dann würde man es verfremden. Das Raumgeben bedeutet das *Einräumen* als den Raumbezug. Auf diesem Wege des Einräumens können die Dinge ihren Charakter verändern und nur noch zu bloßen Dingen werden, also zu nur noch Vorhandenem werden. Das ist der schon gezeigte Vorgang der Entweltlichung. Der lebendige Bezug, der zu den Dingen im Umgang geschaffen ist, verliert sich dabei immer mehr und wird abstrakt, so dass die Welt, in der wir uns befinden, zum bloßen geometrischen Raum, zum Natur-Raum wird.

Wir müssen uns noch einmal terminologisch klarmachen, was das bedeutet, denn für uns ist Natur etwas Natürliches.

Heidegger versteht darunter aber den Raum und seine Gegenstände, wie sie den Wissenschaften, allen voran den Naturwissenschaften, erscheinen. Wenn die Dinge Natur geworden sind, dann hat eine naturalistische Einstellung die Dinge objektiv gemacht. Heidegger nennt das ein rein theoretisches, umsichtfreies Entdecken des Raums.

Hierzu ein Zitat aus *Sein und Zeit*, welches diese Wendung zum Objektiven verdeutlicht:

> „Das umsichtsfreie, nur noch hinsehende Entdecken des Raumes neutralisiert die umweltlichen Gegenden zu reinen Dimensionen" (Heidegger SuZ, 112).

Das umsichtfreie, nicht mehr im Sinn des besorgenden Umgangs sich vollziehende, sondern nur noch hinsehende Entdecken, eröffnet die Möglichkeit eines Rückzuges aus dem Umgang mit Welt. Jetzt kann die Entfernung als Abstand gesehen werden. Das ist die Endeckung einer neuen Dimension, der geometrischen Dimension von Welt.

> „Die Räumlichkeit des innerweltlich Zuhandenen verliert mit diesem ihren Bewandtnischarakter. Die Welt geht des spezifisch Umhaften verlustig, die Umwelt wird zur Naturwelt" (ebd.).

Naturwelt: ohne Bewandtnis

Das Zeug wird durch die Annährung nur noch zu Dingen des Raumes und die Umwelt wird zur Naturwelt. Diesen Vorgang bezeichnet Heidegger als „spezifische *Entweltlichung*" (ebd.). Die Umwelt des Besorgens und der Kulturwelt wird zur Naturwelt, zu einem zwar geometrischen, aber dennoch abstrakten Gebilde, in dem die Dinge da sind, ohne dass sie noch ihren von meiner Intentionalität her kommenden Charakter bzw. diese spezifische Bewandtnis haben. Damit ist die Ferne entfernt.

Diese Raumkonzeption soll durch das folgende Schaubild etwas anschaulicher gemacht werden.

Intentionale Welt

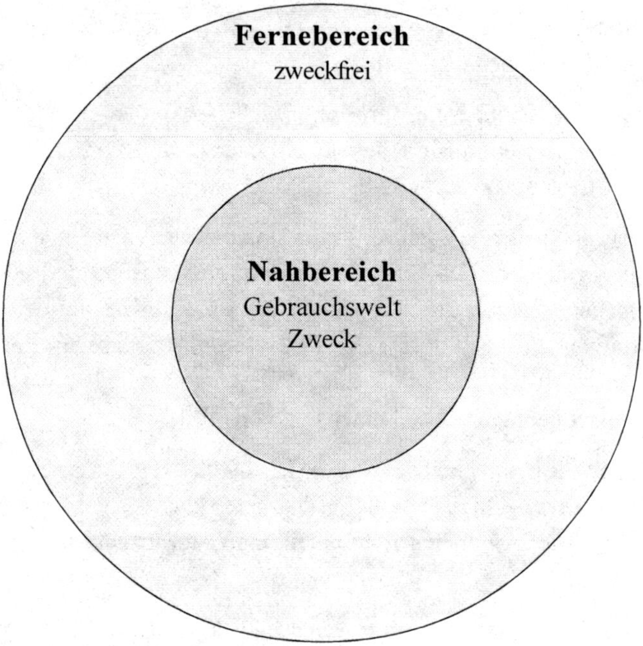

2. Phänomenologie des Fernebereichs

2.1. Ferne und Ent-fernung

Nahbereich der intentionalen Welt: durch Ent-fernung gegeben

Jeder Mensch lebt im Zentrum einer intentionalen Welt. In ihr gibt es einen *Nahbereich* und einen *Fernebereich*.[5] Der Nahbereich ist die Gebrauchswelt bzw. die Welt des Zweckes, in der uns die Dinge als Zweck erscheinen. Er ist durch Ent-fernung und ihre *Ausrichtung* und *Einräumung* bestimmt. Wird dagegen von Entfernung im Sinne des Abstandes gesprochen, dann trete ich aus der intentionalen Welt heraus und betrachte die Natur – auch mich selbst – von außen. In der intentionalen Welt bin ich das Zentrum: Von mir aus entfalten sich die Dinge in der Welt und der nächste, mich umgebende Raum ist meine Welt, meine Gebrauchswelt, in der ich mit meinen Dingen und mit anderen Menschen umgehe. Hierdurch wird Nähe geschaffen. Hier ist der Mensch mit seiner Welt eng verbunden. Im Bezug auf die Welt als Lebenswelt gibt es keine Abstände im geometrischen Sinne, sondern nur Ent-fernung im intentionalen Sinne.

Zentrum der intentionalen Welt: ich selbst

Ferne – Problem der Bestimmung der Stimmung

Diese Welt des Nahbereichs wird aber auch ständig überschritten. Gerade der Begriff Ent-fernung zeigt, dass es auch einen Fernebereich gib. Für die phänomenologische Bestimmung der Welt ist es deshalb notwendig zu bestimmen und zu definieren, was Ferne ist. In diesem Punkt aber sind Husserl und Heidegger zurückhaltend. Für Heidegger ist der Fernebereich nur die eigene Lebensgeschichte, auf die ich vorgreife oder zurückgreife. Der Fernebereich ist für Heidegger der Bereich der Grenzen des Daseins. Dabei ist es vor allem der Tod, der aus der Ferne auf mich wirkt. Damit liegt Heidegger zwar nicht falsch, aber er hat nicht die primäre Bestimmung von Ferne herausgestellt. Denn wir haben ja ständig Erfahrungen der Ferne, auch ohne an den Tod zu denken. Zwar spielt der Tod tatsächlich eine Rolle, wenn es um die Ermessung der individuellen Lebenswelt und ihres Raumes geht, wie z.B. in Heideggers Daseinsanalytik,[6] der Tod ist hier aber ein Ausnahmephänomen. Erfahrungen der Ferne haben wir viel häufiger und gewissermaßen ständig, indem wir Stimmungen ausgesetzt sind, uns in Stimmungen befinden und sie auch hervorrufen können. Erfahrungen der Ferne werden also im Gefühl und mit dem Gefühl gemacht.

Das Problem solcher Erfahrungen liegt eben darin, dass sie irrational erscheinen. Ferne ist etwas Unbestimmbares und scheinbar nur zu erfassen, indem sie in den Nahbereich hinein geholt wird. Es sieht so aus, als ob Ferne nur als Entfernung – seltsam indirekt – über den Nahbereich erschlossen werden müsste und könnte, wie es gerade am Beispiel des Umgangs mit Dingen und Zeug in der Welt gezeigt wurde. So aber ist es eben nicht. *Der Umgang mit den Dingen ist und bleibt der Nahbereich. Die Ferne wird dagegen als solche wahrgenommen und kann auch als Ferne bestimmt werden.* Was ist Ferne? Wovon spreche ich, wenn ich von Ent-fernung rede, *was* wird hier weggenommen und entfernt? Was wird somit eigentlich auf Nähe gebracht, wenn die Ferne entfernt wird?

Bestimmung der Ferne im Gefühl

Die Ferne ist dasjenige, was wir gemeinhin – aber eben auch sehr missverständlich – *Gefühl* nennen; missverständlich deshalb, weil wir Gefühle gewöhnlich als subjektiv einstufen. Gefühle gelten außerdem als irrational, ebenfalls deshalb, weil sie subjektiv oder subjektivistisch vorverstanden und ausgelegt werden. Ein solches Verständnis ist nicht nur allgemein, sondern auch im wissenschaftlichen Bereich völlig geläufig und verbreitet. Wie die Phänomenologie zeigen kann, sind Gefühle aber keineswegs subjektiv. Sie werden zwar subjektiv erlebt, das haben sie aber mit jeder anderen sachlichen Information gemein. Der Fehler des subjektivistischen Verständnisses von Gefühlen liegt auch hier, wie aus der bisherigen Behandlung der Phänomenologie bereits gesagt werden kann, in dem unzulässigen Vermischen von Erlebnis und Erlebnisinhalt.

Für die vorliegende methodische Auseinandersetzung möchte ich mich auf einen Autor beziehen, der das Thema der Gefühle phänomenologisch am gründlichsten behandelt hat, nämlich auf Hermann Schmitz.

2.2. Hermann Schmitz – Raum der Gefühle

Differenzierung des Gefühls von leiblichen Regungen und Reizen

Hermann Schmitz hat sich innerhalb seines umfangreichen *System*[s] *der Philosophie*[7] auch mit Gefühlen und speziell mit dem Gefühlsraum auseinandergesetzt. Die Leistung seiner ausgiebigen und detaillierten Untersuchung der Gefühle ist die Differenzierung zwischen Gefühlen und leiblichen Regungen bzw. Reizen. Die Ferne ist durch Gefühle bestimmt, die Ferne ist gewissermaßen Gefühl. Das ist ein schwieriger Gedanke, denn Gefühle werden normalerweise am und im Leiblichen festgemacht, etwa wenn es heißt: Mein Bauchgefühl sagt mir dieses oder jenes. Das ist aber unscharfe und letztlich auch falsche Rede, weil sich Gefühle zwar im Körper oder besser im Leib und damit auch im ‚Bauch' darstellen, dort also auftreten, aber nicht dort ihren Ursprung haben. Das wäre genauso, als würde man vom Tisch sagen, dass er ein Kopfgedanke wäre. Das tut nun aber außer ideologisierten Philosophen niemand. Genauso wenig wie der Tisch im Kopf seinen Ursprung hat, kommt das Gefühl aus dem Bauch heraus, es wird dort nur präsentiert oder repräsentiert.

Hermann Schmitz: *Der Gefühlsraum, System der Philosophie* III/2

Stimmungen (Fülle, Leere)

- rein (Zufriedenheit, Verzweiflung)
- gerichtet (zentrifugal, zentripedal, zielgerichtet)
  - Erregungen
    - rein
      - zentrifugal (Heiterkeit, Sehnsucht)
      - zentripedal (Bangen, Grauen)
    - zielgerichtet (zentriert)
      - Liebe, Freude
      - Furcht, Trauer
      - Bewunderung, Neid, Ärger

In dem Teilband *Der Gefühlsraum* spricht Schmitz davon, er habe sich schon an früheren Stellen im *System der Philosophie* damit beschäftigt, Gefühle und leibliche Regungen miteinander zu vergleichen, und zwar anhand typischer Paarungen, indem er

Atmosphärische Intentionalität der Gefühle

„die Schwermut der leiblichen Mattigkeit und Müdigkeit und die Heiterkeit (als Gefühl) dem (leiblichen) Behagen gegenübergestellt habe. Dabei hat sich ergeben, daß die leiblichen Regungen – selbst wenn sie, wie die Müdigkeit, Mattigkeit und Frische den spürbaren Leib ganzheitlich unteilbar besetzen – örtlich umschrieben sind,

> während sich die Gefühle atmosphärisch in unbestimmter Weise ergießen“ (Schmitz 2005, III/2, 97–98).

Der entscheidende Begriff an dieser Stelle ist zunächst das *Atmosphärische*. Die Bedeutung des *Ergießens* führt auf eine andere und vor allem weitergehende Bestimmung der Intentionalität.

Die Gefühle sind nun für Schmitz

> „daher phänomenal den klimatisch-thermischen Atmosphären (dem Wetter) sowie den jahres- und tageszeitlichen Frühlings-, Herbst-, Morgen- oder Abendatmosphären nahe verwandt. Während das leibliche Behagen in der Badewanne an einem schönen Morgen zwar spürbar durch den Leib hindurch räumlich ergossen ist, aber doch spätestens am Rand der Wanne eine Grenze findet, strahlt die das Behagen begleitende Heiterkeit unbestimmt weit aus und färbt gleichsam atmosphärisch auf alles ab, wenn diese Irradiation nicht von durchkreuzenden Einflüssen gehemmt wird“ (ebd.).

Die phänomenologische Beschreibung von Müdigkeit, Mattigkeit, Frische zeigt leibliche Regungen ganzheitlicher Art, welche nicht auf lokale Schmerz- oder Reizempfindungen bezogen sind. Aber selbst solche ganzheitlichen Regungen sind örtlich auf den Leib beschränkt, während Heiterkeit oder Schwermut, die sie begleiten können, sich darüber hinaus ergießen und eine Intentionalität zur Ferne aufnehmen.

Schmitz kommt nun zu einem Ergebnis bzw. zu einer Definition:

> „Der spürbare eigene Leib ist in die einbettende, überpersönliche Atmosphäre eingeschmolzen“ (Schmitz 2005, III/2, 101).

Gefühle sind keine leiblichen Regungen, sondern Atmosphären der intentionalen Welt

An dieser Stelle könnte man meinen, das Gefühl sei eine Projektion der inneren auf die äußere Welt. Schmitz tritt diesem Einwand jedoch wiederholt entgegen. Er gibt zu verstehen, dass Atmosphären, die ich in meinem Gefühl wahrnehme, erst vorhanden sind, wenn sie wahrgenommen werden. Sie sind nicht vorher als bloße Objekte ohne Atmosphäre da. Die Gefühle sind eigenständige oder, wie Schmitz sagt, *mächtige Atmosphären*, die einen objektiven Charakter haben, insofern sie Inhalt erschließen. Gefühle haben eine deutlich erkennbare Intentionalität, sie sind nicht nur leibliche Regungen, wenngleich sie natürlich leiblich realisiert wahrgenommen werden. Ihre Intentionalität ist mit dem Erleben verbunden. Die Intentionalität wird im Erleben vollzogen, aber das Vermeinte ist nicht das Erleben selbst, sondern das, was in der Intentionalität intendiert ist.

Eine weitere Leistung von Schmitz ist nun die Differenzierung von verschiedenen Intentionalitäten bei Gefühlen. *Intentionalität* – auch für die klassische Phänomenologie – ist entweder *zu erfüllen, erfüllt* oder *leer*. Das sind ihre allgemeinen Bestimmungen. Auch bei Gefühlen sind die intentionalen Grundbestimmungen die Bestimmung für allgemeine Gefühle oder Stimmungen. Die allgemeinen Gefühle oder Stimmungen drücken diese grundsätzlichen Bestimmtheiten des Erfüllten oder Leeren aus. Reine Stimmungen sind ohne jeglichen Bezug, sie sind reine Intentionalität, wie man z.B. sagen könnte: *Zufriedenheit* und *Verzweiflung* als das reine Erleben von Fülle und Leere. Soweit die Stimmung bloß auf die Fülle geht oder erfüllte Stimmung ist, ist es die reine Zufriedenheit, soweit sie auf die Leere geht, ist sie Verzweiflung. In diesen Fällen erscheint die mich umgebende Welt insgesamt und unspezifisch als erfüllt oder leer.

Reine Stimmungen: Erleben von Fülle oder Leere

Weiterhin unterscheidet Schmitz von den reinen Stimmungen die gerichteten Stimmungen. Gerichtete Stimmungen sind auf Welt hin gerichtet; sie haben eine Richtung, aber nicht in den Nahbereich hinein, der sich als Zweck und Gebrauchbereich gezeigt hat. Gerichtete Stimmungen gehen über den Nahbereich des Zweckhaften zentrifugal oder zentripetal in den Fernbereich hinein.

Gerichtete Stimmungen: Zentrifugal von innen nach außen oder zentripetal von außen nach innen

Die Intentionalität dieser allgemeinen Richtungen verströmt zentrifugal von innen nach außen, wie bei der Heiterkeit oder Fröhlichkeit oder drängt zentripetal von außen nach innen, wie beim Bangen und Grauen.

Bangen und Grauen ist nicht gleichzusetzen mit Angst. Die Angst wird von Schmitz folgerichtig als leibliche Regung erkannt. Wir kommen darauf zurück.

Schmitz differenziert weiterhin zwischen den reinen Erregungen der zentrifugalen und zentripetalen Ausrichtung, und den zielgerichteten Erregungen, die sich nun auf eine konkrete Stimmung beziehen.

Zielgerichtete Erregungen als körperliche Konkretisierungen reiner Erregungen

Reine Erregungen sind zwar noch unbestimmter Art, sie sind aber nach außen hin gerichtet – wie die Heiterkeit und die Sehnsucht, oder nach innen hin – wie das Bangen oder das Grauen. Diese Stimmungen erzeugen eine leiblich zu verortende Befreiung oder Befangenheit, welche sich als Freude oder Angst konkretisieren kann. Die reinen Erregungen werden dabei konkretisiert als gerichtete Erregungen, die sich weiterhin auf ein ganz bestimmtes Objekt oder Ziel zentrieren. Liebe und Freude sind in eine zentrifugale, Furcht und Trauer in eine zentripetale Zielrichtung eingebunden. Genauso stellen Bewunderung einerseits und Neid andererseits zielgerichtete und zentrierte, aber, wie wir später feststellen werden, sehr oberflächliche Erregungen dar.

Der Nahbereich der Gefühle ist der Leib, hier werden Gefühle wahrgenommen. Der Leib hat aber und vor allem eigene

Intentionale Abhängigkeit oder Unabhängigkeit vom Leib: Reiz oder Gefühl

Regungen, Affektionen, welche von Gefühlen unabhängig und auf den Leib selbst bezogen sind. Zu den leibintentionalen Affekten gehören nicht nur die Reize einzelner Teile des Leibes, wie Kitzel oder Schmerz, sondern ganzheitliche Affektionen, die aber auf den ganzen Leib bezogen sind, wie Frische oder Müdigkeit. Gefühle dagegen sind intentional unabhängig vom Leib, sie sind auf die Ferne bezogen – von den konkreten, zielgerichteten Gefühlen angefangen bis hin zu den allgemeinen und diffusen Stimmungen. Die Beschreibung solcher Gefühle wird immer schwieriger, aber nicht – und das ist ein wichtiger Punkt – ihre phänomenologische Bestimmbarkeit. Gefühle sind zwar schwieriger zu beschreiben, je weiter sie vom Leiblichen weg deutend atmosphärische Bezüge und Stimmungen sind, ihre phänomenologische Bestimmung bleibt jedoch dafür klar. Denn Stimmungen haben einen objektiven Gehalt oder Inhalt, der sich geradezu sachlich bestimmen lässt. So sind auch allgemeine und diffuse Stimmungen wie Verzweiflung und Heiterkeit objektiv bestimmbar, auch wenn ihr Erleben individuell unterschiedlich ausfallen kann und damit völlig subjektiv ist.

Intentionaler Raum der Stimmungen

Damit wird nicht nur der Nahbereich des Zweckes, sondern auch der Fernebereich intentional erschlossen, indem sich die Intention – über die Dinge der Umwelt hinaus – auf Stimmungen erstreckt. Der Nahbereich ist dasjenige, was uns intentional nahe ist. Das sind die Zwecke. Sie können geometrisch und geographisch entfernt sein, wenn sie, wie es heute ja der Fall ist, durch die moderne Technik auf Nähe gebracht worden sind. Das Wesen der Technik liegt darin, alles auf Nähe zu bringen und Ferne in Nähe zu verwandeln.

Ich sagte schon, dass die Leistung von Schmitz vor allen Dingen darin besteht, leibliche Regungen, leibliche Affekte von Gefühlen im engeren Sinne zu differenzieren. Er hat damit die psychologische Interpretation, die die Gefühle nur im Nahbereich, in ihrer leiblichen Repräsentation, beschreibt, kritisch ergänzt. Gefühle sind die Stimmungen, die sich nach ihrem Bestimmtheitsgrad differenzieren lassen. Eindeutige Stimmungen sind näher an der leiblichen Repräsentation, diffuse Stimmungen liegen weiter im Fernebereich.

Intentionale Welt

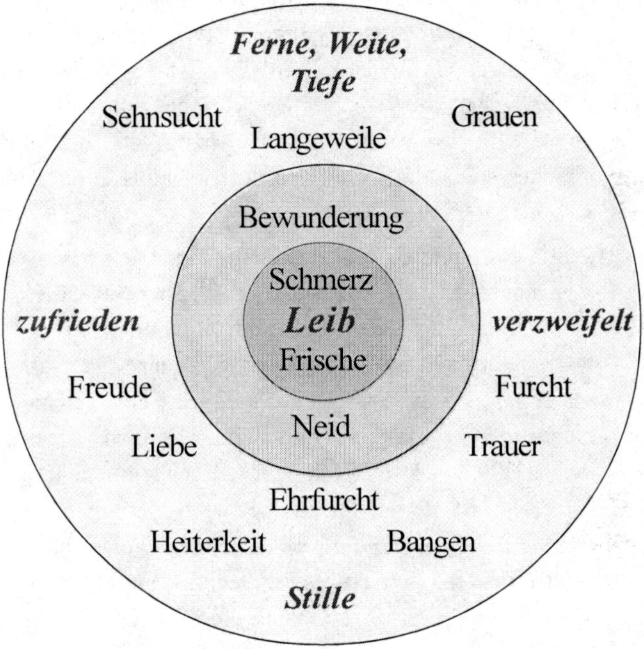

In folgendem Schaubild werden die einzelnen Stimmungen nach ihrer räumlichen Intentionalität unterschieden.[8]

Die Intentionalität ergießt sich von einem Zentrum aus. Dieses Zentrum konstituiert sich im Wesentlichen aus dem Leib

Örtliche Umschriebenheit leiblicher Regungen und atmosphärische Ergossenheit der Gefühle

und den Leibesaffekten – z.B. Schmerz oder Frische. Natürlich gibt es hier unzählige weitere Affekte, wie überhaupt diese Begriffe des Schaubildes immer nur Beispiele sind für eine bestimmte Intentionalität von Gefühlen und ihren räumlichen Bezug. Schmerz und Frische sind phänomenologisch auf den Leib bezogen, nicht auf den Reiz, der sie auslöst. Sie sind Erlebnis von Leib, der einen Schmerz erfährt, nicht etwa von Ferne.

Ich möchte Ihnen noch ein Zitat zu der wichtigen Differenzierung von leiblichen Regungen und Gefühlen vorstellen. In der folgenden Textstelle verdeutlicht Schmitz den Gegensatz zwischen der örtlichen Umschriebenheit leiblicher Regungen und der atmosphärischen bzw. weiträumigen Ergossenheit des Gefühls anhand des Beispiels eines Einzelnen in einer Gruppe:

Beispiel der atmosphärischen Ergossenheit eines Gefühls

> „Leibliche Regungen sind stets örtlich umschrieben … Der angegebene Gegensatz zwischen örtlicher Umschriebenheit leiblicher Regungen und ganzheitlicher … Ergossenheit des Gefühls zeichnet sich sehr scharf ab, wenn er auf die Lage eines abgesonderten Einzelnen inmitten einer Gruppe angewandt wird. Diese Absonderung kann ebenso durch Gefühle wie durch leibliche Regungen bewirkt werden. Im ersten Fall möge es sich etwa um einen Bekümmerten in fröhlicher Gesellschaft handeln; diesem wird sich unwillkürlich eine Frage aufdrängen wie etwa diese: ‚Wie können diese Leute so fröhlich sein, da mir so traurig zu Mute ist?', oder: ‚Warum muß ich so traurig sein inmitten solcher Fröhlichkeit?' Wenn er sich umgekehrt als einzigen Fröhlichen in einer traurigen Menge findet, wird er an dem Kontrast gleichfalls verwunderten oder betretenen Anstoß nehmen und sich bei einiger Feinfühligkeit vielleicht Fehl am Platze vorkommen" (Schmitz 2005, III/2, 150–151).

Schmitz interpretiert nun dieses Beispiel:

> „Der Gefühlskontrast erweist sich also, wenn er so grell wie im Erleben eines lebhaft ins eigene Gefühl verstrickten Einzelnen angesichts einer konträr gestimmten Menge hervorsticht, als etwas unmittelbar Auffälliges und Anstößiges, das sich gewissermaßen nicht gehört und daher zum Grübeln Anlaß gibt, auch wenn diesem keine Richtung und kein Ziel vorgezeichnet ist" (Schmitz 2005, III/2, 151).

Das Anstößige liegt also darin, dass ein Fröhlicher in trauriger Gesellschaft oder ein Trauriger in fröhlicher Gesellschaft auffällt. Er fühlt sich in dieser Gesellschaft nicht wohl, weil er sich in einer fremden Atmosphäre wiederfindet.

Dies vergleicht Schmitz nun mit leiblichen Regungen:

Beispiel der örtlichen Umschriebenheit einer leiblichen Regung

> „Eine ganz andere Art von Kontrast zeichnet sich dagegen ab, wenn die Absonderung nicht durch Gefühle, sondern durch leibliche Regungen verschuldet ist. So wird z.B. der einsam Frische unter müden Mitmenschen im Allgemeinen nicht wie der fröhliche in der trauernden Menge betreten, gehemmt und verlegen werden, als sei er in eine Atmosphäre geraten, in der die anderen befangen sind, in der er selber aber nicht hineingehört" (ebd.).

Der Müde ist im Kreis von Frischen oder der Frische im Kreis von Müden nicht auffällig. Er wird sich dort nicht irgendwie unwohl, anders oder abgesondert fühlen, weil er nicht in eine andere Atmosphäre getaucht ist, sondern lediglich seine leiblichen Affekte im Unterschied zu anderen Affekten erkennt. Müdigkeit und Frische sind leibliche Affekte, keine Atmosphären. Es ist also nicht möglich, in eine Atmosphäre der Frische oder Müdigkeit einzutauchen, wohl aber in eine der

Freude, Trauer, Beklommenheit, Heiterkeit und dergleichen. Meistens ist man in fröhlicher Gesellschaft selbst auch fröhlich und ist eingenommen von dieser Atmosphäre. Verändert sich aber die Stimmung, dann fällt das auf, sowohl einem selbst als eben auch den anderen. Das aber ist bei der Müdigkeit nicht so; man fühlt sich kaum gehemmt oder deplaziert, auch wenn man selbst frisch und der andere müde ist oder umgekehrt.

Objektive Wirksamkeit der Atmosphären im Kontrast zum persönlichen Gefühl

Das Beispiel soll verdeutlichen, dass Atmosphären eine eigene Wirksamkeit haben, die sich zu einem gerade aktuellen persönlichen Gefühl in Kontrast setzen kann. Es ist nur eines von vielen Beispielen, welches die ungenaue Beschreibung der Psychologie und ihren Subjektivismus kritisch ergänzt. Natürlich geht auch Schmitz davon aus, dass die atmosphärischen Gefühle an leibliche Regungen gebunden sind (vgl. Schmitz 2005, III/2, 153). Wir erleben Gefühle so, wie wir leibliche Regungen erleben. Das ist ja auch der Grund, dass es zur Verwechselung zwischen Frische und Freude oder zwischen Trauer und Müdigkeit kommt. Sie sind alle leiblich repräsentiert, Atmosphären haben aber eine andre Intentionalität als leibliche Affekte. Gefühle im eigentlichen Sinn sind nicht auf den Leib, sondern auf die Atmosphäre, auf die Stimmung bezogen, die im Raum ist. Sie haben einen objektiven Charakter, was uns ohne psychologische Subjektivierung auch völlig geläufig ist. Die populäre Vorstellung und Redewendung, dass ‚Stimmungen in der Luft liegen', ist hier genauer und differenzierter als die wissenschaftliche Verlagerung ihrer Verortung nach innen, in die Psyche oder in den Leib: Hier werden Stimmungen lediglich erlebt und wahrgenommen, ohne allerdings *verstanden* zu werden. Verstanden wird aber der Inhalt, das Grauen oder der Kummer, nicht das Trockenwerden der Kehle, welches diese Stimmung begleitet und im oder am Leib erzeugt wird. Deshalb kann auch die freudige Regung im Gesicht des Anderen als Freude wahrgenommen werden und nicht nur als Röte oder sogar bloß als Erweiterung der Gefäße. Das Erkennen der Freude ist sachlich genauer, wenn es sich nicht gerade um einen medizinischen Befund handelt. Dieser Umstand schließt aber nicht aus, dass manche Menschen solche Stimmungen nicht wahrnehmen können, in der Tat nur die Röte im Gesicht sehen und mehr nicht. Man spricht dann landläufig von ‚Gefühlsblindheit'. Dieses Beispiel zeigt wiederum, dass der *Common Sense* in Gefühlsfragen genauer ist als manche Psychologie, soweit sie sich damit schwer tut, Gefühle objektiv zu verstehen.

> „Die leiblichen Regungen unterscheiden sich zwar von den Gefühlen, aber das affektive Betroffensein durch Gefühle ist stets an leibliche Regungen gebunden und von diesen vermittelt. Ein Kummer wird mein eigener, sobald er mir z.B. die Kehle zuschnürt oder das Herz schwer macht; Freude oder Hoffnung erfüllen mich, wenn sie mein Herz höher schlagen lassen usw. Andernfalls können zwar Kummer, Sorge, Hoffnung von mir z.B. an Mitmenschen wahrgenommen werden und in mir ‚Mitgefühl' und Anteilnahme wecken, aber ich bin dann nicht selbst von ihnen betroffen. Ebenso verhält es sich beim Gewahren eines Gefühls, das atmosphärisch über die sichtbare Umwelt, z.B. eine Landschaft oder Tageszeit, gebreitet ist. Solange die Wehmut eines Regentages das mit banger Sehnsucht geladene Brüten einer Frühlings- oder Gewitterlandschaft usw. mich nicht leiblich spürbar beschleichen, sondern nur etwa in ästhetisch-distanzierter Anteilnahme registriert werden, bin ich noch nicht in diese Atmosphären einbezogen und von ihrer Mächtigkeit getroffen. Die Ergriffenheit durch ein Gefühl ist also immer leiblich" (Schmitz 2005, III/2, 153).

Subjektives Erleben objektiver Atmosphären

Mit der Differenzierung von leiblichen Affekten und Stimmungen wird auch verständlich, warum Stimmungen mich nicht unbedingt ergreifen müssen, während ein Schmerz unausweichlich ist. Auch hier kommt die phänomenologische Trennung von Erleben und intentionalem Inhalt zum Tragen. Natürlich werden Stimmungen unterschiedlich erlebt. Der eine erlebt die schwermütige oder depressive Stimmung, der andere nicht, wobei es dann zu der oben erwähnten Ausgrenzung kommen kann, wenn man in eine fremde Stimmung hinein gerät.

Sie werden bemerkt haben, dass in dem Schaubild die Begriffe der Lust und Unlust fehlen. Lust und Unlust sind für Schmitz keine Gefühle, sondern Merkmale der Betroffenheit von Gefühlen. Einer ungenauen und irreführenden Behandlung dieser Begriffe waren wir schon im *System der Ethik* begegnet. Hier waren es der Pragmatismus und Utilitarismus, die Lust mit Glück und Unlust mit Unglück verwechseln.[9] Auch in der Psychologie und in der Verhaltensforschung ist es ein weit verbreiteter Irrtum, Lust und Unlust für Gefühle zu halten.

Schmitz sorgt hier mit seiner genauen phänomenologischen Beschreibung für eine Klärung:

> „Lust und Unlust sind aber niemals Merkmale der Gefühle selbst, sondern stets nur Merkmale des affektiven Betroffenseins von Gefühlen oder leiblichen Regungen" (Schmitz 2005, III/2, 180).

Lust und Unlust als Indikatoren des Betroffenseins von Gefühlen oder leiblichen Regungen

Als Merkmale des affektiven Betroffenseins geben Lust und Unlust zu erkennen, wie und in welcher Form Gefühle leiblich repräsentiert sind – positiv oder negativ. Lust und Unlust zeigen also die Art und Weise der Repräsentation an, aber nicht die Gefühle selbst. Dazu gehört auch, dass Gefühle überhaupt nicht mit Lust und Unlust verbunden sind:

> „Lust und Unlust [sind] für Gefühle unwesentlich und hängen nur mittelbar damit zusammen. Es gibt Lust und Unlust ohne Gefühl (bei Schmerz, Schreck, Wollust oder Kitzel) und Gefühle ohne Lust oder Unlust (Ernst, Achtung, zarte Ehrfurcht)“ (Schmitz 2005, III/2, 183).

Es gibt also Gefühle, die ohne Lust oder Unlust repräsentiert werden wie Ernst, Achtung, zarte Ehrfurcht. Das sind Gefühle ohne leibliche Ergriffenheit. An ihnen zeigt sich der Unterschied zwischen der Bedeutung der Gefühle und deren leiblicher Repräsentation. Erst durch das leibliche Erleben tritt Lust und Unlust hinzu. Lust und Unlust haben im Unterschied zu Gefühlen keine eigene Bedeutsamkeit und sind Begleiterscheinungen der Gefühle.

Drei grundsätzliche Kriterien zum Sinn der Intentionalität von Gefühlen:

Es zeigen sich für Schmitz im Zusammenhang mit der Neubestimmung des Sinnes der Intentionalität von Gefühlen drei grundsätzliche Kriterien:

> 1. „Daß die intentionale Richtung eines Gefühls nicht vom betroffenen Subjekt ausstrahlt, sondern aus dem Objekt hervor auf es einstrahlt“ (Schmitz 2005, III/2, 314).

1. Kriterium: Zurückweisung der Projektionshypothese

Hier erkennen wir nochmals die Ablehnung der Projektionshypothese, die behauptet, dass wir Gefühle innerlich erzeugen und dann auf Dinge übertragen. Das ist eine phänomenologisch falsche Beschreibung. Denn was wir erleben, ist die Erregung, nicht aber den Gefühlsinhalt. Den Gefühlsinhalt nehmen wir aus den Atmosphären und Stimmungen ab, die uns umgeben, so wie wir auch das Erleben leiblich affektiv wahrnehmen. Denn auch im Bezug auf Gefühle ist der Unterschied zwischen Erleben und Erlebnisinhalt von grundsätzlicher Art: Die Gefühle sind objektiv und strömen auf uns ein. So sind Heiterkeit und Freude Gefühle, die eine inhaltliche Bedeutung haben und nicht nur das affektive Ergriffensein darstellen, welches sie erzeugen. Hier wird die Welt in einer grundsätzlichen und allgemeinen Art und Weise eingestimmt, was dazu führt, dass Gefühle eine ganz bestimmte zentrifugale Dynamik bekommen – wie im Falle der Heiterkeit z.B. Umgekehrt verhält es sich beim Grauen und Bangen, bei Gefühlen, welche eine bedrückende Stimmung bedeuten und die Welt zentripetal zusammenziehen. Grauen und Bangen haben auch als unbestimmte Stimmungen klare Bedeutungen: Wenn Sie im Dunkeln durch einen Wald laufen, dann kann sich unter Umständen ein unbestimmtes Grauen auf klare und deutliche Weise breit machen. Ein solches Gefühl ist dann gerade nicht an eine bestimmte konkrete Erfahrung gebunden, es kann sich aber an eine solche binden und sich verfestigen, wenn man plötzlich etwas erkennt, und seien es nur schemenhafte Umrisse eines Baumes. In diesem Moment wird aus dem diffusen Grauen oder Bangen Furcht, welche sich als nackte Angst im Leib niederschlägt.

Schmitz: Angst als leibliche Repräsentation des Grauens
Heidegger: Angst als Stimmung

Angst ist für die Phänomenologie von Schmitz kein Gefühl, sondern eine leibliche Repräsentation der Furcht oder des Grauens – die leiblich gespürte Enge, die zu Flucht anregt und motiviert. Die Angst ist verbunden mit einem Impuls der Flucht als Reaktion auf die durch die Stimmung des Grauens oder der Furcht erzeugte leibliche Verkrampfung und Enge. Die Verkrampfung und Verspannung der Angst ist also die leibliche Verortung der Stimmung.

Martin Heidegger hat die Stimmung der Verzweiflung, des Grauens und der Furcht mit der Angst, ihrer leiblichen Verortung, verwechselt. Denn die Angst ist bei Heidegger eine Stimmung. Heidegger differenziert nicht das beklemmende leibliche Erlebnis, das die Erfahrung einer grauenvollen und furchtbaren Stimmung begleitet, von der Stimmung selbst.

Heideggers so genannte Angst ist also die Verzweiflung, welche als Stimmung die leibliche Reaktion der Angst provoziert.

Das weitere grundsätzliche Kriterium, das sich bei der Neubestimmung des Sinnes der Intentionalität von Gefühlen für Schmitz zeigt, ist,

2. Kriterium: Konkretisierung eines intentionalen Gefühls

> 2. „daß ein intentionales Gefühl ein atmosphärisches Feld ist, das durch eine Konstellation von Stimmungen und Erregungen in einer Weise zentriert wird, die dem Gefühl das so gefundene Zentrum als intentionales Objekt zuführt" (Schmitz 2005, III/2, 314).

Dieser Satz beschreibt noch einmal grundsätzlich die jetzt schon angesprochene Konkretisierung eines intentionalen Gefühls. Für Schmitz führt uns die Stimmung dem Objekt zu. Die Stimmungen konkretisieren sich von den weiten, von den fernen Atmosphären her. So kann sich innerhalb der Stimmung des Verzweifelten das Grauen entwickeln und Furcht vor etwas zentrieren. Die Stimmungen konkretisieren sich zum Nahbereich hin. Sie projizieren sich nicht vom Subjekt auf die Welt hin, sondern kommen aus der Weite und wirken in den Nahbereich hinein. Indem sie sich hier zentrieren, können sie sich niederlassen – wie eben am Beispiel der Furcht beschrieben. Deshalb sieht ein Zufriedener die Welt ganz anders als ein Verzweifelter oder ein Sehnsüchtiger ganz anderes als ein Bangender. Entsprechend ist dann auch die Wahrnehmung im Nahbereich so oder so eingefärbt. Stimmungen färben die Welt bis in den Nahbereich hinein.

3. Kriterium: Leibliche Repräsentation und abgründiger Ursprung der Gefühle

Das dritte grundsätzliche Kriterium, das Schmitz in diesem Zusammenhang herausstellt ist,

> 3. „daß die daran beteiligten Erregungen … abgründig sind, wenn sie auch durch das Zentrum so organisiert

> und gesammelt werden, daß sie dem Subjekt von dort her entgegentreten" (Schmitz 2005, III/2, 314).

Schmitz stellt damit heraus, dass der Ursprung der Erregungen wie gesagt nicht der Leib ist, sie werden nur leiblich repräsentiert. Ihr Ursprung ist abgründig und kommt aus der Tiefe und Ferne des intentionalen Raumes der Stimmungen oder Gefühle.

Fassen wir die Bestimmung der Intentionalität noch einmal zusammen: Gefühle sind Stimmungen mit einem eigenen atmosphärisch-bedeutsamen, das heißt Bedeutung tragenden Feld. Sie können sich konkretisieren oder zentrieren auf bestimmte Gefühle des Nahbereiches hin. Sie erzeugen in der leiblichen Repräsentation eine leibliche Ergriffenheit. Die leibliche Erlebnisform der Gefühle ist nicht mit dem intentionalen Gehalt der Gefühle zu verwechseln oder gleichzusetzen.

2.3. Tiefe der Gefühle

Ich komme jetzt zur schon angesprochenen Tiefe der Gefühle. Die Tiefe ist eine Qualität, welche die Stimmungen und ihren Raum noch einmal anders ordnet. Deshalb habe ich die Gefühle (nach Hermann Schmitz) auf einem weiteren Schaubild noch einmal anders geordnet aufgeführt.

Tiefe geht auf Bedeutsamkeit, Intensität auf leibliche Ergriffenheit

Die Ordnung der Gefühle nach Oberfläche und Tiefe soll vor allem vor einer Verwechslung mit der Intensität der Gefühle bewahren. Tiefe meint nicht die Intensität, sondern Tiefe meint Fülle von Bedeutung. Regungen wie Schmerz und Frische, sind – rein leiblich – bloße Affekte ohne Gefühl und ohne Bedeutung. Eine Systematisierung nach Tiefe und Oberflächlichkeit der Gefühle dient dazu, die Ferne der Gefühle zugleich als Tiefe zu verstehen.

- Leibraum
  - Kitzel, Schmerz
  - Müdigkeit, Frische
- Gefühlsraum
  - Bewunderung, Neid, Ärger
  - Furcht, Trauer, Liebe
    Freude, Ehrfurcht
  - Bangen, Grauen
  - Heiterkeit, Sehnsucht
  - Zufriedenheit
  - Verzweiflung

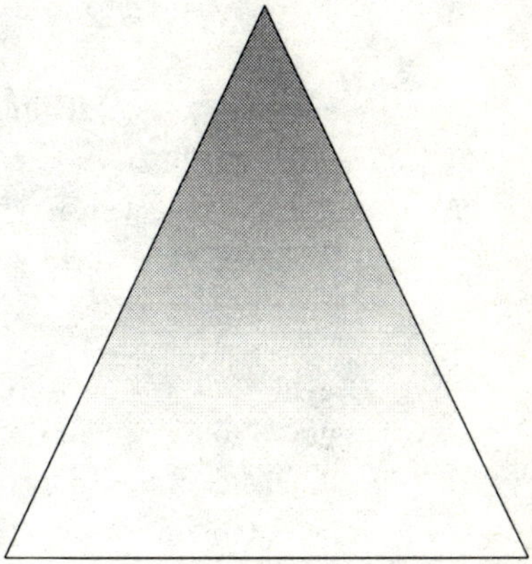

Die Unterscheidung zwischen flachen Gefühlen – Neid, Bewunderung und Ärger, und tieferen Gefühlen – angefangen bei Furcht und Freude bis hin zu den reinen Stimmungen liegt in der Bedeutsamkeit, nicht in der Intensität ihres Erlebens. Die Intensität kann bei allen diesen Gefühlen stark und schwach sein, das hängt von der leiblichen Ergriffenheit ab. So kann zum Beispiel das flache Gefühl des Neids sehr heftig sein:

> „Demnach kann dem Neid kaum das Vermögen abgestritten werden, in alles das einzudringen, was allenfalls als der Kern einer Person bezeichnet werden könnte, dabei scheint dieses Gefühl aber nicht an Tiefe zuzunehmen" (Schmitz 2005, III/2, 334).

Der Neid kann die gesamte Persönlichkeit einnehmen und das gesamte Gefühlsleben beherrschen. Das gleiche gilt von der Bewunderung, welche ebenfalls nicht tief ist, aber von ungeheurer Intensität sein kann.

> „Ferner neigt die Bewunderung weniger zur Tiefe als etwa die Ehrfurcht. Unreife Jugendliche steigern sich z.B. oft in lodernde, hingerissene, aber sehr flache Bewunderung für irgend ein Idol hinein, nie jedoch in flache Ehrfurcht, weil Ehrfurcht zwar zart und als bloßer Anflug schwach sein kann, aber kaum ganz oberflächlich" (ebd.).

Grad der Tiefe verweist auf das Maß der Stabilität und Objektivität

Schmitz erkennt, dass die flachen und oberflächlichen Gefühle von ihrer Tendenz her schnell an Stabilität verlieren. Flache Gefühle sind aufgrund ihres Mangels an Bedeutsamkeit nicht von großer Tragweite. Das Kriterium der Stabilität spielt also eine große Rolle. So gilt landläufig z.B. der Don-Juanismus als Beispiel für ein flaches Gefühlsleben. Auch hier werden flache und zugleich sehr intensive Gefühle mit Flatterhaftigkeit und Instabilität verbunden. Im Unterschied dazu haben die tieferen Gefühle eine größere Stabilität: Sie sind, wie man sagen könnte, aufgrund ihrer höheren Bedeutung und Bedeutsamkeit objektiver.

Freiraum der tiefen Gefühle als…

Die Tiefe der Gefühle, ihre Bedeutsamkeit, wird als Weite und Ferne erfahren. Damit rücken solche Gefühle weiter in den Raum hinein, gestatten einen größeren Spielraum und damit auch mehr Freiheit. Der Freiraum um das intentionale Zentrum des Leibes herum ist damit auch wesentlich bestimmt von der Tiefe der Gefühle:

> „Neid, Bewunderung und Ärger stehen in dieser Hinsicht hinter Zufriedenheit und Verzweiflung, Liebe, Glück, Trauer und Ehrfurcht, die offenbar sämtlich tief sein kön-

> nen, zurück. Diese bevorzugten Gefühle unterscheiden sich von jenen benachteiligten aber auch dadurch, daß sie unverkennbar Weite präsentieren, während jene diese verdecken. Dem Verärgerten rückt alles wie mit Nadelstichen auf die Haut, so daß ihm kein freier, weiter Spielraum bleibt, und sein gereiztes Auffahren ist gewissermaßen ein Versuch, diese Einengung zu durchbrechen. Während der Ärger dadurch, daß die Umwelt dem Betroffenen zu dicht auf den Leib rückt, Weite raubt, wird diese von Neid und Bewunderung umgekehrt dadurch entzogen, daß sie sich zudringlich an ihre Gegenstände heften und diese nicht loslassen" (Schmitz 2005, III/2, 335).

Die oberflächlichen Gefühle gehen zwar über die leibliche Unmittelbarkeit eines Reizes hinaus, sie dominieren aber den Nahbereich, in dem die eigene Leiblichkeit mit der Umwelt verwoben ist. Die tieferen Gefühle gehen über diesen Nahbereich, der ja leiblich und auch zweckhaft bestimmt ist, hinaus. Gerade das macht sie vermeintlich zu Gefühlen zweiter Klasse. Denkt man in diesem Sinne etwa an Sehnsucht, Ehrfurcht oder Langweile, wird bei diesen Fernegefühlen oft verkannt, dass gerade sie den entscheidenden Einfluss auf den Nahbereich haben, weil sie alles vorstimmen. Der äußere Bereich der Stimmung ist maßgeblich für die Gefühlswelt und kann diese Nahgefühle wesentlich beeinflussen. So ist es unter Umständen maßgeblich, in welcher allgemeinen Stimmung – ob gelangweilt, ehrfürchtig oder sehnsüchtig – etwas Konkretes erlebt oder behandelt wird. Außerdem geben die tieferen Gefühle einen Freiraum, während die oberflächlichen Gefühle an den Geschehnissen des Nahbereichs hängen. Die Gefühle Neid und Bewunderung kleben geradezu an den Gegenständen, sie lassen dem Handelnden wenig

... Spielraum des Handelns, ...

Spielraum: Er ist befangen und gefesselt davon. Ganz anders die Gefühle, die in die Tiefe gehen.

> „Wie anders verhält sich die Ehrfurcht! Sie treibt den Ergriffenen, sich von dem Gegenstand seines Gefühls zurückzuziehen und dadurch ‚Platz zu machen‘, eine freie Weite einzuräumen, worin sich dieser Gegenstand entfalten kann" (Schmitz 2005, III/2, 336).

... Befreiung der Welt und des Weltbezuges, ...

Die Ehrfurcht zeigt einen Umgang mit der Welt, welcher die Welt weiter öffnet. Schmitz beschreibt hier sehr eingehend, wie durch solch ein tiefes Gefühl Platz und innerer Raum geschaffen wird, um eine offenere und freiere Einstellung zur Welt zu bekommen. Mit zunehmender Gefühlstiefe wird die Welt größer und freier. Es sind also nicht die Gefühle selbst, die freier werden, sondern der Weltbezug und die Welt selbst, die in und mit diesen Gefühlen wahrgenommen wird. Die Weltöffnung vollzieht sich über die tiefen Gefühle, wie das im Schaubild auch plastisch wiedergegeben ist. Im Leib selbst sowie in den näheren Bereichen, welche diese leibliche Enge umgeben, finden wir nur eine wechselhafte, dem Erleben unterworfene und damit instabile und flache Gefühlswelt. Die Weite der Welt wird erst über die tiefen Gefühle erschlossen. Das Raumschaffen durch die Gefühle ist eine Befreiung aus der Zentrierung in das Leibliche hinein.

... als Leere und Anlass zur Verzweiflung

Die tiefen Gefühle mit ihrem Bezug auf Weite können aber auch negative Züge annehmen, denn in der Weite herrscht auch Leere vor, und Leere kann zur Verzweiflung Anlass geben. Die Gefühle vertiefen sich in den Raum, aber sie erfassen damit wiederum Leere, einen Leerraum, den es zu erfüllen gilt. Deshalb kann von den tiefen Gefühlen auch eine Bedrohung ausgehen. So ist Verzweiflung der Ausdruck, mit der Leere und Stille nicht zurechtzukommen.

Damit soll die Phänomenologie abgeschlossen werden. Die Frage ist, wie nun der Anschluss zur Hermeneutik gefunden werden kann. Wie hängt eine Phänomenologie der Gefühle mit der Hermeneutik zusammen? Was hat die erlebte Wirklichkeit mit der literarischen Wirklichkeit zu tun? Denn die Hermeneutik ist ja in erster Linie und von ihrer Herkunft her eine Kunst der Textauslegung, der Interpretation.

Phänomenologie: Beschreibung des Gegenwarts-Raumes; Hermeneutik: Beschreibung des Zeitraumes

Gerade die Ferneerfahrung der Stimmungen wird hier den Übergang bilden.

Die Ferneerfahrung, die wir phänomenologisch behandelt haben, ist die Ferneerfahrung des Raumes. Das *In-der-Welt-sein* ist der Welt-Raum, und dieser Raum ist im Wesentlichen ein Raum der Gegenwart. Doch neben der Ferne des Raumes gibt es auch die zeitliche Ferne: die nicht gegenwärtige Ferne. Phänomenologie ist eine exakte Beschreibung der Nahbereiche und der gegenwärtigen Ferne. Sie leistet hier wirklich beträchtliches, indem sie auch die psychologischen Verirrungen korrigiert. Aber sie beschreibt nicht die zeitlichen Fernen, welche uns durch Geschichten und Geschichte gegeben sind. Wir werden uns also jetzt, wenn es um die Hermeneutik geht, dieser Ferneerfahrung der Geschichten zuwenden. Denn die Gegenwart ist auch und gerade durch Geschichten gestimmt und bestimmt. Geschichte und auch Erzählung repräsentieren Ferne der Vergangenheit. Die Ferne ist also auch die zeitliche Ferne, sie ist dann der Stoff, aus dem Geschichten und Geschichte entstehen.

II. Hermeneutik

Die Differenz von Erklären und Verstehen als nicht hinreichender Grund der Absetzung der hermeneutischen Methode von den naturwissenschaftlichen Methoden

Das allgemeine Anliegen der Hermeneutik wird klassischer Weise mit Autoren des 19. und 20. Jahrhunderts in Verbindung gebracht. Hier stoßen Sie auf Namen wie Friedrich Schleiermacher, August Boeckh, Johann Gustav Droysen, Wilhelm Dilthey und natürlich auch Martin Heidegger.[1]
Wenn Sie in Handbüchern oder in Bänden zur Geschichte der Philosophie nach einer Charakterisierung der Hermeneutik suchen, dann werden Sie gerade im Zusammenhang mit Dilthey sinngemäß folgende Kurzformel finden: ‚Die Hermeneutik ist eine Wissenschaft, welche die Methode des *Verstehens* anwendet, im Unterschied dazu sind die Naturwissenschaften auf das *Erklären* aus.' Diese Unterscheidung hat einen bis heute nicht beendeten Streit herbeigeführt, ein Streit darum, ob nun die eine oder die andere Methode die eigentlich wissenschaftliche sei. Ich möchte Sie hier vor dieser Diskussion bewahren. Natürlich werden wir uns auch mit dem Problem des Verstehens und des Erklärens beschäftigen. Allerdings ist der Unterschied zwischen Erklären und Verstehen kein hinreichendes Kriterium der methodischen Abtrennung der Geisteswissenschaften von den Naturwissenschaften. Vielmehr muss berücksichtigt werden, dass die Geisteswissenschaften auch erklärende und die Naturwissenschaften auch verstehende Wissenschaften sind. So verwendet die Geschichtswissenschaft notwendigerweise die Erklärung, um einzelne Ereignisse in einen geschichtlichen Verlauf einordnen zu können. Mit dieser Eigentümlichkeit der Erklärung geisteswissenschaftlicher Art beschäftigt sich Walter

Benjamin und führt sie als Kriterium an, um den Historiker von dem Erzähler zu differenzieren.

1. Walter Benjamin
Erzählung als geschichtliche Ferneerfahrung

Beginnen möchte ich mit Walter Benjamin, einem Autor, der mit dem Thema *Hermeneutik* normalerweise nur am Rande in Zusammenhang gebracht wird. Der Grund für diese Vorgehensweise liegt darin, dass wir über die phänomenologische Behandlung des Problems der Ferne zur Hermeneutik gekommen sind.

Weil Benjamin sich mit der Besonderheit des Erzählens bzw. des Erzählers beschäftigt, wird sein Ansatz hier als Einleitung in die Hermeneutik gewählt. Denn die Erzählung hat in unserem speziellen Zusammenhang der Grundlagen Praktischer Philosophie und im Hinblick auf deren Methoden eine wichtige Bedeutung.

Benjamin hat erstmalig gezeigt, dass nicht nur der sachliche Gehalt von Informationen, sondern auch die Art der Mitteilung sowie die Weise ihrer Überbringung für die Botschaft selbst konstitutiv sind. Durch sie wird der Zusammenhang für das bereitgestellt, worüber wir uns informieren. Dieses Umfeld der Information ist für uns heute eine unbewusste Meta-Botschaft, die uns im sachlichen Austausch gar nicht deutlich wird. Aus diesem Grunde sind für Benjamin literarische und künstlerische Formen der Botschaft so wichtig. Vor allem der Archetypus des Erzählers führt uns durch die Erzählung in Räume unserer eigenen Lebenswelt, die uns nicht gegenwärtig sind. Die Erzählung führt uns über die eigene Lebenswelt hinaus in den Fernebereich hinein.

Dieses Hinausführen und Hinausgeführt-werden steht also im Zentrum unseres Interesses am Denken Walter Benjamins und wird uns auf seine Vorstellung von Kunst im Zeitalter der Reproduktion hinleiten. Die Reproduktion ist eine künstliche Annäherung, die sich vom Original unterscheidet, welches hingegen, indem es immer auch von seiner Abkunft berichtet, die Präsentation oder Darstellung von Ferne ermöglicht.

- **Aura: Gespinst aus Raum und Zeit**
  - Raum: erlebt, erfahren
    - „Erscheinung einer Ferne, so nahe sie sein mag"
  - Zeit: erzählt
    - Stoff der Geschichten: „gelebtes Leben"

Walter Benjamin gehört zu den Autoren, die sich mit dem Problem der Ferne auseinander gesetzt und die Erfahrung von der Erfahrung des Nahbereichs unterschieden haben. Daraus ist die berühmte Definition des Begriffs der *Aura* hervorgegangen, welche ich mit Benjamins Behandlung des *Erzählers* und der *Erzählung* verbinden möchte. Die Ferne wird dabei sowohl durch die aktuelle Erfahrung wie durch die Erzählung gegenwärtig gemacht. Das Problem dieser Vergegenwärtigung von Fernen liegt darin, dass sie dabei als Ferne erhalten bleiben und nicht zu Naherfahrungen verwandelt werden sollen.

1.1. Der Erzähler

Der Erzähler als Bote von fernen Orten und fernen Zeiten

Für Benjamin spielt der Erzähler in der Vergegenwärtigung von Ferne eine entscheidende Rolle. Er hat dem Typus des Erzählers einen Aufsatz gewidmet, der sich vordergründig mit dem russischen Erzähler Nikolai Leskov beschäftigt.[2] Eigentlich geht es in diesem Aufsatz aber um die Charakterisierung der Figur des Erzählers überhaupt. Was ist unter dem *Erzähler* zu verstehen?

Zunächst stellt sich die Frage: Was vollbringt der Erzähler eigentlich? Er erzählt von Ereignissen, die sich irgendwann einmal abgespielt haben. Dabei ist es zunächst nicht wichtig, ob sich diese Ereignisse wirklich abgespielt haben oder ob sie erfunden sind, denn der Erzähler ist normalerweise ein Geschichtenerzähler. Geschichten haben zwar einen gewissen Kern an Wahrheit – sei es ein symbolischer oder auch ein historischer –, sie gelten aber immer als frei gestaltet. Die möglichst realistische Darstellung steht nicht im Vordergrund, sondern eher eine Kunde und Überbringung genereller Art. Man könnte sagen, dass der Erzähler von fernen Orten und fernen Zeiten berichtet, ohne sie historisch genau zu dokumentieren. Er hat vielmehr die Rolle eines Boten inne als diejenige eines Historikers.

Eben diese Rolle des Boten findet sich auch in dem Begriff *Hermeneutik*. Denn der Begriff der Hermeneutik wird gern und häufig auf Hermes zurückgeführt, einen Gott der griechischen Mythologie[3]: Hermes ist der Bote, der den Menschen die Botschaften der Götter überbringt, er ist also ein Engel im jüdisch-christlichen Verständnis. Boten und Engel sind mythologisch gesehen Vermittler zwischen den Welten der Menschen und Götter. Hermes ist solch eine mythische Figur, er vermittelt auch zwischen Lebenden und Toten und bekommt damit die Rolle des Seelenführers ins Totenreich. Die Hermeneutik hat mit der mythologischen Rolle von Hermes insofern zu tun, als sie diese Funktion der Überbringung, Übersetzung, Vermittlung und Führung zur Methode ausgeformt und entwickelt hat.

Frage nach dem Wie der Erzählung

Auch Walter Benjamin hat die Figur des Erzählers ganz in der mythischen Funktion des Boten verstanden. Wenn wir diesem Ansatz folgen wollen, ist es zunächst wichtig, nachzuvollziehen, dass für Benjamin der Erzähler Botschaften aus der Ferne überbringt, ohne sie dabei ihres Charakters der Ferne zu berauben, also ihrer *Aura* zu berauben. Wie ist das möglich?

Typische Erzähler

- **Reisende (Raum)**
  - Händler, Seeleute
    - Reiseberichte
- **Seßhafte (Zeit)**
  - Bauern
    - Geschichten
- **Mischtypen (Raum und Zeit)**
  - Handwerker

In seinem Aufsatz *Der Erzähler* stellt Walter Benjamin verschiedene Typen des Erzählers dar.

Reisender: räumliche Ferne

Der erste Typus des Erzählers ist der Reisende, der von fernen Ländern berichtet: Er hat viel erfahren und berichtet den Zurückgebliebenen von seinen Reisen. Hier wird ein Typus beschrieben, der im Bereich der Händler und Seeleute anzutreffen war und dort seine eigene Geschichte und Kultur entwickelt hat.

Sesshafter: zeitliche Ferne

Aber es gibt auch Erzähler, die zur sesshaften Art gehören, die nicht weit gereist sind und dennoch etwas zu erzählen haben. Sie berichten von ihrer eigenen Geschichte und tradieren diese durch die Erzählung Der zweite Typus des Erzählers thematisiert also die zeitliche Ferne, während wir es bei dem ersten Typus mit einer räumlichen Ferne zu tun haben.

Handwerksstand als hohe Schule des Erzählens – Idealform der Vereinigung räumlicher und zeitlicher Ferne

Den dritten Erzähler-Typus bestimmt Benjamin als eine Mischform: Hierbei handelt es sich um die große Tradition des reisenden und immer für längere Zeit verweilenden Handwerkers. Er ist als Geselle auf der Walz und bleibt auf seiner Reise doch immer wieder längere Zeit bei einem Meister, mit dem er sich nun austauscht. Denn auch der Meister war einmal ein Geselle, bevor er sesshaft wurde. Im Handwerker mischen sich also der reisende und der sesshafte Erzähler. Dieser Mischtyp wird von Benjamin in besonderer Weise herausgehoben:

> „Der seßhafte Meister und die wandernden Burschen werkten in den gleichen Stuben zusammen; und jeder Meister war Wanderbursche gewesen, bevor er in seiner Heimat oder in der Fremde sich niederließ. Wenn Bauern und Seeleute Altmeister des Erzählens gewesen sind, so war der Handwerksstand seine hohe Schule. In ihm verband sich die Kunde von der Ferne, wie der Vielgewanderte sie nach Hause bringt, mit der Kunde aus der Vergangenheit, wie sie am liebsten dem Seßhaften sich anvertraut" (Benjamin GS, Bd. II/2, 440).

Der Handwerksstand pflegt damit die hohe Schule des Erzählens in Form einer Mischung aus zwei Erzählertypen, dem Reisenden und dem Sesshaften. Hier wird die Kunde der Ferne, die des Vielgewanderten und die des Vielerlebten, verbunden.

Der Erzähler ist ein Bote aus verschiedenen Fernen, aus der räumlichen und zeitlichen Ferne. In seiner Perfektion vereint er beide Fernen und versteht es, räumliche und zeitliche Ferne zugleich zu vergegenwärtigen.

1.2. Informationskultur – Verlust der Ferneerfahrung

Die vermeintliche Vergegenwärtigung von Ferne in der technisch orientierten Gesellschaft

Wir haben aber heute – werden Sie vielleicht denken – gerade durch den modernen Tourismus und auch durch die Medien ungleich mehr Möglichkeiten, Ferne zu vergegenwärtigen: Wir sind in der Lage, ferne Kontinente zu befahren oder können von ihnen erfahren. Weiterhin haben wir bessere Möglichkeiten, die Geschichte auszuloten, um uns über ferne Generationen Auskunft zu verschaffen. Was kann dagegen die hohe Schule des Erzählers noch ausrichten? Ist das Reisen nicht eine moderne Erfahrung der Ferne, welche als Nachfolgerin der alten Reise- und Lebensberichte gelten kann?

Benjamin behauptet, dass die Erfahrung der Ferne verlorengegangen ist, weil sie mit der hohen Schule des Erzählens zusammenhängt. Diesen Vorgang des Verlustes von Ferne umschreibt Benjamin mit dem Bild der *Zertrümmerung der Aura*, das wir noch im Weiteren verfolgen werden. Die Aura wird gerade durch die moderne Kultur der Annäherungen – durch den Tourismus und die weltweite mediale Vernetzung – zertrümmert. Auch Heidegger hat, wie wir schon sehen konnten, die Technik und die ihr eigene Folge des Verfügbarmachens als Ent-fernung verstanden, als Beseitigung von Ferne: Die Welt hat keine Fernen mehr, wenn alles auf Verfügbarkeit und Gebrauch hin ausgelegt und damit auf den Nahbereich gebracht ist. Wenn Sie sich die heutigen Möglichkeiten, wissenschaftlich und technisch in die Ferne zu gehen, genau anschauen, dann verdeutlicht sich, dass Ferne angenähert und zerstört wird.

Wie aber wird die Ferne als Ferne belassen? Hier ist es für Benjamin die *Erfahrung* (ein Begriff, der terminologische Qualität hat), an der die Ferne und Nähe zu bemessen ist. An der Erfahrung und dem Austausch der Erfahrung wird Ferne als solche – nicht als ent-fernte Ferne – deutlich. Dabei ist es gerade die Ferne, die ausgetauscht wird, von der wir also in und mit der Erzählung hören.

Sinkender Austausch von Erfahrung bei steigendem Austausch von Informationen

Benjamin führt an, dass die *Erfahrung* sich in dem Maße verringert, wie nur noch Informationen und Anweisungen ausgetauscht werden (vgl. Benjamin GS, Bd. II/2, 439). Der bloße Informationsfluss führt zu einem Verlust an Erfahrungen. Erfahrungen stehen auch nicht mehr hoch im Kurs. Viel wichtiger ist der Wert des *Bewusstseins* geworden. Bewusstsein wird konträr zur Erfahrung gesehen. Das ist zunächst etwas schwierig zu verstehen und mutet geradezu paradox an. Ich werde versuchen, Ihnen etwas näher zu bringen, was Benjamin darunter versteht.

- **Information**
  - Nachricht
    - aktuell, nachprüfbar
    - mit Erklärung
  - pure Sachlichkeit
- **Erzählung**
  - Kunde aus der Ferne
    - zeitlich-räumlich fern
    - ohne Erklärung
  - gestalteter Stoff

In seinem Essay *Der Erzähler* sieht Benjamin den grundsätzlichen Unterschied zwischen Erzählung und Information in der Differenz zwischen Naherfahrung und Ferneerfahrung. Die Naherfahrung hat eine Priorität bekommen, weil an die Stelle eines Bedürfnisses nach Erzählung und Sinn eine Sucht nach Fakten und Informationen getreten ist.

Zunächst aber zur Bedeutung der Information:

> „Der Begründer des »Figaro« hat das Wesen der Information in einer berühmten Formel gekennzeichnet: »Meinen Lesern«, pflegte er zu sagen, »ist ein Dachstuhlbrand im Quartier latin wichtiger als eine Revolution in Madrid«" (Benjamin GS, Bd. II/2, 444).

Auch heute kennen wir solche journalistischen Sprüche, die auf Fakten drängen. Damit hat damals der *Figaro* den neuen Journalismus begründet, wie er uns heute geläufig ist. Dieser Ausspruch des Verlegers ist für Benjamin schlagartig erhellend:

> „Das stellt mit einem Schlage klar, daß nun nicht mehr die Kunde, die von fern her kommt, sondern die Information, die einen Anhaltspunkt für das Nächste liefert, am liebsten Gehör findet" (ebd.).

Es erscheint zunächst etwas allgemein Menschliches, dass solche Informationen eine größere Sensation mit sich bringen als irgendwelche Erzählungen aus fernen Ländern. Das ist nichts Ungewöhnliches und für sich gesehen auch noch kein Zeichen der Dekadenz. Benjamin sieht in der Äußerung des Figaro-Verlegers allerdings nicht nur die journalistische Neuerung, sondern erkennt einen Paradigmenwechsel. Denn es ist in Folge dessen eine ganze Kultur herangewachsen, die sich *weitgehend oder ausschließlich* auf die Form der Mitteilung durch Information stützt, während die Erfahrung verkümmert.

> „Die Kunde, die aus der Ferne kam – sei es die räumliche fremder Länder, sei es die zeitliche der Überlieferung

> –, verfügte über eine Autorität, die ihr Geltung verschaffte, auch wo sie nicht der Kontrolle zugeführt wurde" (ebd.).

Benjamin wird noch ausführen – wir kommen darauf zurück – welche Autorität er genau meint.

1.3. Autorität von Information und Erzählung

Legitimation der Information: Kontrolle

Die Kunde der Erzählung von fremden Ländern und Zeiten hat eine ganz eigene, noch nicht näher bezeichnete Autorität bzw. Legitimation, welche sich von derjenigen der Information grundsätzlich unterscheidet. *Die Legitimation der Information ist die Kontrolle*, die durch den Journalisten gewährleistet wird, denn es ist entscheidend, wie und auf welche Weise der Dachstuhlbrand im Quartier latin stattgefunden hat. Die Kontrolle ist die Autorisierung und Autorität der Information.

Kennzeichen der Information: Nachprüfbarkeit, Verständlichkeit und Evidenz

> „Die Information … macht den Anspruch auf prompte Nachprüfbarkeit. Das ist das erste, daß sie »an und für sich verständlich« auftritt" (Benjamin GS, Bd. II/2, 444).

Prompte Nachprüfbarkeit, Verständlichkeit und Evidenz sind also die Kennzeichen der Information.

Nun folgt ein interessanter Satz, der in der Tat bedenkenswert ist, obwohl Benjamin ihn nicht weiter ausführt:

> „Sie [die Information, S.G.] ist oft nicht exakter als die Kunde früherer Jahrhunderte es gewesen ist" (ebd.).

Oft ist die Information, obwohl sie nachprüfbar gemacht und kontrolliert wird, auch nicht in vollem Maße exakt. Wie auch? Wenn es möglich wäre, einen bestimmten Sachverhalt *ob-*

jektiv zu rekonstruieren, würde z.B. eine eigene Institution der Kriminalistik keinen Sinn machen. Da aber Ereignisse von unterschiedlichen Zeugen ganz unterschiedlich dargestellt werden, ist diese Institution erforderlich. Sie soll herausfinden, was *wirklich* geschehen ist.

Die bloß relative Plausibilität und Autorität der Information

Auch im Falle bezeugter und damit kontrollierbarer Ereignisse ist es gar nicht eindeutig, was sich tatsächlich abgespielt hat. Dennoch hat die Kontrolle eine hohe Plausibilität. Es ist jedoch lediglich eine *relativ höhere* Plausibilität als bei einem nicht nachprüfbaren Bericht.

Die Kunde früherer Jahrhunderte ist also nur relativ ungenauer als die Information. Sie wird aber auf eine andere Art und Weise autorisiert. Bei dieser anderen Form der Autorisierung geht es nicht um Genauigkeit und Kontrollierbarkeit, hier geht es um einen ganz andere Autorität. Das ist der Punkt, auf den Benjamin abzielt.

Autorität der Erzählung im Wunderbaren

> „Aber während diese [die Erzählung, S.G.] gern vom Wunder borgte, ist es für die Information unerlässlich, daß sie [die Information, S.G.] plausibel klingt. Dadurch erweist sie sich mit dem Geist der Erzählung unvereinbar. Wenn die Kunst des Erzählens selten geworden ist, so hat die Verbreitung der Information einen entscheidenden Anteil an diesem Sachverhalt“ (ebd.).

Die Kunst des Erzählens borgt beim Wunder: Hier werden Ereignisse mit Wunderbarem verbunden. Das ist natürlich für den Plausibilitätsanspruch der Information völlig unzulässig. Das Wunderbare berichtet von Fügung, die für den Verlauf der Geschichte notwendig ist. Denn die Geschichte hat, wie wir noch sehen werden, einen typischen Verlauf, der das Muster für Erzählungen abgibt. Zwischen Erzählung und Mitteilung besteht damit ein grundsätzlicher Unterschied. Benjamin will diese Differenz freilegen:

> „Jeder Morgen unterrichtet uns über die Neuigkeiten des Erdkreises. Und doch sind wir an merkwürdigen Geschichten arm. Das kommt, weil uns keine Begebenheit mehr erreicht, die nicht mit Erklärungen schon durchsetzt wäre. Mit andern Worten: beinah nichts mehr, was geschieht, kommt der Erzählung, beinah alles der Information zugute. Es ist nämlich schon die halbe Kunst des Erzählens, eine Geschichte, indem man sie wiedergibt, von Erklärungen freizuhalten" (Benjamin GS, Bd. II/2, 444–445).

Information vs. Erzählung: Erklären vs. Verstehen, Nicht-Selbstständiges vs. Selbstständiges, Inhalt vs. Form

Hier taucht der Begriff *Erklären* in einem ungewöhnlichen Zusammenhang auf. Es geht hier nicht darum, dass die Naturwissenschaften *erklären* und die Geisteswissenschaften *verstehen*. Benjamin möchte zum Ausdruck bringen, dass in einer Form des Sprechens und der Mitteilung etwas für sich stehen kann, was erzählt wird, und dass etwas nicht für sich stehen kann, und deshalb erklärt werden muss, eines zusätzlichen Aktes der Verdeutlichung bedarf. Das letztere ist das Wesen der Information: Die Information kann nicht ohne Erklärung auskommen. Die Grenze zwischen Erklären und Verstehen wird hier anders gezogen, nämlich zwischen dem Selbstverständlichen und dem Nicht-Selbstverständlichen einer Mitteilung oder Botschaft. Information ist eine Form von Mitteilung, die immer der Erklärung bedürftig ist, weil sie sich nicht von selbst versteht. Die Erzählung dagegen steht für sich, weil sie eine eigene Geschichte präsentiert. Daher wird ein Zusammenhang, welchen die Erzählung als Form darstellt, durch das *Verstehen* geleistet. Es geht bei der Erzählung also nicht nur darum, was sie erzählt, nicht um ihren Inhalt, welcher ja auch Information sein kann und ist. Die Bedeutung der Erzählung liegt in der Art und Weise, *wie* sie präsentiert wird – in ihrer Form. Entsprechend heißt es bei Benjamin zur Erzählung:

> „Die Erzählung, wie sie im Kreis des Handwerks – des bäuerlichen, des maritimen und dann des städtischen – lange gedeiht, ist selbst eine gleichsam handwerkliche Form der Mitteilung. Sie legt es nicht darauf an, das pure »an sich« der Sache zu überliefern wie eine Information oder ein Rapport. Sie senkt die Sache in das Leben des Berichtenden ein, um sie wieder aus ihm hervorzuholen. So haftet an der Erzählung die Spur des Erzählenden wie die Spur der Töpferhand an der Tonschale. Es ist die Neigung der Erzähler, ihre Geschichte mit einer Darstellung der Umstände zu beginnen, unter denen sie selber das, was nachfolgt, erfahren haben, wenn sie es nicht schlichtweg als selbsterlebt ausgeben" (Benjamin GS, Bd. II/2, 447).

Grund der Autorität der Erzählung: Die Anwesenheit des Erzählers in der Erzählung

Die Form der Erzählung liegt darin, dass der Erzähler die Geschichten verschachtelt, indem er die Erzählung in die eigene Geschichte einbaut und ihr damit eine persönliche Authentizität gibt. Das ist die Spur des Handwerkers an seinem Produkt, der Töpferhand an der Tonschale. Das ist gewissermaßen auch der „Betrug" (ebd.), von dem Benjamin spricht, welcher darin liegt, so zu erzählen, als wäre alles selbst erlebt worden. Hier wird eine Authentizität vorgegeben, die es faktisch und historisch nicht zu geben braucht. Durch solchen *Betrug* – im Zuge dessen sich der Erzähler nicht aus der Erzählung heraushält, sondern in der Erzählung selbst präsent ist – erlangt sie die Autorität des Erzählenden. Der Erzähler ist in der Erzählung anwesend, während er bei der Wiedergabe von Information, gerade auch beim Augenzeugenbericht, versucht, neutral zu sein, um sich ganz dem berichteten Gegenstand zu widmen.

Der Mitteilende darf in einer Information nicht auftauchen, obwohl auch die Information von einem Mitteilenden berichtet wird. Das ist genau genommen eine andere Form des Betruges. Durch ihn erhält die Information scheinbar den Charakter des rein Objektiven, den sie aber auch bei getreuester Berichterstattung niemals erreichen kann. Die Autorität wird in jedem Fall konstruiert: Die Erzählung erreicht dies durch den Erzähler selbst, der sich in die Geschichte einbringt oder die Situation des Erzählens mit aufnimmt. Die Information verfolgt dieses Ziel, indem Objektivität, Aktualität und Prägnanz simuliert werden.

Erzählung als die Kunst der lebendigen Gestaltung des Stoffes der Geschichte

Wenn davon die Rede ist, dass der Erzähler seine Situation mit thematisiert, während die Information an der Sachlichkeit klebt, haben wir es mit einer stilistischen Überlegungen zu tun. Es ist als Produktion eine Frage des Handwerks oder der Kunst, um die Kunst der Gestaltung vom erlebten Leben, über das auch bloß berichtet werden könnte, in das gerade aktuelle Leben einzulassen. Der Stoff der Erzählung wird geformt und ist immer ein gestalteter Stoff, nie pure Sachlichkeit.

Gestaltungskunst des Erzählers: Verhinderung von bloßer Nähe und Ermöglichung von Ferneerfahrung

Hier eröffnet sich der Grund dafür, wie eine Ferneerfahrung eine solche bleiben kann, ohne durch den Bericht in die Nähe gerückt zu werden: Sie bleibt eine Erzählung aus der Ferne, eine Kunde aus ferner Zeit und aus fernen Ländern, indem sich der Erzähler in die Situation hineinstellt und dadurch eine bloße Sachlichkeit verhindert. An dieser Gestaltungsfrage des Stoffes bildet sich der Unterschied zwischen Erzählung und Information. Beide sind gestaltet, aber sie sind unterschiedlich gestaltet: Der Informationsgehalt bleibt immer erhalten, er geht auch in der Erzählung nicht verloren, weil ja durchaus *etwas* von fernen Zeiten berichtet wird. Die Differenz zwischen Information und Erzählung liegt in der Form der Überbringung. In der Erzählung ist der Bote – um bei der mythologischen Rolle von Hermes zu bleiben – gegenwärtig. In der bloßen, sachlichen und neutral gehaltenen Information bleibt der Bote neutral, anonym oder ver-

Die Anwesenheit des Boten: Gestaltung über den bloßen Informationsgehalt hinaus

schwindet ganz. Hier gibt es vielleicht einen Augenzeugen, aber keinen Boten. Die Sachlichkeit ist bei der Information entscheidend, nicht der Bote.

Verarmung der Menschlichen (Ferne-) Erfahrung in der Informations-kultur

Benjamin stellt fest, dass die menschliche Erfahrung immer ärmer wird, weil wir uns nichts mehr erzählen, sondern uns nur noch informieren. Er verbindet damit die These, dass wir durch die bloße Information einen Erfahrungsverlust erleiden.

> „Immer seltener wird die Begegnung mit Leuten, welche rechtschaffen etwas erzählen können. Immer häufiger verbreitet sich Verlegenheit in der Runde, wenn der Wunsch nach einer Geschichte laut wird. Es ist, als wenn ein Vermögen, das uns unveräußerlich schien, das Gesichertste unter dem Sicheren, von uns genommen würde. Nämlich das Vermögen Erfahrungen auszutauschen. Eine Ursache dieser Erscheinung liegt auf der Hand: die Erfahrung ist im Kurse gefallen. Und es sieht aus, als fiele sie weiter ins Bodenlose" (Benjamin GS, Bd. II/2, 439)

Was geht hier aber verloren? Zunächst ist es die Gegenwart des Boten und Überbringers und damit die Erfahrung der Boten- und Überbringerfunktion. Im Nahbereich braucht man keine Boten. Da die Information alles Mittelbare in den Nahbereich bringt, ist eine solche Funktion überflüssig geworden. Auf diese Weise geht die Erfahrung der Ferne verloren. Die Frage ist dann nur noch, was mit der Ferne selbst geschieht, die ja immer im Hintergrund präsent bleibt. Darauf werden wir jedoch erst später eingehen.

1.3.1. Historiker und Chronist

• **Historiker** – Erfassen und Erklären von Vorfällen	• **Chronist** – Einbettung des Geschehens in den Weltlauf

Der Historiker als erklärender Geisteswissenschaftler: begründendes Einordnen in den geschichtlichen Verlauf

Auch der Chronist ist, im Unterschied zum Historiker, ein Geschichtenerzähler. Während es dem Historiker um die reine Sachlichkeit geht, bemüht sich der Chronist – in Benjamins Auslegung – um die Gestaltung der Sachlichkeit.

> „Der Historiker ist gehalten, die Vorfälle, mit denen er es zu tun hat, auf die eine oder andere Art zu erklären; er kann sich unter keinen Umständen damit begnügen, sie als Musterstück des Weltlaufs herzuzeigen" (Benjamin GS, Bd. II/2, 451).

Der Chronist als Erzähler: Einfügen des Ereignisses in ein mythisches Muster

Der Historiker kann sich nicht damit begnügen, die Ereignisse als Beispiele eines allgemeinen Weltlaufs vorzustellen. Es reicht für ihn nicht aus, sie so darzustellen, als würden die Dinge, von denen er berichtet, für sich sprechen. Vielmehr müssen sie in den geschichtlichen Verlauf durch Erklärung eingebaut werden. Der Historiker versucht, durch Erklärung diese oder jene Vorfälle in die Geschichte einzuordnen. Dieses Einordnen steht immer unter der Frage: ‚Wie konnte das oder jenes passieren?'. Hier werden Gründe dafür angeführt, wie sich dieses oder jenes Ereignis herleiten lässt, warum dieses oder jenes Ereignis eintreten konnte oder vermutlich eingetreten ist. Das ist ein Beispiel für das *Erklären* in den Geisteswissenschaften. Für den Historiker sprechen die Ereignisse nicht für sich. Er kann sich nicht mit ihnen begnügen, sondern muss sie erklärend in den Verlauf der Geschichte einordnen. Genau das Gegenteil aber ist bei dem Chronisten der Fall: Er kann die Vorfälle als Musterstücke des Weltlaufs aufzeigen.

> „Genau das aber tut der Chronist, und besonders nachdrücklich tut er das in seinen klassischen Repräsentanten, den Chronisten des Mittelalters, die die Vorläufer der neueren Geschichtsschreiber waren. Indem jene ihrer Geschichtserzählung den göttlichen Heilsplan zugrunde legen, der ein unerforschlicher ist, haben sie die Last beweisbarer Erklärung von vornherein von sich abgewälzt. An ihre Stelle tritt die Auslegung, die es nicht mit einer genauen Verkettung von bestimmten Ereignissen, sondern mit der Art ihrer Einbettung in den großen unerforschlichen Weltlauf zu tun hat“ (Benjamin GS, Bd. II/2, 451–452).

Die Chronisten des Mittelalters waren also davon entbunden, die Ereignisse zu erklären, weil sie in den göttlichen Heilsplan eingepasst erschienen. Diese Ereignisse sprachen für sich. Das zeigt den Unterschied zwischen der Erzählung des Chronisten und der Darstellung des Historikers: Der Historiker muss den Weltlauf rekonstruieren, weil es keine mythische Vorlage gibt, in die er die Ereignisse hinein stellen könnte. Für den Chronisten hat dagegen jegliches Ereignis seinen Platz im göttlichen Heilsplan. Der Chronist kann Ereignisse erzählen, die für sich sprechen.

Dieses Beispiel macht deutlich, wodurch letztlich die Mitteilung ihre Eigenständigkeit bekommt. Streng genommen haben auch beim Chronisten die Ereignisse keine Eigenständigkeit, denn der göttliche Heilsplan muss ja vorausgesetzt werden. Deshalb deckt sich der Chronist auch nicht mit dem Typus des Erzählers schlechthin. Dennoch hat er viel mit ihm gemeinsam, weil er wie der Erzähler von einer Mustergeschichte ausgeht. Auch der Erzähler greift bei seiner Erzählung auf ein Muster zurück. Auf solche Muster kann der Historiker natürlich nicht zurückgreifen, sondern er muss jedes Ereignis erklären.

1.3.2. Der Sterbende

Was wird nun in der Erzählung verstanden? Benjamin gibt eine Definition der Erzählung:

Erzählung ist die Übernahme und Gestaltung eines Stoffes der Geschichte durch den Erzähler. Damit wird der Erzähler zum Boten und stellt in dieser Rolle schon eine Autorität dar.

- **Tradierung gelebten Lebens**
  – Übernahme des Stoffes der Geschichte vom Erzähler
  – Autorisierung des Stoffes durch den Sterbenden und seinen Tod

Schwieriger ist die Autorisierung des Stoffes durch den Sterbenden zu verstehen. Das von Walter Benjamin genannte Kriterium zeigt den genauen Beobachter aber auch den großen Metaphysiker: Die Autorisierung des Stoffes geschieht, wie wir ja schon gesehen haben, zunächst einmal durch die Anwesenheit des Erzählers selbst. Doch in seiner äußersten und ursprünglichen Form ist der Erzähler der Sterbende, der sein Leben erzählt. Die Erzählung legt Zeugnis vom gelebten Leben ab – ist ein Vermächtnis. Das ist eine Autorisierung ganz anderer Art: Sie ist von höherer Authentizität, als die der nachprüfenden Kontrolle. Sie ist von der Absicht getragen, das Leben abzuschließen und als Ganzes den Zuhörenden zu überreichen. Auf dieser Autorisierung gründet sich die Erzählung. Der Sterbende ist der *ursprüngliche* Erzähler und das beim Abschiednehmen erzählte Leben die ursprüngliche Erzählung. Die Ursprünglichkeit dieses Typus wird zum Vermächtnis aller Erzählung schlechthin. Erzählung ist das gelebte Leben, das den Nachkommen übergegeben wird und in anderen Mündern weiterlebt.

1.4. Verlust von Aura
Authentizität und Tradition im Zeitalter technischer Reproduzierbarkeit

Kunst des Erzählens: Aufrechterhaltung der Tiefen-Dimension der Erzählung

Die Bedeutung der Erzählung, welche Benjamin in seinem Aufsatz *Der Erzähler* heraushebt, liegt in der Auslotung und Erfahrbarmachung der Tiefen-Dimensionen. Tiefe und Ferne der Erzählung sind dabei nicht zu verwechseln mit topologisch oder geographisch georteten Bereichen, sonst wären sie ja nichts anderes als Information, welche auf ihre Weise natürlich auch Ferne und Tiefe kennt. So kann die Information *bloß über* Ferne und Tiefe berichten, aber das Berichtete ist selbst nicht mehr fern, ist eben seiner Tiefen-Dimension beraubt. Der Unterschied zwischen Information und Erzählung liegt schließlich darin, dass Information Ereignisse und Dinge *heranrückt*, während Erzählung Ferne, Weite und Tiefe geradezu entfaltet und das Erzählte damit *entrückt*. Benjamin hat diesen grundsätzlichen Unterschied bereits klar erkannt, obwohl zu seiner Zeit noch längst nicht jene Möglichkeit einer Omnipräsenz der Daten gegeben war, wie wir sie heute z.B. durch das Internet haben. Die Ferne in der Erzählung bleibt fern und wird niemals präsent. Die Kunst des Erzählens liegt somit darin, das Erzählte in der Ferne zu belassen.

Benjamin hat deshalb die Erzählung als Handwerk bezeichnet, welches für ihn gewissermaßen auch ein *Kunstwerk* ist. Das zeigt sich besonders in seinem bekannten Aufsatz *Das Kunstwerk im Zeitalter seiner technischen Reproduzierbarkeit*[4]. In diesem Essay hebt Benjamin die unersetzbare Besonderheit des Kunstwerkes heraus, indem er die Frage der Ferneerfahrung erörtert und die bereits im Aufsatz *Der Erzähler* herausgestellte Unterscheidung von Ferne und Nähe untersucht. Im Zuge dieses Projektes kommt er unter anderem auf die Möglichkeiten der Überbringung und Überlieferung zu sprechen: Auf welche Weise teilen wir Informationen aus? Wie kommt es – über die bloßen Floskeln *tief/ oberflächlich* hinaus – zur Tiefe oder Oberflächlichkeit der Botschaft? Benjamin meint, dass sich diese Begriffe am Kunstwerk klären. Denn so wie Erzählungen, so erfüllen auch andere Kunstwerke die Bedeutung, Botschaften zu sein, welche nicht nur einen Inhalt haben, sondern auch von der Art und Weise ihrer Überbringung bestimmt sind.

Einmaligkeit als allgemeines Kriterium des Kunstwerkes

Die Erzählung ist also auch ein Kunstwerk: Sie weist aufgrund ihrer Gebundenheit an den Erzähler das Kriterium der Einmaligkeit auf, welches sie mit anderen Kunstwerken gemeinsam hat. Um dieses Kriterium geht es Benjamin in seiner Erörterung über Kunstwerke im technischen Zeitalter, denn er thematisiert hier vor allem einen Verlust der Einmaligkeit des Kunstwerkes durch die Reproduzierbarkeit. Wir haben hier eine ähnliche Verschiebung von Gewinn und Verlust wie im Falle der Information: In *Der Erzähler* stellt Benjamin ja heraus, dass die Erfahrung von Ferne zugunsten des Informationsgewinns verloren geht, weil Erfahrungen eben nicht mehr ausgetauscht werden. Diese Möglichkeit des Erfahrungsaustausches geht nun auch im Focus der technischen Reproduktion verloren.

Verlust der Einmaligkeit im Zeitalter der technischen Reproduzierbarkeit

Es ist also die Erfahrung der Einmaligkeit eines Kunstwerkes, welche Benjamin in *Das Kunstwerk im Zeitalter seiner technischen Reproduzierbarkeit* auch als dessen *Aura* bezeichnet. Die Einmaligkeit ist – genau wie bei der Erzählung – die Authentizität. Die Differenzierung zwischen Erzählungen und anderen Kunstwerken liegt darin, dass die Einmaligkeit der Erzählung durch den Erzähler selbst gewährleistet und präsentiert wird, die Einmaligkeit des Kunstwerkes hingegen durch das Kunstwerk selbst. Ist die Erzählung an die Gegenwart des Erzählenden geknüpft und nur in Verbindung mit ihm als authentische Erzählung zu erkennen, so ist die Botschaft des Kunstwerkes an die Gegenwart des Kunstwerkes und damit an seine Einmaligkeit geknüpft. Diese Einmaligkeit geht aber im Zeitalter der technischen Reproduzierbarkeit verloren zugunsten einer informativ zu nennenden Verbreitung der Kunstwerke. Benjamin beklagt daher nicht nur den Verlust an Einmaligkeit und Authentizität, er begrüßt auch den Zugewinn an Zugänglichkeit, denn Kunstwerke können als reproduzierte Kunstwerke einem größeren Publikum vorgestellt werden. Kunstwerke werden damit bekannt und verbreitet. Aber das ändert nichts daran, dass sie als Reproduktionen Abbildungen ohne Zeugenschaft ihrer Überbringung und Botschaft sind, dass sie, wie die Information, sachlich sind, ohne von sich zu erzählen. Der Verlust der *Aura* ist der Verlust ihrer eigenen Geschichte, die

Die Authentizität der Botschaft des Kunstwerkes ist an die Aura des Originals gebunden

sich nur auf dem Original eingräbt und ihre Spuren hinterlässt. Mit der Reproduktion wird die geschichtliche Ferne auf Nähe gebracht und präsentiert, wobei sich diese geschichtliche Ferne verliert.

Diesen Gedanken aus seinem Essay *Das Kunstwerk im Zeitalter seiner technischen Reproduzierbarkeit* (die erste Fassung erschien 1935 in Paris) möchte ich kurz entwickeln:

> „Noch bei der höchstvollendeten Reproduktion fällt *eines* aus: das Hier und Jetzt des Kunstwerkes – sein einmaliges Dasein an dem Orte, an dem es sich befindet. An diesem einmaligen Dasein aber und an nichts sonst vollzog sich die Geschichte, der es im Laufe seines Bestehens unterworfen gewesen ist" (Benjamin GS, Bd. I/2, 475).

Die Geschichte des Kunstwerkes als Bezeugung seiner Einmaligkeit und Echtheit

Das Kunstwerk dokumentiert nicht nur seine Mitteilung, also dasjenige, was es überhaupt aussagt, sondern es bezeugt zugleich immer auch sein Herkommen, seine Entstehungsgeschichte. Die Entstehungsgeschichte wiederum bezeugt seine Einmaligkeit. Die Einmaligkeit des Kunstwerkes wird bezeugt durch die Einbindung des Kunstwerkes in die Geschichte seiner Entstehung. Auch die Erzählung ist ja eingebunden in das Leben des Erzählers, der sie berichtet. Ihre Authentizität ist durch die Authentizität des Sterbenden bezeugt, der sein Leben erzählt und damit seine Geschichte weitergibt. So ist es auch mit der Echtheit des Kunstwerkes: Sie ist bezeugt mit der eigenen Geschichte, die das Werk als solches – als Ding – hat.

> „Das Hier und Jetzt des Originals macht den Begriff seiner Echtheit aus ... Der gesamte Bereich *der Echtheit entzieht sich der technischen – und natürlich nicht nur der technischen – Reproduzierbarkeit*" (Benjamin GS, Bd. I/2, 476).

Die Zeugenschaft der Überlieferung oder Geschichte des Originals

Diese Echtheit ist nicht reproduzierbar. Die Echtheit ist, so wie auch die Erzählung an den Erzähler, der sie erzählt, an das Original gebunden, an das Werk, das ursprünglich entstanden ist. Mit der Originalität kommt zu der reinen Aussage des Kunstwerkes und seiner Sachlichkeit seine Authentizität, seine dingliche Vorhandenheit, hinzu. Warum ist das so wichtig? Offenbar hat die Echtheit einen hohen Wert, der sich allein in dem Phänomen abzeichnen mag, dass Originale für den Sammler und für den Markt generell eine Bedeutung haben. Die Bedeutung der Originale liegt darin, dass sie die Echtheit bezeugen. Erinnern Sie sich an die Formulierung aus dem Aufsatz über den Erzähler, dessen Spur an der Erzählung erkennbar sei wie die Hand des Töpfers an der Tonschale: Hier geht es nicht um eine Art Fetisch, der hineingezaubert wird, sondern es geht um die Zeugenschaft dessen, der die Erzählung erzählt oder das Kunstwerk gemacht hat, um die Zeugenschaft der Überlieferung des Originals. Die Überlieferung ist sowenig ein Fetisch wie die Botschaft oder der Botschafter. Wir bekommen durch das Original eine Vorstellung von der Geschichtlichkeit dieses Kunstwerks oder der Erzählung, von der *Abkünftigkeit* dessen, was uns als Kunstwerk oder als Erzählung vorgestellt wird. Das fällt bei der Reproduktion weg. Diese ist einfach da und *zeugt* nicht von ihrer Geschichte. Das Original ist durch die Überlieferung oder Geschichte des Kunstwerks oder der Erzählung bestimmt. Das geschichtliche Zeugnis ist eine Meta-Information, die zu der bloßen Information hinzukommt. Sie verschafft uns oben-drein überhaupt erst eine Vorstellung von Botschaft.

Dass der Götterbote Hermes bei seinen Botschaften immer anwesend ist und in seiner Funktion immer erkannt wird, ist eine Analogie, die das Entscheidende im Zusammenhang mit dem Kunstwerk erkennen lässt: Über die bloße Information hinaus handelt es sich um einen Vorgang der Überbringung:

> „Die Umstände, in die das Produkt der technischen Reproduktion des Kunstwerks gebracht werden kann, mögen im übrigen den Bestand des Kunstwerks unangetastet lassen – sie entwerten auf alle Fälle sein Hier und Jetzt. Wenn das auch keineswegs vom Kunstwerk allein gilt sondern entsprechend z.B. von einer Landschaft, die im Film am Beschauer vorbeizieht, so wird durch diesen Vorgang am Gegenstande der Kunst ein empfindlichster Kern berührt, den so verletzbar kein natürlicher hat. Das ist seine Echtheit" (Benjamin GS, Bd. I/2, 477).

Die Aussage des Kunstwerks ist von der technischen Reproduktion nicht betroffen, denn wir können das Kunstwerk auch in seiner reproduzierten Form als solches erkennen und interpretieren. Das Problem besteht vielmehr darin, dass in der Reproduktion nicht mehr die Überbringung zu erkennen ist. Damit wird jedoch das Kunstwerk im Kern berührt, denn die Überbringung ist als Zeugnis von dessen Ursprung eine der Botschaften des Kunstwerkes.

> „Die Echtheit einer Sache ist der Inbegriff alles von Ursprung her an ihr Tradierbaren, von ihrer materiellen Dauer bis zu ihrer geschichtlichen Zeugenschaft" (ebd.).

Echtheit: Vorstellung von Ursprung und Ursprünglichkeit

Diese Definition macht deutlich, dass wir nur durch die Echtheit eine Vorstellung von Ursprung bekommen. Es wird uns somit eine andere Konnotation von Ursprung oder Ursprünglichkeit, Ursprung oder Originalität vermittelt, die wir erst in der Erfahrung des Originals finden.

Heute jedoch machen wir in unserem Umgang mit Kunst kaum diese Erfahrung des Originals, weil wir fast ausschließlich von Reproduktionen umgeben sind. Auch im Alltag geht diese Erfahrung verloren, weil das handwerkliche Produkt durch Industrieprodukte verdrängt wird. Wir leben gleichsam in einer Welt der Reproduktion, in der uns der Sinn für das Original verloren geht, selbst dort, wo es uns begegnet. Statt des Sinnes für das Original herrscht der Sinn für das Gleichgemachte. Nur durch das Original aber bekommen wir eine Bedeutung von Originalität: Originalität ist die „Autorität der Sache" (ebd.). Indem wir in der modernen Reproduktionsgesellschaft die Erfahrung geschichtlicher Zeugenschaft verlieren, wird es für uns immer schwerer, die Autorität dieser Zeugenschaft zu verstehen.

Originalität ist die Autorität der Sache

In diesem Zusammenhang kommt Benjamin, zunächst eher beiläufig, auf eine für unsren gesamten Zusammenhang wichtige Definition der Aura:

Aura: Sinn der Echtheit

> „Man kann, was hier ausfällt [der Sinn für Echtheit, S.G.], im Begriff der Aura zusammenfassen und sagen: was im Zeitalter der technischen Reproduzierbarkeit des Kunstwerks verkümmert, das ist seine Aura. Der Vorgang ist symptomatisch; seine Bedeutung weist über den Bereich der Kunst hinaus. *Die Reproduktionstechnik, so ließe sich allgemein formulieren, löst das Reproduzierte aus dem Bereich der Tradition ab. Indem sie die Reproduktion vervielfältigt, setzt sie an die Stelle seines einmaligen Vorkommens sein massenweises. Und indem sie der Reproduktion erlaubt, dem Aufnehmenden in seiner jeweiligen Situation entgegenzukommen, aktualisiert sie das Reproduzierte.* Diese beiden Prozesse führen zu einer gewaltigen Erschütterung des Tradierten" (ebd.).

Wenn man das liest, könnte man meinen, dass sich hier ein konservativer Geist äußert. Unter einen solchen Verdacht kann Benjamin allerdings nicht gestellt werden. Er möchte das Gesagte nüchtern und terminologisch verstanden wissen: Das Tradierte ist das Überbrachte. Das Überbrachte verstehen heißt, einen Sinn für das Überbringen zu bekommen. Das ist die Leistung der *Hermeneutik*. Hermeneutik heißt, den Sinn zu entwickeln für das *Überbringen*, das *Übertragen*, das *Übersetzen*, das *Tradieren* und für das *Weiterführen*. In diesen Prozessen verändern sich Dinge und nehmen eine geschichtliche Entwicklung. Irgendein Sachgehalt steht selbstverständlich immer als diese oder jene Aussage, als gleicher Inhalt, vor Augen, er muss aber immer wieder neu verstanden und ausgelegt werden. Tradition bezeichnet den Prozess und die Geschichte der ständigen Auslegung und Weiterführung, keinesfalls jedoch einen politischen Konservativismus. Der damit verbundene Begriff der Aura hat in Benjamins Philosophie insofern die zentrale Bedeutung der geschichtlichen Zeugenschaft. Er sollte nicht mit irgendwelchen esoterischen Begriffen von Aura verwechselt werden.

Hermeneutik als Sinn für das Überbringen

1.5. Erfahrung von Nähe und Ferne Bewusstsein und Gedächtnis

Verlust der Erfahrung der Ferne in einseitigem Üben des Nahbereichs

Im Schaubild auf der nächsten Seite sind Aura bzw. Ferne einerseits und die Vernichtung der Aura in der Ent-fernung gegenübergestellt. Damit soll gezeigt werden, welche Erfahrung Ferne gewährleistet oder vernichtet bzw. ent-fernt, also auf Nähe bringt. Es geht um eine Differenzierung, wie Erfahrungen unterschiedlich *geübt* werden.

Es spielt nämlich eine große Rolle, welche Erfahrung wir üben. Wir verlieren durch die einseitige Übung des Nahbereiches die Ferneerfahrung. Wir wissen dann nicht mehr, was Ferne ist. Denn dasjenige, was uns z.B. in Reiseprospekten als Ferne vorgegaukelt wird, ist nichts anderes als

Nah-Erfahrung (Information)	**Ferne-Erfahrung**
• **Technik = Nähe**	• **Aura = Ferne**
– das Reproduzierte	– Echtheit, Einmaligkeit
– Wiederholung des Gleichartigen	– Geschichte des Einmaligen
– das Unvermittelte (Schock)	– das vom Ursprung her Tradierbare
– Entschälung	– Einbettung, Tradition

eine nah gebrachte Ferne; diese vermeintliche Ferne ist aber eigentlich Nähe.

Auf der rechten Seite des Schaubildes sind die Möglichkeiten der Annäherung aufgeführt, wie sie durch die Information gegeben sind. Hier findet sich auch, zunächst scheinbar etwas deplaziert, das Unvermittelte oder der Schock. Hierin kommt Benjamins Wahrnehmungstheorie zum Tragen. Sie thematisiert, dass wir durch eine bestimmte, gleichsam schockartige Präsentation von Aktuellem, von Neuem, von ständig Wechselndem die Möglichkeit der Ferneerfahrung verlieren.

Die Veränderung der Wahrnehmung ist eine Umstellung von Ferneerfahrung auf Naherfahrungen, wie sie die Information mit sich bringt. Diese Veränderung schreitet so weit fort, dass als wahrhafte oder wirkliche Erfahrungen lediglich noch Wahrnehmungen aus der Nähe des unmittelbar Gegebenen, des Überprüfbaren, des Kontrollierbaren, des Experimentellen und in jeder Hinsicht Nachprüfbaren gelten.

Der Begriff der Aura hingegen wird von Benjamin als Ferneerfahrung schlechthin auch für natürliche Gegenstände beansprucht:

> „Es empfiehlt sich, den oben für geschichtliche Gegenstände vorgeschlagenen Begriff der Aura an dem Begriff einer Aura von natürlichen Gegenständen zu illustrieren" (Benjamin GS, Bd. I/2, 479).

Diese Erweiterung ist zunächst einmal problematisch, da die Aura die Geschichte ist, in der ein Gegenstand lebt. Indem Benjamin den Begriff der Aura auch an natürlichen Gegenständen illustrieren will, versetzt er ihn wieder in den Bereich der Phänomenologie, also in die Auseinandersetzung mit Stimmungen und Gefühlen. Denn es handelt sich hierbei um eine unmittelbare Erfahrung.

Die Aura natürlicher Gegenstände als einmalige Erscheinung einer Ferne

> „Diese letztere [die Aura natürlicher Gegenstände, S.G.] definieren wir als einmalige Erscheinung einer Ferne, so nah sie sein mag" (ebd).

Hierzu gibt Benjamin nun eine Beschreibung anhand eines lyrisch ausladenden Beispiels, es ist das bekannte Zitat:

Gesellschaftlich bedingter Verfall der Aura: Überwindung von Ferne und Einmaligkeit

> „An einem Sommernachmittag ruhend einem Gebirgszug am Horizont oder einem Zweig folgen, der seinen Schatten auf den Ruhenden wirft – das heißt die Aura dieser Berge, dieses Zweiges atmen. An Hand dieser Beschreibung ist es ein Leichtes, die gesellschaftliche Bedingtheit des gegenwärtigen Verfalls der Aura einzusehen. Er beruht auf zwei Umständen, die beide mit der zunehmenden Bedeutung der Massen im heutigen Leben zusammenhängen. Nämlich: *Die Dinge sich räumlich und menschlich »näherzubringen« ist ein genau so leidenschaftliches Anliegen der gegenwärtigen Massen wie es ihre Tendenz einer Überwindung des Einmaligen je-*

> *der Gegebenheit durch die Aufnahme von deren Reproduktion ist*" (ebd.).

Benjamin zeigt zwei Tendenzen am Beispiel einer natürlichen Ferneerfahrung: zum einen das Bestreben, sich die Dinge räumlich näher zu bringen, und zum anderen die Neigung zur Überwindung des Einmaligen als kultureller Gewinn. Diese zweifache Überwindung, die der Ferne und die des Einmaligen, ist das Opfer, welches für die Akkumulation von Daten oder Informationen erbracht wird. Indirekt führt diese Leidenschaft, welche Heidegger die *Tendenz* oder *Tollheit auf Nähe* genannt hat, zu einer grundlegenden Veränderung der gesamten Erfahrung und ihrer Intentionalität. Die Intentionalität ist immer stärker auf das Gleichförmige gerichtet, das auch dem Einmaligen abgewonnen wird.

Das bekannte Zitat hierzu:

> „Die Entschälung des Gegenstandes aus seiner Hülle, die Zertrümmerung der Aura, ist die Signatur einer Wahrnehmung, deren »Sinn für das Gleichartige in der Welt« so gewachsen ist, daß sie es mittels der Reproduktion auch dem Einmaligen abgewinnt" (Benjamin GS, Bd. I/2, 479–480).

Verlust des Einmaligen bei der Suche nach dem Gleichartigen des Einmaligen

Diese Veränderung in der Erfahrung ist einschneidend, weil am Einmaligen das Gleichartige gesucht wird und auf diese Art und Weise das Einmalige aus der Erfahrung verschwindet. Das Einmalige aber ist die Art und Weise des Erlebnisses und seiner Überbringung.

Das eindringlichste Beispiel dieser Wahrnehmungsveränderung zeigt sich für Benjamin im Film. Durch seine Schnitttechnik lässt der Film der Wahrnehmung kaum ein freies Spiel. Vielmehr bestimmt er sie und setzt den Betrachter einer ständigen Überraschung aus. Benjamin spricht hier sogar von einer Schockwirkung. Die Schockwirkung des Filmes besteht darin, dass wir bei der Betrachtung nicht mehr unserer eigenen Blickführung und Assoziation überlassen sind. Die Kamera führt unseren Blick und verhindert ein selbstbestimmtes Verweilen. Dieses ständige Überraschtwerden wird durch *Geistesgegenwart* kompensiert. Mit diesem Begriff verbindet Benjamin ein bestimmtes, psychoanalytisch orientiertes Verständnis von Bewusstsein, welches er in seinem Aufsatz über *Charles Baudelaire* ausführt.

Bewusstsein ⟺	**Gedächtnis**
• **Erinnerung** (willkürlich)	• **Gedächtnis** (unwillkürlich)
– destruktiv	– konservativ
• Bewusstmachen = Löschen der Gedächtnisspur	• Erfahren = auf der Spur der Überlieferung
– geschichtslos	– geschichtlich
• Neuigkeit, Kürze, Verständlichkeit, ohne Zusammenhang	• Spur des Erzählenden
• **„Erlebnis“** (event)	• **Erfahrung**

In jenem Aufsatz mit dem Titel *Über einige Motive bei Baudelaire*[5] vollzieht Benjamin eine Gegenüberstellung von *Gedächtnis und Bewusstsein*: Gedächtnis behält Erfahrung im ursprünglichen Sinne. Dagegen steht das Bewusstsein, Benjamins aus der Psychoanalyse hergeleiteter Begriff für Geistesgegenwart. Ich werde kurz darauf zu sprechen kommen, was damit gemeint ist.

Zunächst einmal zeigt Benjamin, dass der Erfahrungsverlust der Moderne ihr eigentliches Problem ist und dass das Anliegen der Kunst und vor allen Dingen der Erzählung darin liegt, diesen Erfahrungsverlust zu kompensieren. Als Beispiel dafür nennt er Marcel Prousts Erzählung *A la recherche du temps perdu* (*Auf der Suche nach der verlorenen Zeit*). Dieses Werk hat deshalb typische Funktion, weil es ein Kunstwerk ist, welches explizit den Versuch unternimmt, den Erfahrungsverlust der Moderne zu kompensieren, vielleicht sogar rückgängig zu machen. Hier zeigt sich, welcher Aufwand betrieben werden muss, um Erfahrung, die scheinbar verloren gegangen ist, zu wiederholen und wieder zu holen. In diesem Buch geht es im Wesentlichen um ein Initialerlebnis, um das Wiedererinnern des Geschmackes eines Gebäcks, einer Madeleine, die der Protagonist des Romans zuletzt in seiner Jugend gegessen hatte und dessen Erinnerung ihn plötzlich in diese Zeit zurückversetzt. Die beschriebene Erinnerung ruft bei ihm jedoch Panik hervor, da ihm plötzlich deutlich wird, dass ein nicht erinnertes Leben eigentlich verloren ist. Die verlorene Zeit, die damit plötzlich deutlich wird, macht den Menschen zum Erzähler. Denn die Erzählung ist das Mittel, die Zeit wiederzugewinnen. *Auf der Suche nach der verlorenen Zeit* ist der Versuch, verlorene Erfahrung durch Erzählung wiederzugewinnen.

Erfahrungsverlust der Moderne

Wiedergewinn der Erfahrung in der Erzählung

Das ist ein Unternehmen, das Walter Benjamin besonders interessieren muss. Die Erzählung bekommt damit den Rang eines vorzüglichen Gedächtnisses. Sie bildet damit einen weiteren Gegensatz zur Information wie etwa zu der des Journalismus, die gemäß der Grundsätze der Neuigkeit, Kürze, Verständlichkeit und vor allen Dingen Zusammenhanglosigkeit der einzelnen Nachrichten untereinander funktioniert (vgl. Benjamin GS, Bd. I/2, 610). Gedächtnis ist damit eine Ferneerfahrung, welche durch die moderne Informationstechnik

Für-alles-offen-sein: zerstreute Geistesgegenwart des gegen die Erfahrung abgedichteten Informationsbewusstseins

bedroht ist, denn dieser geht es vor allem um Zerstreuung:

> „Hätte die Presse es darauf abgesehen, daß der Leser sich ihre Informationen als einen Teil seiner Erfahrung zu eigen macht, so würde sie ihren Zweck nicht erreichen. Aber ihre Absicht ist die umgekehrte und wird erreicht. Sie besteht darin, die Ereignisse gegen den Bereich abzudichten, in dem sie die Erfahrung des Lesers betreffen könnten“ (ebd.).

Die Abdichtung der Informationen gegen die Erfahrung ist eine der Techniken, die zur Verkümmerung der Erfahrung und zum Erfahrungsverlust führen. Warum aber legt es die Information darauf an, den Rezipienten zu zerstreuen? Welche Absicht verfolgt sie damit?

Die Information will die Erfahrungsvertiefung des Zuhörers oder des Lesers vermeiden. Der Grund ist ein ganz äußerlicher: Die moderne Informa-tionskultur braucht den zerstreuten, den in jeder Hinsicht sprunghaften, für alles bereiten, aufnehmenden Zuhörer und Leser, um die Masse an Information überhaupt anbringen zu können. Der für die Informationstechnik ideale Mensch ist für alles offen, und sei die Nachricht noch so belanglos. Hier geht es also um die Quantität der Informationen, nicht um die Qualität. Die Belanglosigkeit in ihrer Vielfalt, soweit sie wahrgenommen und zur Kenntnis genommen wird, schafft den zerstreuten Zuhörer und Leser. Und dieser zerstreute Zuhörer und Leser ist eben der *geistesgegenwärtige*. Diese Geistesgegenwart, dieses *Immer-für-alles-offen-sein*, ist das, was Benjamin unter dem Titel des Bewusstseins aufgeführt hat. Der geistesgegenwärtige Zuhörer und Leser ist für alles offen und kann sich mit allem sofort beschäftigen. So ist der geistesgegenwärtige Mensch zugleich der zerstreute.

Benjamins Begriff des Bewusstseins bezieht sich auf die

Psychologie seiner Zeit und vor allen Dingen auf Sigmund Freud.

Bewusstsein als Nacharbeitung eines Erlebnisses

Der Begriff *Bewusstsein* im Schaubild ist weitgehend dieser psychologische bzw. psychoanalytische Begriff. Bewusstsein meint hier die Bearbeitung, genauer: die Nacharbeitung eines Erlebnisses. Freud hat sich in seinem Aufsatz *Jenseits des Lustprinzips*, den auch Benjamin insbesondere heranzieht, mit der Angst und der Problematik der Angstbewältigung beschäftigt. Er stellt dort fest, dass Angstneurosen Nacharbeitungen von Schockerlebnissen sind. Diese Bearbeitung des Erlebnisses wird dann durch die Therapie unterstützt, indem man versucht, dort ein Bewusstsein zu schaffen und die Integration des Erlebnisses zu leisten, wo durch einen Schock diese Möglichkeit nicht gegeben war.

Benjamin übernimmt diesen Zusammenhang, um das unwillkürliche Gedächtnis zu charakterisieren, in welchem Ereignisse unseres eigenen Lebens konserviert sind: Wir verfügen über viele dieser Erlebnisse nicht mehr und sie sind uns damit in gewisser Weise fast verloren gegangen. Die Gedächtniskultur, welche in erster Linie eine Erzählkultur ist, wird durch eine neue Kultur der Information, eine Kultur der Kürze und Prägnanz in der Mitteilung von Daten und Sachverhalten wesentlich beeinträchtigt. Damit verändert sich das kulturelle Gedächtnis in einer tiefgreifenden Form.

Kulturelles Gedächtnis und die geistesgegenwärtige Kultur der Zerstreuung

Die Ursache dafür, dass wir über kulturelles Gedächtnis nicht mehr in dem Maße verfügen, wie es in unseren Möglichkeiten liegt, ist in erster Linie in der Bewusstseinskultur zu suchen: Wir sind, ähnlich einem traumatisierten Menschen, ständig damit beschäftigt, Erlebnisse so zu bearbeiten, dass sie sachlich werden. Damit – und das ist der entscheidende Gedanke – zerstören und zerstreuen wir letztlich den Erlebnischarakter.

Die Gegenüberstellung von Gedächtnis oder Gedächtniskultur und Bewusstsein oder Bewusstseinskultur soll eine Erklärung dafür bieten, warum für uns dieser Zugang zu dem Erlebnis, der sich normalerweise über Geschichten und Erzählungen vollzieht, immer schwieriger wird: weil wir eben an dieser Kultur der Neuigkeiten, der Prägnanz, der Verständlichkeit und vor allem der Zusammenhanglosigkeit partizipieren. Wir leben als bewusste, geistesgegenwärtige Menschen in einer Kultur der Zerstreuung. Der moderne Mensch ist für Benjamin geistesgegenwärtig, aber zerstreut.

Ich möchte allerdings Benjamins Argumentation nicht im Einzelnen vertiefen. So gehen wir hier nicht näher auf seine Auseinandersetzung mit Proust und Baudelaire ein. Vielmehr soll es uns hier lediglich um die Darstellung von Benjamins Ansatz gehen, um seine Differenzierung von Erfahrung und um die Möglichkeit, verloren gegangene Erfahrung durch Erzählung wiederzuholen, um damit die menschliche Geschichte als einheitliche Gestalt aufzuzeigen.

1.6. Geschichtsverständnis im Zeichen des Forschritts

Fortschritt als sachlicher Zugang eines unversöhnlichen Geschichtsverständnisses

Die kurze Vorstellung von Benjamins Position werden wir mit dem Hinweis auf eine bekannte Textpassage beenden, in der er das Bild *Angelus Novus* von Paul Klee heranzieht und deutet.

Die Interpretation des *Angelus Novus* zeigt Benjamins Geschichtsbegriff und sein Geschichtsverständnis auf. Ich zitiere aus dem Abschnitt *Über den Begriff der Geschichte*[6]:

„Es gibt ein Bild von Klee, das Angelus Novus heißt. Ein Engel ist darauf dargestellt, der aussieht, als wäre er im Begriff, sich von etwas zu entfernen, worauf er starrt. Seine Augen sind aufgerissen, sein Mund steht offen und seine Flügel sind ausgespannt. Der Engel der Geschichte muß so aussehen. Er hat das Antlitz der Vergangenheit zugewendet. Wo eine Kette von Begebenheiten vor *uns* erscheint, da sieht *er* eine einzige Katastrophe, die unablässig Trümmer auf Trümmer häuft und sie ihm vor die Füße schleudert. Er möchte wohl verweilen, die Toten wecken und das Zerschlagene zusammenfügen. Aber ein Sturm weht vom Paradiese her, der sich in seinen Flügeln verfangen hat und so stark ist, daß der Engel sie nicht mehr schließen kann. Dieser Sturm treibt ihn unaufhaltsam in die Zukunft, der er den Rücken kehrt, während der Trümmerhaufen vor ihm zum Himmel wächst. Das, was wir den Fortschritt nennen, ist *dieser* Sturm" (Benjamin GS, Bd. I/2, 697–698).

Engel der Geschichte

Paul Klee, Angelus Novus

- **Begriff der Geschichte**
  - historisch – additiv
    - Masse der Fakten
      - Aufzählung
  - konstruktiv
    - einzelne Ereignisse
      - Erlösung

Der Engel der Geschichte hat seinen Blick der Vergangenheit zugewendet, wird aber von dieser Vergangenheit weggetrieben durch das, was wir den Fortschritt nennen. Unsere Sachlichkeit und vor allen Dingen unser sachlicher Zugang zur Geschichte ist eben nicht versöhnlich oder versöhnend mit ihr, weil er nur noch sachlich ist. Das hängt mit der Art und Weise zusammen, wie wir Geschichte betreiben, und damit, welche Gedächtniskultur wir entwickelt haben. Es ist ein Zugang, bei dem das, was Geschichte ist, das eigentliche Geschehen, das Leben, das sich dort vollzogen hat, nicht mehr erkennbar ist – ein Zugang, in dem alles letztlich unter dem Titel der *Zertrümmerung der Aura* zu fassen ist.

1.7. Kritische Zusammenfassung

Kritik an Benjamin: Hermeneutik des eigenen Erlebens

Damit möchte ich den Teil über Walter Benjamin beschließen, allerdings nicht ohne eine letzte kritische Bemerkung. Denn die Hermeneutik, welche Benjamin insbesondere im Hinblick auf den Begriff des Erlebnisses entwickelt, ist dennoch eigentlich eine Hermeneutik des eigenen Erlebens. Sie fasst zwar den Charakter der Erzählung oder den Inhalt der Erzählung in seiner existenziellen Form, aber *die Stärke der Hermeneutik, das Fremderleben*, lässt sie außen vor. Wir finden also bei Benjamin nur im Ansatz eine Hermeneutik. Denn die eigentliche Aufgabe der Hermeneutik ist das Verstehen des Fremden, bei dem deutlich wird, wie wir uns eine Erfahrung näher bringen, ohne sie zu vereinnahmen. Benjamins negative Hermeneutik zeigt nur auf, wie es nicht mehr gelingt, das Ferne in der Ferne zu lassen. Doch dieser Kulturpessimismus kann hier nicht das letzte Wort haben, da Ferne nicht ausgelöscht werden kann: Sie wird nur unsichtbar oder unheimlich. Wir haben ja im Zusammenhang mit der Erfahrung von Stimmungen und *Atmosphären* gesehen, dass Ferne zunächst einmal nur eine räumliche Bestimmung ist, die aber alle Färbungen, vom Positiven bis zum Negativen, annehmen kann. Die *Zertrümmerung der Aura* ist daher eher eine Änderung der Ferne in ihrer Qualität. Sie verschwindet nicht, sondern wird unheimlich und bedrohlich. Diese Veränderung der Qualität ist eine Folge davon, dass Ferne angenähert wird und dabei fremd bleibt. Die Ferne verschwindet nicht, sie wird vielmehr nicht mehr verstanden. Das Verstehen ist der entscheidende Zugang zur Ferne.

Rückblick – Ausblick: Ereignis als Information, Erklärung und Verstehen

Ereignis	
• **Erklärung** – Einordnung von Ereignissen in die Geschichte • **Information** – Herauslösen von Ereignissen aus der Geschichte	• **Verstehen** – Übernehmen fremder Geschichte(n) in die eigene • Sich-versetzen • Über-setzen

Erklären: Einordnung bestimmter Ereignisse in geschichtliche Zusammenhänge

Das Schaubild zeigt, wie das Ereignis unterschiedlich ausgelegt, aufgearbeitet, dargestellt und verstanden werden kann. Sie erkennen auf der linken Seite noch einmal die Differenzierung von *Erklärung*. Dass die Geisteswissenschaften erklären, konnten wir bei Benjamin sehen, der eine Lösung für den heillosen Streit zwischen dem scheinbar geisteswissenschaftlichen Verstehen und dem naturwissenschaftlichen Erklären vorgibt. Der Gegensatz von Geisteswissenschaften und Naturwissenschaft kann also nicht mehr im Gegensatz von Erklären und Verstehen festgemacht werden.

Die Erklärung ist eine *Einordnung* von Ereignissen in die Geschichte. Wir brauchen die Historischen Wissenschaften, denn sie ordnen Ereignisse in Zusammenhänge ein. Das ist ein Vorgang der Erklärung.

Im Gegensatz dazu haben wir die *Information*, welche Ereignisse aus der Geschichte *herauslöst* und herausstellt. Das ist der Vorgang der Zerstreuung und der Geschichtsvergessenheit, den Benjamin angesprochen hat.

Information: Herausstellen bestimmter Ereignisse aus der Geschichte

Weder Erklären noch die Information machen nun aber die vollständige Methode aus, die nötig ist, um an Geschichte und an Geschehen heranzukommen. Die Information will und kann dies nicht leisten, weil es ihr nur um das punktuelle Ereignis als solches und um die Aktualität dieses Ereignisses geht. Aber auch das Erklären kann eigentlich nicht die Geschichte darstellen, weil es ihm nur um die Anhäufung von Fakten und ihre Einordnung geht.

Hier kommt der klassische Begriff des *Verstehens* zum Tragen, wie ihn die Hermeneutik entwickelt hat. Ich möchte deshalb an diesem Punkt zu Wilhelm Dilthey übergehen, der einer der wichtigen Autoren des Verstehenskonzeptes ist. Wir fragen also jetzt: Was ist eigentlich Verstehen im Unterschied zum Erklären und zur Information?

Ganz allgemein ist Verstehen die *Übernahme fremder Geschichte oder fremder Geschichten in die eigene Geschichte*. Diese Übernahme ist ein besonderer Akt, denn er unterscheidet sich von bloßer Informationsaufnahme oder bloßer Kenntnisnahme. Diese Übernahme ist ein eigener Vorgang des Sich-versetzens oder Versetzt-werdens, von dem auch Benjamin im Zusammenhang mit dem Erzähler, seiner Botschaft und seinem Überbringen gesprochen hat. Bei Dilthey finden wir allerdings eine spezifische Herausarbeitung dieser *Transposition*.

Verstehen in allgemeiner Bedeutung: Übernahme fremder Geschichten in die eigene Geschichte

2. Wilhelm Dilthey
Wiederfinden des Ich im Du

2.1. Verstehen

2.1.1. Verstehen als reziproke Transposition von fremder Lebensäußerung und eigener Situation

In Der *Aufbau der geschichtlichen Welt in den Geisteswissenschaften*[7] heißt es bei Wilhelm Dilthey:

Der Aufbau der Geisteswissenschaften geht

> „vom Erlebnis aus, von Realität zu Realität; er ist ein sich immer tiefer Einbohren in die geschichtliche Wirklichkeit, ein immer mehr aus ihr Herausholen, immer weiter sich über sie Verbreiten. Es gibt keine hypothetischen Annahmen, welche dem Gegebenen etwas unterlegen. Denn das Verstehen dringt in die fremden Lebensäußerungen durch eine Transposition aus der Fülle eigener Erlebnisse" (Dilthey GS, Bd. VII, 118).

Das ist eine sehr deutliche, aber auch eine sehr angreifbare Position, die er hier vertritt, weil er das Eindringen in die geschichtliche Wirklichkeit als Eindringen bzw. Einbohren in fremde Lebensäußerungen verstanden wissen will.

Lebensäußerungen: Zeichen, in denen sich das Leben ausdrückt

Lebensäußerung ist ein für Dilthey und die Hermeneutik überhaupt spezifischer Begriff. Lebensäußerungen sind Ausdrücke des Lebens, Zeichen, in denen sich Leben ausdrückt;

alle möglichen Kulturzeichen können hierzu gezählt werden. Wir kommen darauf noch zu sprechen. Hier geht es uns zunächst um das Verfahren.

Verstehen: wechselseitige Übersetzung fremder Lebensäußerung in das Selbstverstehen

Das Verstehen dringt durch Transposition aus der Fülle eigener Erlebnisse in diese geschichtliche Wirklichkeit ein. Das heißt: Aus der Fülle des eigenen Erlebens und Verstehens, aus dem Selbstverstehen und der Selbsterfahrung, greife ich in die fremde Wirklichkeit über. Das ist ein Sich-Versetzen bzw. ein Versetzt-werden in eine fremde Situation und gleichzeitig eine Übersetzung der fremden Situation, der fremden Erlebnisse in die eigene Wirklichkeit. Das Verstehen ist ein Übersetzungsvorgang von fremder Lebensäußerung in die eigene Situation und umgekehrt.

Transposition: Akt, in dem der eigene Lebenszusammenhang deutlich wird

Das Verstehen in dieser Form wurde als Projektion verurteilt. Dieser Vorwurf ist aber in diesem Zusammenhang genauso wenig angebracht wie bei den Gefühlen, die auch keine Projektionen leiblicher Zustände nach außen sind. Hier wie dort wird nichts projiziert, sondern ein intentionaler Gehalt erfasst. Fremde Wirklichkeit wird intentional mit der eigenen Wirklichkeit erfasst. Das Vermögen von Fremderfahrung und Ferneerfahrung, das auch im Erfühlen und Hineinfühlen vorliegt, potenziert sich im Verstehen. Das Verstehen ist ein Sich-versetzen in eine fremde Situation, wie das Gefühl ein Sich-versetzen oder Versetzt-sein in eine Atmosphäre ist. Die Transposition ist aber nur der Akt, der sich in jeder Intention vollzieht.

2.1.2. Verstehen des eigenen Lebens als Lebenslauf

Was passiert nun bei dieser Transposition? Im Versetzen in etwas Fremdes wird das Fremde durch den eigenen Lebenszusammenhang verdeutlicht.

> „Realitäten gehen … nicht nur in meinem Erleben und Verstehen auf: sie bilden den Zusammenhang der Vorstellungswelt, in dem das Außengegebene mit meinem Lebenslauf verknüpft ist: in dieser Vorstellungswelt lebe ich, und ihre objektive Geltung ist mir durch den beständigen Austausch mit dem Erleben und dem Verstehen anderer selbst garantiert" (Dilthey GS, Bd. VII, 119).

Verstehen des eigenen Lebens als Lebenslauf ist Grundlage des Fremdverstehens

Das Verstehen ist eine Verknüpfung des fremden Erlebens mit meinem Erleben, vor allen Dingen mit meinem Lebenslauf. Was dem Verstehen des Fremden unterlegt wird, ist das Verstehen des eigenen Lebens. Dabei handelt es sich nicht nur um einzelne Erlebnisse wie bei Benjamin, sondern um einen Zusammenhang im Sinne eines Lebenslaufes. Verstehen ist Verstehen des eigenen Lebens als *Lebenslauf*. Das ist etwas anderes als *Leben* überhaupt: Der Lebenslauf ist die Biographie, die zur Grundlage des Verstehens überhaupt wird. Ich verstehe auf der Basis meines eigenen Lebens als Lebenslauf.

Der Lebenslauf ist ein Zusammenhang unterschiedlicher und komplexer Elemente mit vielen offenen Stellen. Sie zeigen sich vor allem in den Fragen: Wo komme ich her? Wo gehe ich hin? Das sind Fragen nach den externen und – für das Verstehen – offenen und fremden Enden des Lebenslaufes. Dann gibt es Fragen nach dem expliziten Verlauf dieses Lebenslaufes. Was mache ich aus meinem Leben? Wie ist mein Leben aufgebaut? Was gibt es für Änderungen? Was habe ich für Pläne in der Jugend und im Alter? Was habe ich für Erfolge und welche Früchte habe ich eingebracht? Davon gibt es auch meist keine Kenntnisse, die wie ein Sachverhalt klar bestimmt werden könnten. Es sind fremde und offene Stellen im eigenen Leben, die aber den Verlauf des Lebens wesentlich bestimmen. Die Offenheit und Fremdheit des eigenen Lebens wird zur Grundlage für Fremdverstehen, für das Verstehen des Anderen und seines Lebens. Es ist ausgesprochen wichtig, dass beim Sich-versetzen und Versetzt-werden ein Vorwissen über das Fremde und Offene im eigenen Leben zugrunde liegt und daraus der Vorbegriff über das, was Leben überhaupt ist, in das Fremdverstehen transportiert wird.

Was passiert hier eigentlich? Es wird ein diffuses Vorwissen über das Leben als Biographie – über die eigene Geschichte, die irgendwann angefangen hat und irgendwann aufhört und in der ich irgendwo stehe, die ich also nicht von außen betrachte, sondern in der ich selbst eingelassen bin – in das fremde Leben, in den Anderen, hinein gelegt.

2.1.3. Verstehen des Fremden auf der Grundlage der Autobiographie

Erzählung und Weitergabe als Sinn der Autobiographie

Dilthey hat sich mit diesem Gedanken grundlegend auseinandergesetzt. Sein Ziel war es dabei, eine *Kritik der historischen Vernunft* zu schreiben, d.h. die Vernunft in ihrer historisch-verstehenden Dimension zu zeigen. Diese *Kritik der historischen Vernunft* hat als Projekt seine Arbeiten geleitet; der *Aufbau der Geschichtlichen Welt in den Geisteswissenschaften* ist ein Teil dieser Gesamtkonzeption, zu der sich im Nachlass Diltheys einige Entwürfe finden, auf die ich hier zu sprechen kommen möchte. In diesen Texten geht es ihm in spezifischer Form um die Verbindung der Lebensgeschichten, um die Verschmelzung meiner eigenen Lebensgeschichte mit fremden Geschichten. Dieses Verbindung geschieht auf eine Weise, in der sich das Verständnis dieser Geschichten völlig mit dem Verständnis meiner eigenen durchsetzt. Die Autobiographie ist deshalb für Dilthey ein wichtiger Ausgangspunkt: Sie ist die Grundlage allen Fremdverstehens.

Aber es geht nicht nur um die Autobiographie, also um die literarische Aufarbeitung und Darstellung durch die Erzählung des eigenen Lebens. Ich erinnere hier noch einmal an Benjamin. Der eigentliche Typus des Erzählers ist der Sterbende, der seine Geschichte erzählt und weitergibt. *Erzählung und Weitergabe ist der eigentliche Sinn der Autobiographie.* Auch wenn heute Autobiographien in wesentlich jüngeren Jahren geschrieben werden, ist der Sinn der Autobiographie der Abschluss des Lebens mit einer Erzählung, die den geschichtlichen Charakter des Lebens zur Geschichte macht und darin übertragbar werden lässt. Diese Verbindung des Selbsterlebens und des in der erzählten Biographie aufgearbeiteten Verstehens anderer Lebensgeschichten ist der eigentliche Vorgang des Verstehens.

So kann Dilthey auch sagen:

Verstehen allgemein: Widerfinden des Ich im Du

> „Das Verstehen ist ein Wiederfinden des Ich im Du" (Dilthey GS, Bd. VII, 191).

2.1.4. Verstehen als sinnvolles Einfügen in den Strukturzusammenhang des Lebens

Verstehen

nach Wilhelm Diltheys *Kritik der historischen Vernunft* (Entwürfe)

- **allgemeines**
  - „Wiederfinden des Ich im Du"
- **elementares**
  - Deutung einzelner Lebensäußerungen
  - ohne Rückgang auf Lebenszusammenhang
- **höheres**
  - Sichhineinversetzen
  - Rückverwandlung in Leben

Das Verstehen ist ein Wiederfinden des Ich im Du, und zwar mithilfe und durch Geschichten. Es ist ein Wiederfinden meines eigenen, bisher erlebten Lebens und dessen, was ich zu erleben mir vornehme. Denn das erlebte Leben ist immer auch dasjenige, was ich mir noch vornehme: Es hat Sinnstrukturen und bildet darin einen *Strukturzusammenhang*, der diese heterogenen Elemente ehemaliger, gegenwärtiger und künftiger, antizipierter Erlebnisse umfasst. Erlebtes Leben ist nie der bloße Jetzt-Moment, sondern es sind auch die Erinnerungen und vor allen Dingen die Pläne, die das Erleben ausmachen. Die Verbindung des Ich mit dem Du bzw. das Wiederfinden im Du ist das Verstehen des Du, insofern diese Geschichte verstanden wird. Hieraus kann auch bestimmt werden, was Dilthey den *Sinn des Lebens* nennt. *Der Sinn des Lebens ist der Strukturzusammenhang, der die heterogenen Momente zu einer homogenen Geschichte macht.*

Der Sinn des Lebens: Strukturzusammenhang

„Der Sinn des Lebens liegt in der Gestaltung, in der Entwicklung; von hier aus bestimmt sich die Bedeutung der Lebensmomente auf eine eigene Weise; sie ist zugleich erlebter Eigenwert des Momentes und dessen wirkende Kraft" (Dilthey GS, Bd. VII, 199).

Dilthey bezieht sich dabei auf die Autobiographie, die dem Unternehmen dient, diesen Sinn des Lebens für das eigene Leben herauszustellen und damit die Grundlage für das Fremdverstehen zu schaffen. Hier geht es also um den *Sinn der Entwicklung* einzelner Momente, nicht um die einzelnen Momente als solche. Verstehen heißt, die Entwicklung einzelner Momente und ihre Bedeutung für den Gesamtzusammenhang zu erfassen. Das ist das Wiederfinden des Ich im Du. Das Ich steht für das eigene Leben, das erlebte und das noch zu erlebende Leben in seinem Strukturzusammenhang. Dieses aus seinen einzelnen Momenten der Erinnerung und Erwartung zusammengesetzte Leben wird hier im Zusammenhang verstanden. Die einzelnen Momente sind nur aus dem Lebenszusammenhang bedeutsam. Aus dieser Sinnerfahrung des eigenen Lebens schöpft das Fremdverstehen des Du. Das Du ist nur auf einer Basis der Sinnerfahrung des Ich verstehbar.

Ich komme an dieser Stelle zu dem Begriff der Lebensäußerung, den ich schon einmal angesprochen habe.

> „Das Gegebene sind hier immer Lebensäußerungen" (Dilthey GS, Bd. VII, 205).

Lebensäußerungen: Äußerungen des Lebens im Sinne eines Lebenszusammenhanges

Das Gegebene wird immer im Ausgang von einem geschichtlichen Verständnis verstanden, selbst wenn es sich auf das dinglich Gegebene bezieht, das wir bei der Phänomenologie als das Gegebene des Gegenstandes verstanden haben. Auch Dinge sind Lebensäußerungen, weil sie nicht nur erfasst und erklärt, sondern verstanden werden, indem sie als Einzelnes in einen Sinnzusammenhang gebracht werden. Lebensäußerungen sind Äußerungen des Lebens selbst, soweit sie immer Teil eines Lebenszusammenhanges, also eines biographischen Zusammenhanges sind.

Elementares Verstehen: Deutung einzelner Lebensäußerungen ohne Rückgang auf den gesamten Lebenszusammenhang

Bei den Lebensäußerungen unterscheidet Dilthey elementare Akte des Verstehens, bzw. das elementare Verstehen, von einem höheren Verstehen. Das elementare Verstehen beschreibt die Deutung einzelner Lebensäußerungen. Es geht hier um Dinge des Alltags, um Dinge der Alltagswelt, die nicht nur erklärt, nicht nur sachlich auseinandergelegt, sondern verstanden werden. Als Beispiel nennt Dilthey solche elementaren Akte „wie das Aufheben eines Gegenstandes, das Niederfallen eines Hammers, das Schneiden von Holz durch eine Säge", die er als „Anwesenheit gewisser Zwecke" charakterisiert (Dilthey GS, Bd. VII, 207). Das heißt: Der Umgang in der Alltagswelt ist elementares Verstehen. Hier findet sich Heideggers Analyse der Alltäglichkeit, die ausführt, dass uns Dinge im alltäglichen Leben in einem Zweckzusammenhang vorkommen, schon vorbereitet. Auch

Heidegger hat das elementare Verstehen analysiert. Der Unterschied zu Heideggers Interpretation des alltäglichen Verstehens liegt darin, dass für Dilthey das elementare Verstehen keinen Rückbezug auf den gesamten Lebenszusammenhang notwendig macht. Trotzdem ist es ein Verstehen.

> „In diesem elementaren Verstehen findet … ein Rückgang auf den ganzen Lebenszusammenhang, welcher das dauernde Subjekt von Lebensäußerungen bildet, nicht statt" (Dilthey GS, Bd. VII, 207).

Der Lebenszusammenhang als Sinnzusammenhang ist auch in kleinen Erlebniseinheiten präsent, es braucht nicht den Rückgang auf das gesamte Leben als *Sein zum Tode*.

Das Aus-sich-selbst-verstehen unterscheidet das elementare Verstehen von dem höheren Verstehen: Das elementare Verstehen muss nicht auf den gesamten Lebenszusammenhang zurückgreifen, obwohl es natürlich ein Teil des Lebenszusammenhangs ist. Ich kann mit den Dingen des Alltags verstehend umgehen, ohne auf den gesamten Lebenszusammenhang der Biographie zurückgreifen zu müssen. Hier steht der Teil für das Ganze. Wir werden auf diese besondere Form der Repräsentanz noch zu sprechen kommen.

Ein weiteres Zitat kann dies verdeutlichen:

> „Das Handwerk hat in den verschiedenen Ländern ein bestimmtes Verfahren und bestimmte Instrumente für die Vollziehung eines Zweckes entwickelt, und aus ihnen wird uns sein Zweck verständlich, wenn er ‹der Handwerker› Hammer oder Säge gebraucht. Überall ist hier durch eine Ordnung die Beziehung zwischen der Lebensäußerung und dem Geistigen festgelegt. Und so erklärt sich, warum sie in der Auffassung der einzelnen Lebensäußerungen präsent ist und warum ohne bewußtes Schlußverfahren auf Grund des Verhältnisses von Aus-

> druck und Ausgedrücktem beide Glieder des Vorgangs im Verstehen ganz zur Einheit verschmolzen sind" (Dilthey GS, Bd. VII, 209–210).

Im elementaren Verstehen vollzieht sich der Umgang mit Dingen, der ja kein primär ‚geistiger' Umgang ist, sondern auch Geschicklichkeit, Erfahrung und Wissen erfordert. Es deutet auf den verständigen Umgang des Handwerkers im Alltag, allgemein gesprochen des Menschen, der sein Handwerk ‚versteht'. *Das höhere Verstehen ist das des Geisteswissenschaftlers, der die Lebensäußerungen in den Gesamtzusammenhang des Lebens hineinstellt.*

Höheres Verstehen: Hineinstellen der einzelnen Lebensäußerungen in den Gesamtzusammenhang des Lebens

Der Unterschied findet sich darin, dass auf der einen Seite Lebensäußerungen verstanden werden, auch um mit ihnen praktisch umzugehen, und dass auf der anderen Seite solchermaßen verstandene Lebensäußerungen *in ein* und *auf ein* anderes Leben übertragen werden.

> „Die Stellung, die das höhere Verstehen seinem Gegenstande gegenüber einnimmt, ist bestimmt durch seine Aufgabe, einen Lebenszusammenhang im Gegebenen aufzufinden" (Dilthey GS, Bd. VII, 213).

Die Stellung des höheren Verstehens ist dadurch bestimmt, dass ein Lebenszusammenhang im Gegebenen gefunden werden muss. Das Gegebene wird nicht als solches verstanden, sondern in den Lebenszusammenhang hineingestellt, d.h. es wird in diesem Lebensverlauf verortet, bekommt also eine geschichtliche Verortung. Das ist der Vorgang des höheren Verstehens: eine geschichtliche Verortung. Sie ist keine sachliche Verortung, wie man etwa angibt, zu welchem Zeitpunkt sich etwas ereignet hat. Natürlich gehört auch das Sachliche zum Verstehen dazu, aber es ist nicht das Verstehen, sondern – um mit Benjamin zu sprechen – nur das Erklären.

Verstehen als Klärung der Bedeutung eines bestimmten Ereignisses für uns im Gesamtzusammenhang des Lebens

Verstehen ist die Verortung im Lebenszusammenhang, also die Klärung der Frage, welche lebensgeschichtliche Bedeutung dieses und jenes Ereignis hat. Die Bedeutung ergibt sich aus dem, was ich aus dem eigenen Lebenszusammenhang einem Ereignis oder einem Ding zusprechen kann.

2.1.5. Verstehen als produktives Nacherleben der fremden Lebensäußerung

Für Dilthey ist *Verstehen* zunächst einmal das *Wiederfinden des Ich im Du*. Diese grundsätzliche und allgemeine Bezeichnung des Verstehensvorgangs ergibt sich aus dem höheren Verstehen, der Verstehensweise, die sich von der des elementaren Verstehens differenziert. Diese Unterscheidung der Verstehensweisen zeichnet das elementare gegenüber dem höheren Verstehen als eine Art Alltagsverstehen aus, wie wir es später auch in Heideggers *Analyse der Alltäglichkeit* finden werden, welche in ähnlicher Weise den verstehenden Umgang mit Dingen, ihr *Um-zu*, ihre Verwendung, ihren Gebrauch, aufzeigt. Es geht im elementaren Verstehen um Formen eines Verstehens, in dem einzelne Dinge, Vorkommnisse und Ereignisse schon in einem Zusammenhang stehen. Allerdings, und das fordert Diltheys Differenzierung heraus, werden sie nicht auf den gesamten Lebenszusammenhang bezogen, der gewissermaßen im Hintergrund bleibt. Den Bezug zum gesamten Lebenszusammenhang leistet erst das höhere *Handwerk* des Verstehens. Erst mit dem höheren Verstehen werden Ereignisse, seien sie nun niedergeschriebener oder erlebter Art, in einen gesamten Lebenszusammenhang eingefügt. Sie werden dabei nicht *eingeordnet*, denn das Einordnen wäre wieder eine Art Erklärung, die ein Ordnungskriterium für die Einordnung voraussetzt. Die Einfügung des höheren Verstehens setzt nun kein solches Kriterium, sondern das Verstehen des eigenen Lebens voraus: Ich greife auf ein diffuses Verstehen von meinem Leben als Biographie zurück, welches die Grundlage für das Verstehen bildet.

Grundlage des Verstehens: Vorverständnis des eigenen Lebens als eines Lebenszusammenhanges

Das höhere Verstehen, das Einfügen einzelner Vorkommnisse in den gesamten Lebenszusammenhang, vollzieht sich in der Art, dass ich mich mit meinem Wissen um meine eigene Lebensgeschichte in andere und fremde Lebensgeschichten hineinversetze. Durch dieses Hineinversetzen in die erzählten und berichteten Lebenszusammenhänge findet eine Rückverwandlung des Erzählten und Berichteten in Leben statt. Das bedeutet: Das Erzählte oder Berichtete, der Roman oder der Reisebericht, werden für mich nachvollziehbar – ich kann sie vor mich bringen, als hätte ich sie selbst erlebt, wobei dieses *Nacherleben* mit dem ursprünglichen Erleben rein sachlich nicht identisch ist und auch nie identisch werden kann.

Bedarf die Erklärung eines Kriteriums des Einordnens, so vollzieht sich im Verstehen eine Einfügung aufgrund der Tatsache, dass Leben Leben versteht. *Leben ist also ein Verstehen von Lebenszusammenhängen auf der Grundlage, dass mein eigenes Leben ein Lebenszusammenhang ist, der sich mir mit all den damit verbundenen offenen Fragen darstellt.*

Dieses Hineinversetzen möchte ich noch einmal mit einem Zitat von Dilthey verdeutlichen.

> „Die Stellung, die das höhere Verstehen seinem Gegenstande gegenüber einnimmt, ist bestimmt durch seine Aufgabe, einen Lebenszusammenhang im Gegebenen aufzufinden. Dies ist nur möglich, indem der Zusammenhang, der im eigenen Erleben besteht und in unzähligen Fällen erfahren ist, mit all den in ihm liegenden Möglich-

> keiten immer gegenwärtig und bereit ist" (Dilthey GS, Bd. VII, 213–214).

Die Auffindung eines Lebenszusammenhanges im Gegebenen ist nur möglich, weil das eigene Leben eine Art Vorerfahrung und Vorwissen bietet, die Dinge wie in einen Lebenszusammenhang einbinden zu können. Das ist eine Art angeborene Hermeneutik, in der man aus der eigenen Sichtweise heraus Ereignisse immer in einen Lebenszusammenhang bringt. Bei der wissenschaftlichen Analyse oder Erklärung wird dagegen versucht, die Dinge isoliert zu betrachten, so dass der gesamte eigene Lebenszusammenhang dabei künstlich ausgeblendet wird. Weiter heißt es bei Dilthey:

Sichhineinversetzen: Unzählige Möglichkeiten des Nacherlebens

> „Diese in der Verständnisaufgabe gegebene Verfassung nennen wir ein Sichhineinversetzen, sei es in einen Menschen oder ein Werk. Dann wird jeder Vers eines Gedichtes durch den inneren Zusammenhang in dem Erlebnis, von dem das Gedicht ausgeht, in Leben zurückverwandelt. Möglichkeiten, die in der Seele liegen, werden von den durch die elementaren Verständnisleistungen zur Auffassung gebrachten äußeren Worten hervorgerufen. Die Seele geht die gewohnten Bahnen, auf denen sie einst von verwandten Lebenslagen aus genoß und litt, verlangte und wirkte. Unzählige Wege sind offen in Vergangenheit und in Träume der Zukunft; von den gelesenen Worten gehen unzählige Züge der Gedanken aus" (Dilthey GS, Bd. VII, 214).

Dilthey kommt hier darauf zu sprechen, dass im Nacherleben schon mehr liegt, als der Dichter selbst erlebt hat. Der hinterlassene Text, das niedergeschriebene Gedicht, evoziert vielleicht einen wesentlich größeren Nachhall, ein Nacherleben, das umfassender ist als das Erlebnis, welches dem Ausdruck selbst zugrunde liegt. Denn es eröffnen sich allein schon durch das elementare Verstehen unzählige Möglichkeiten des Nacherlebens. Weit umfänglicher ist dies aber beim höheren Verstehen. Jeder Leser bildet seine eigene Welt aus dem, was er liest, so dass die Welt eines Werkes durch das Nachlesen in unendlicher Weise nacherlebt wird.

Übertragung des eigenen Selbst als einzige Möglichkeit des Verstehens fremder Lebensäußerungen

Im Fortgang dieses Textes spricht Dilthey auch davon, dass man hier den Begriff der „Übertragung des eigenen Selbst in einen gegebenen Begriff von Lebensäußerungen" (ebd.) anwenden kann. Übertragung meint, dass das eigene Leben in diese Geschichte hineingetragen wird, weil sie anders gar nicht verstanden werden kann. Das Gelesene oder Gehörte wird auf der Basis des eigenen Erlebens aufgefasst, in das eigene Erleben eingebaut und damit wird auch gewissermaßen das eigene Erleben in diese Geschichte übertragen.

Sichhineinversetzen, Übertragen und Nachbilden als schöpferischer Vorgang

> „Auf der Grundlage dieses Hineinversetzens, dieser Transposition entsteht nun aber die höchste Art, in welcher die Totalität des Seelenlebens im Verstehen wirksam ist – das Nachbilden oder Nacherleben … Ein vollkommenes Mitleben ist daran gebunden, daß das Verständnis in der Linie des Geschehens selber fortgeht. Es rückt, beständig fortschreitend, mit dem Lebensverlauf selber vorwärts. So erweitert sich der Vorgang des Sichhineinversetzens, der Transposition. Nacherleben ist das Schaffen in der Linie des Geschehens" (ebd.).

Es zeigt sich, dass hier gleichsam eine neue Welt, ein eigenes Leben beginnt, welches sich in der zeitlichen Folge niederschreibt und niederlegt. Das Nacherleben ist ja kein einfach aus der Zeit herausgenommenes Leben, sondern es besitzt selbst einen zeitlichen Modus, so dass der Vorgang des Verstehens – als *Sichhineinversetzen*, *Übertragen* und *Nachbilden* – insgesamt ein Nachschöpfen ist, also ein Nachvollzug, der einen schöpferischen Vorgang in sich beschreibt und etwas vom ursprünglichen Erleben selbst hat.

2.2. Abschließende Bemerkungen zu Dilthey

Subjektivistische Insuffizienz eines Verstehens des Sichhineinversetzens

Der Begriff des Sichhineinversetzens hat in der späteren Auseinandersetzung Dilthey sehr viel Kritik und Widerstand eingebracht. Heinrich Rickert zum Beispiel opponiert gegen die psychologische Konnotation, die mit dieser Formulierung verbunden ist.[8] Denn es scheint ja auf den ersten Blick so, als müsse man sich in einen anderen Menschen *hineinfühlen*. Jedoch mit Empathie und Einfühlung ist die eigentliche Absicht Diltheys nicht getroffen. Es sei denn, man nimmt den Begriff *Gefühl* in dem Sinn, wie wir ihn im Zusammenhang mit der Phänomenologie beschrieben haben: nicht als ein bloß subjektiver Reiz oder Affekt, sondern als objektiv gegebener Inhalt. In jedem Fall ist der Begriff des Sichhineinversetzens schwierig und tendiert in eine subjektivistische Richtung, die dem Verstehen allerdings nicht gerecht werden kann: Denn das Verstehen ermöglicht und befördert – genau wie das Erklären – eine Erschließung objektiver Zusammenhänge.

Da hier die Position Diltheys nicht im Einzelnen ausgebreitet werden kann und dies für unsere Zwecke, ihre Bedeutung als Methode der Praktischen Philosophie herauszustellen, auch nur bedingt von Nutzen ist, komme ich zu einem anderen Autor, der die gegenwärtige Spitze der philosophischen Auseinandersetzung um die Hermeneutik darstellt, nämlich zu Paul Ricoeur. Ricoeur hat sich sehr intensiv mit der Entwicklung der Hermeneutik beschäftigt und selbst einen kreativen Beitrag dazu geleistet.

3. Paul Ricoeur
Narrative Ontologie

3.1. Die lebendige Metapher

<table>
<tr><th colspan="2">Metapher</th></tr>
<tr><td>

- **rhetorisch**
  - Überzeugung
  - Überredung, Werbung
    - Mode, Lifestyle
      - einfügen in das Jetzt
    - „sein-wie", „leben-wie"
      - Star, Model

</td><td>

- **poetisch**
  - neu beschreiben, erschließen, übertragen
  - Wahrheit, Modell
    - Mythos
      - einfügen in Geschichte
    - „sein-wie", „leben-wie"
      - Held (Helfer, Erlöser)

</td></tr>
</table>

Der kreative Beitrag, den Paul Ricoeur für die Hermeneutik leistet, betrifft zunächst eine Innovation des terminologischen Verständnisses der Metapher: Das Feld ihres Begriffes wird vom Bereich der Rhetorik auf den Bereich der Philosophie ausgeweitet.

Metapher als Form der Übertragung von Wahrheit im Verstehen

Ich beziehe mich in diesem Zusammenhang auf Ricoeurs Schrift *Die Lebendige Metapher*[9], welche in der französischen Originalausgabe erstmalig 1975 erschienen ist. In diesem Buch beschäftigt sich Ricoeur in erster Linie mit der Metapher in ihrer Funktion für die Sprachwissenschaft, entwickelt aber am Ende des Buches auch den Begriff der philosophischen Metapher.

Der Gedankengang des Buches soll hier zwar auch nicht im Einzelnen dargestellt werden, dennoch aber das Ergebnis präsentiert werden: Es geht Ricoeur in seinen philosophischen Überlegungen im Wesentlichen um die *metaphorische Wahrheit*. Eine Metapher erschöpft sich also nicht darin, ein bloßes Bild zu sein. Denn indem sie eine Form von Übertragung ist, welche im hermeneutischen Nachvollzug, im Sichhineinversetzen, im Übernehmen und im Nacherleben stattfindet, hat sie einen Charakter von Wahrheit und Wahrhaftigkeit.

Metapher: Bedeutungszuwachs im ‚Verstehen als…'

Zunächst ist die Metapher eine Übertragung in ein Bild: Ich spreche etwa von der Stärke eines Menschen und bezeichne ihn als Löwen – oder ich meine seine Schlauheit und nenne diesen Menschen einen Fuchs. Diese Metaphern oder Bilder stellen gewisse Eigenschaften heraus und veranschaulichen sie. Die Metapher wird von Ricoeur durchaus auch so gesehen und verstanden. Sie ist gewissermaßen ein ‚Sehen als…', ein ‚Sehen wie….', ein ‚Verstehen als…'. Wenn ich sage, dieser Mensch sei stark wie ein Löwe, dann sehe ich in ihm die Stärke des Löwen verbildlicht. Dieses ‚Sehen wie…' ist dabei ein Bedeutungszuwachs für das Verstehen. Hier wird eine Ausdeutung vorgenommen, die wie eine Überschreibung wirkt.

Natürlich ist die Metapher in erster Linie eine rhetorische Figur. Sie dient der Überredung, der Überzeugung, der Veranschaulichung. Das sind alles Formen der Verständigung. Aber sie hat eben nicht nur diese rhetorische Funktion der Überzeugung, sondern auch eine poetische Funktion. Diese poetische Funktion liegt in dem Neubeschreiben eines Sachzusammenhanges durch Erschließung und Übertragung. Hierdurch gelingt es Ricoeur, die poetische von der rhetorischen

Funktion der Metapher zu differenzieren. In diesem Zusammenhang führt Ricoeur mehrere Punkte auf:

Erstens heißt es:

Poetische Funktion der Metapher als Erweiterung der Erkenntnis

> „Poetische und rhetorische Funktion unterscheiden sich erst dann in vollem Umfang, wenn die Verknüpfung von Fiktion und Neubeschreibung zutage gebracht wird; die beiden Funktionen erscheinen dann als entgegengesetzt; die zweite [erg. rhetorische Funktion] will die Menschen überzeugen, indem sie der Rede einen gefälligen Schmuck verleiht; sie bringt die Rede um ihrer selbst willen zur Geltung; die erste [erg. poetische Funktion] will die Wirklichkeit auf dem Umweg über die heuristische Funktion neu beschreiben“ (Ricoeur 1991, 238).

Poetische und rhetorische Funktion der Metapher stellen einen Gegensatz dar. Das rein rhetorische Moment der Metapher dient der Überredung und dem Schmuck und geschieht um der Rede selbst willen. Die poetische Funktion hingegen will die Welt neu beschreiben; hier wird eine neue Deutung und Ausdeutung der Welt vorgenommen.

Dabei erfüllt die Metapher auch eine Funktion, die mit einer wissenschaftlichen Beschreibung vergleichbar ist. Ricoeur stellt dieses Verhältnis der Metapher zur wissenschaftlichen Beschreibung dar, indem er die bekannte, von Gottlob Frege exemplarisch getroffene Unterscheidung zwischen Morgenstern und Abendstern erörtert.

Für Frege haben Morgen- und Abendstern einen unterschiedlichen *Sinn* – eben als Stern, der den Morgen und den Abend einleitet; beide aber haben die selbe *Bedeutung*, nämlich den Planeten Venus.

Bedeutung ist jedoch bei Frege anders zu verstehen, als wir es in der Phänomenologie und Hermeneutik sehen konnten. Bedeutung ist für ihn die Wirklichkeit als absolute und eindeutige Wirklichkeit. Der *Sinn*, also Morgenstern oder Abendstern, ist mehrdeutig. Nur durch Eindeutigkeit ist für Frege *Bedeutung* und damit die Richtigkeit wissenschaftlicher Aussagen legitimiert. Im Gegensatz zu Frege, für den allein die Bedeutung der wissenschaftlichen Eindeutigkeit zu einer Erweiterung beitragen kann, erkennt Ricoeur, dass gerade auch durch die Metapher eine Erweiterung der Erkenntnis stattfindet: Für Ricoeur ist die *Bedeutung* der Welt wissenschaftlicher Eindeutigkeiten Freges selbst eine Metapher. Die Fregesche Bedeutung erweitert die Erkenntnis nämlich darin, dass sie *poetisch* eine neue eindeutige Welt der Wissenschaften schöpft und konstruiert, eine Welt, die im Anspruch steht, nicht konstruktiv *be-deutet*, sondern eindeutig anzeigbar zu sein. Konkret wird dies dann eben darin, dass beide Erscheinungen (Morgenstern und Abendstern) die gleiche Erscheinung (der Planet Venus) *sind*.

Auch die wissenschaftliche Beschreibung ist eine Metapher, die unterschiedlichen Sinnzusammenhängen eine einzige Bedeutung zuweist. Darin geht die metaphorische Wahrheit über die bloß rhetorische Funktion der Metapher hinaus; sie *deutet* und *bedeutet*. Die Metapher ist mehr als eine bloß rhetorische Figur.

Der zweite Punkt im Zusammenhang eines Neuverstehens der Metapher ist folgender:

> „Im Dienste der poetischen Funktion [also der Neubeschreibung von Welt, S.G.] ist die Metapher die Redestrategie, durch die sich die Sprache von ihrer unmittelbaren Beschreibungsfunktion befreit, um die mythische Stufe zu erreichen, auf der ihre Erschließungsfunktion freigesetzt wird“ (Ricoeur 1991, 238–239).

Das ist zunächst einmal etwas schwierig – wir wollen aber versuchen, zu verstehen, was Ricoeur hier meint.

Metapher als Eröffnung eines mythischen Lebenszusammenhanges

Die Beschreibungsfunktion (Löwe für Stärke, Fuchs für Schlauheit usw.) ist natürlich schon ein Überschreiten und eine Erweiterung des bloßen Beschreibens. Die Wahl der Bilder, das bloße Beschreiben, ist ja nur das Erklären. Eine erklärende Beschreibung liegt unterhalb der metaphorischen Leistungsmöglichkeit: Sie ist deshalb nur rhetorisch, nicht poetisch. Die poetische Funktion geht über die rhetorische hinaus, indem sie nicht nur eine Erweiterung durch Beschreibung leistet, sondern eine gezielte Wahl der Bilder vornimmt. Hier erreicht sie eine *mythische Stufe*. Die mythische Stufe bezieht sich darauf, dass nur ganz bestimmte Bilder eine Rolle spielen. Die Wahl der Bilder ist nicht beliebig: Es werden nur diejenigen Bilder heran gezogen, die in einen mythischen Zusammenhang hineinführen, also in eine bestimmte Art von Geschichte. Wir werden diese Thematik später noch einmal aufgreifen.

Der dritte Punkt besteht darin:

Die funktionale Kraft der Metapher: Aufklärung

> „Man darf von einer metaphorischen Wahrheit sprechen, um die »realistische« Intention zu bezeichnen, die mit dem Neubeschreibungsvermögen der dichterischen Sprache verbunden ist" (Ricoeur 1991, 239).

Ricoeur verwendet hier Begriffe, die man aus einem anderen Wissenschaftszusammenhang kennt: Wahrheit, realistische Intention, all das wird hier herangezogen, um das Überschreiben der Lebenszusammenhänge durch Bilder zu veranschaulichen. Hier wird eine neue Form von Wahrheit gegründet – die metaphorische Wahrheit.
In diesem Zusammenhang müssen wir erwähnen, was Ricoeur zur Tragödie und damit zum Mythos sagt:

> „Die Tragödie lehrt es, das menschliche Leben »als« das zu »sehen«, was der *mythos* darstellt" (Ricoeur 1991, 235).

Die Tragödie lehrt, das menschliche Leben als das zu sehen – also metaphorisch zu sehen –, was der Mythos darstellt. Der Mythos ist die Erzählung, die die Tragödie darstellt, und die Tragödie belehrt uns, das menschliche Leben so zu sehen, wie der Mythos es sieht. Eine Metapher ist nicht mehr nur das einzelne Bild, wie etwa der Löwe für die Stärke, sondern eine ganze Geschichte, die natürlich auch in dem Bild – Löwe für Stärke – enthalten ist.

Die Zusammenführung der einzelnen Begriffe in einem Bild ist ein elliptischer Vorgang. Dahinter stehen ganze Geschichten, mythische Geschichten, Geschichten über allgemeine Lebenszusammenhänge, die zunächst einen das Leben aufklärenden Charakter haben. Der Begriff Mythos meint hier eine Geschichte allgemeiner und archetypischer Art. Wir lernen also, indem uns die Tragödie über den Mythos aufklärt und ihn darstellt, unser Leben *so* zu verstehen, *wie* es im Mythos verstanden wird. Wir lernen, uns selbst besser zu verstehen. Insofern handelt es sich dabei um eine Geschichte, von der wir lernen. Dieses ‚Sehen wie…' oder dieses ‚Leben wie im Mythos', das Nachleben also, was uns in den Geschichten vorgelebt wird, ist im weitesten Sinne die Funktion der Metapher und ihre funktionale Kraft.

Das Schaubild auf Seite 159 geht über Ricoeur hinaus, indem es auch die rhetorischen Systeme benennt und aufführt.

Unterschiedliche Intentionen rhetorischer Systeme

Mode oder Werbung sind solche rhetorischen Systeme. Diese hat Roland Barthes detailliert herausgearbeitet. Das Problem an Barthes' Zugang liegt allerdings darin, dass er die so genannten Alltagsmythen für echte Mythen hält.[10] Ich will hier nur kurz andeuten, dass Werbung, Mode und Lifestyle nur einen Pseudo-Mythos darstellen[11]: Hier wird das Leben des Alltags überschrieben, indem innovative Formen des Lebens auf eine rhetorische Weise dargestellt werden, die den Charakter einer Metapher haben. Die eigentliche Frage, die sich somit in diesem Zusammenhang eröffnet, ist, wie sich bloß rhetorische Systeme wie Mode oder Lifestyle vom wirklichen Mythos unterscheiden. Bloße Überredung ist ja nicht das, was man als Wahrheit ansehen kann, sondern vielmehr eine Verblendung oder negative Verklärung. Wenn im Alltagsmythos Alltagssituationen funktional verklärt werden, dann ist das alles andere als ein Wahrheitsgewinn. Der Pseudo-Mythos der Mode ist eine Simulation von Aktualität und Innovation. Diese Simulation geschieht grundsätzlich durch eine Verurteilung alles gerade modisch Gewesenen als altmodisch – sei es durch das bloße Verdikt ‚dies und jenes ist jetzt/dieses Jahr Mode' oder durch eine Verklärung des Funktionalen, indem bestimmte Dinge im Alltag rhetorisch umfunktioniert werden: Wir fahren zum Beispiel mit dem Fahrrad oder mit dem Auto zum Bäcker. Solche funktionalen Alltagszusammenhänge können überschrieben werden durch rhetorische Verklärung, durch Mode. Dann ist es angemessen, nicht mehr mit dem Fahrrad, sondern mit dem Geländewagen zum Bäcker zu fahren. Solche Verklärungen des Alltags durch reine Aktualisierung des Jetzt sind kein Mythos, der ja gerade das Alte integriert, sie funktionieren aber wie ein Mythos. Die Problematik ist: Wie lässt sich das differenzieren? Wie lässt sich das Nacherleben eines Stars oder eines Models unterscheiden von dem Nacherleben von Heldengeschichten? Das ist auf den ersten Blick nicht erkennbar, auf den ersten Blick lassen sich poetische Verklärungen von rein rhetorischen nicht unterscheiden. Auch Ricoeurs Überlegungen zur lebendigen Metapher können hier nur den Einstieg in das Verstehen eines solchen Übertragungszusammenhanges bieten.

Ricoeur hat in seinen späteren Schriften versucht, diese Differenzierung an der Identität selbst festzumachen, an der Identität, von der erzählt wird – der *narrativen Identität*.

3.2. Das Problem der Identität: *idem* und *ipse*

Identität

- **das Selbe (idem)**
  - Charakter
    - äußere Eigenschaften
    - personale Eigenschaften
  - Wiedererkennen
    - logisch (a = a)
    - kausal (a > b)
- **„Was ist der Mensch?“**
  - Subjekt – Prädikat

- **das Selbst (ipse)**
  - „Selbst-ständigkeit“
    - Verlass
    - Rechenschaft
  - Verantwortung
    - Recht
    - Schuld
- **„Wer ist der Mensch?“**
  - Geschichte, Biographie

Kommen wir also jetzt zu dem Begriff der Identität bei Paul Ricoeur. In diesem Zusammenhang beziehe ich mich auf ein Werk, das in der französischen Originalausgabe fünfzehn Jahre nach der *Lebendigen Metapher* erschienen ist: *Das Selbst als ein Anderer*[12]. In diesem Buch setzt sich Ricoeur auch mit zeitgenössischen Handlungstheorien auseinander, insbesondere mit der analytischen Tradition, die, an der Publikationslage gemessen, den führenden Anteil zur Handlungstheorie aufweist. Ricoeur versucht hier, der analytischen Methode gerecht zu werden, sie aber auch aus der Sicht der Hermeneutik kritisch zu betrachten. Der zentrale Punkt seiner Kritik liegt in der Auseinandersetzung mit den Begriffen der *Selbigkeit* und *Selbstheit*. Ricoeur wirft der analytischen Philosophie vor, sie treffe diese Unterscheidung nicht, sondern gehe von einem einseitigen substanziellen oder funktionalen Begriff der Identität aus. Identität werde dabei bloß im Sinne des Selben, also als sachliche Identität verstanden.

Identität im Sinne des idem

Die Frage nach der Identität einer Person muss sich aber grundsätzlich von sachlichen oder charakterlichen Identitäten unterscheiden. Zwar geht man zunächst und zumeist von einem sachlichen *Selben* aus, von dem *idem*, wobei wir eine Person anhand ihrer äußerlichen oder personalen Eigenschaften erkennen. Anhand solcher Merkmale und Eigenschaften ordnen wir einen Menschen ein, ordnen wir ihm einen bestimmten Charakter zu oder erkennen ihn ganz einfach wieder, wenn wir ihn auf der Straße sehen. Damit haben wir ihn aber lediglich einer Erinnerung, einem Bild, einem Typus zu- oder in ein Umfeld eingeordnet.

Das Wiedererkennen hat eine logische Grundlage, die sich auf den Satz vom Widerspruch stützt (a = a) und eine kausale Verknüpfung herstellt (aus a folgt b), wobei hier einem Subjekt (S) gewisse Prädikate (P) zuordnet werden. Mit der Frage ‚Was ist der Mensch?' wird aber nur Selbigkeit, das Selbe identifiziert.

Identität im Sinne des ipse

Das ist Ricoeurs Kritik: Die Identifizierung des Selben reicht nicht aus, um Identität überhaupt zu beschreiben. Identität geht über das bloße Selbe auf das hinaus, was er das *Selbst* nennt, das *ipse*. Dieses Selbst ist etwas, das nur der Eigene in seinem Selbstverständnis erfasst. Ich erkenne im Anderen das Selbe, ich erkenne aber nicht das Selbst. Das Selbst erkenne ich zunächst einmal nur an mir selbst. Das Selbst ist Gegenstand der Selbsterfahrung. Deshalb ist diese Selbsterfahrung jedoch nicht lediglich auf das Selbst beschränkt, sie geht aber von dem Selbst aus.

Hier stoßen wir auf den Zusammenhang von *Identität* und *Verstehen*: Selbstverstehen ist ein Verstehen aus dem Selbst.

Da ich mich selbst verstehe, verstehe ich, was das Selbst ist: nämlich ein *Wer*. Ich weiß, dass so, wie ich mich selbst erfasse, sich auch andere erfassen können, und von dieser Analogie gehe ich aus, um Selbständigkeit und Verantwortung einzufordern oder sie zu unterstellen. Wenn ich Selbständigkeit unterstelle, dann unterstelle ich, dass es ein Selbst gibt, auch das ich mich darauf verlassen kann. Und umgekehrt: Wenn ich mich auf jemanden verlasse oder jemanden zur Rechenschaft ziehe, dann unterstelle ich Selbständigkeit. Wenn ich keine Selbständigkeit unterstelle, dann kann ich mich auch nicht auf jemanden verlassen bzw. ihn nicht zur Rechenschaft und Verantwortung ziehen. Der Begriff des Selben im Sinne des *idem* hat mit dieser Übertragung des eigenen Selbst auf eine fremdes Selbst und der damit verbunden Erwartung nichts zu tun. Er betrifft ausschließlich die sachliche Gleichheit. Deshalb kann ein Mensch und seine Handlungen nicht auf sachliche, biologische oder gar neuronale Vorgänge reduziert werden. Das ist unwissenschaftlich, denn es bedeutet eine Ausblendung der eigentlichen Identifizierung des Menschen als *Selbst*.

Die Selbständigkeit, die ich zugrunde lege, ist eine Übertragung aus dem Wissen um eigenes Selbst. Sie allein macht es möglich, dass Verantwortung ausgesprochen und erwartet werden kann. Verantwortung wird nicht auf das Selbe, sondern auf die Selbständigkeit bezogen. Sie ist nur möglich aufgrund der Frage ‚Wer ist der Mensch?‘ nicht ‚Was ist der Mensch?‘.

Die Verantwortung kann sich nicht auf eine Sache beziehen, sondern sie geht auf die Figur in einer Geschichte. Die Frage ‚Wer ist der Mensch?‘ ist nicht die Frage nach Charaktereigenschaften oder nach Eigenschaften überhaupt, sondern die Frage nach seiner Geschichte. Die Beantwortung der Frage

‚Wer ist der Mensch?' verlangt also die Erzählung, in der biographische oder lebensgeschichtliche Zusammenhänge rekonstruiert werden.

Im *System der Ethik* wurde diese Problematik bereits behandelt. Hier kommen wir darauf zurück, um die Erzählung als entscheidendes und ausschließliches Instrumentarium des Zuganges zur Identität herauszustellen. Die Narration hat eine zentrale philosophische Bedeutung, denn sie ist mehr als dasjenige, was sie zu sein scheint: ein bloßes Erzählen von Geschichten. Sie ist der Zugang zur Identität des Menschen. Das ist uns aus alltäglichen Zusammenhängen auch völlig geläufig. Denn wenn wir etwas über einen Menschen erfahren wollen, dann hören wir uns Geschichten an. Dazu gehört auch im weitesten Sinne das Verfolgen von Geschichten im Roman, Theater, Film und Fernsehen. Das ist der ganz alltägliche Zugang, der als *Narrativität* wissenschaftlich herausgehoben wird, um ihn gegen das Paradigma des von der *Erklärung* getragenen wissenschaftlichen Zugangs für das *Verstehen* plausibel zu machen. Die Narration ist wissenschaftlich gesehen der Zugang zur Identität des Menschen.

3.3. Narrative Identität
Dimensionen der Figuration

Geschichten als Zugang zu einer Person

Wir können nun die Bedeutung des Geschichtenerzählens für die Erfassung der Identität herausstellen. Der Zugang zu einer Person bzw. zu einem Selbst eröffnet sich über Geschichten. Dieser alltägliche Zugang wird von der narrativen Theorie Paul Ricoeurs in den Rang einer wissenschaftlichen Methode erhoben, wobei die Differenzierung des Identitätsbegriffes maßgeblich ist. Ich hatte schon dargestellt, wie

Ricoeur sein narratives Identitätskonzept entwickelt und sich gegen einem Begriff von Identität wendet, der auf rein sachlichen Aspekten ruht.

Die einzelnen Schritte zur Aufschlüsselung der narrativen Identität sind folgendermaßen aufzuführen:

Narrative Identität

- **Konfiguration**
  - heterogene Einheit
    - Erfahrungen
      - unmittelbar
      - atmosphärisch
    - Informationen
    - Gespräche
    - Reflexionen
  - dramatische Einheit (Konkordanz)
    - Anfang, Peripetie, Schluss
- **Figur**
  - Protagonist, Held
- **Refiguration**
  - Metapher (Übertragung)
    - rethorisch
      - Überzeugung
      - Überredung
    - poetisch
      - Erschließung
      - Bedeutung
        - Leben nach Art/Modell des Mythos

Heterogene Einheit: Konfiguration verschiedenartiger Elemente zu einer Erzählung

Narrative Identität ist erzählende Identität, Identität einer Erzählung, eines Erzählverlaufes und einer Figur, nicht allein und speziell die Identität einer Person. Identität bezieht sich hier auf die Erzählung, die für die Person bzw. die Figur steht. Diese Erzählung muss gut komponiert sein. Sie muss so komponiert sein, dass sie die Identität auch zu präsentieren vermag. Der Begriff der *Konfiguration* ist damit der entscheidende Ausgangspunkt. Konfiguration meint allgemein ein Komponieren der Erzählung, speziell aber die Zusammenstellung heterogener Elemente. Die Konfiguration könnte man folglich als eine heterogene Einheit bezeichnen.

Was ist nun heterogen in einer Erzählung? Hier können wir – unabhängig von Ricoeur – auch aufgrund der bisherigen Ausführungen zur Phänomenologie sagen: Eine Erzählung setzt sich aus Erfahrungen zusammen: aus unmittelbaren Erfahrungen, atmosphärischen Erfahrungen, aber auch Informationen, Gesprächen und Reflexionen. Diese Erfahrungen werden zusammengebracht – auch das scheint so selbstverständlich zu sein, dass man erst einmal gar nicht sieht, worin das Besondere dieser Konzeption besteht. Wenn wir aber eine Erzählung mit einer essayistischen Abhandlung vergleichen, dann sehen wir den Unterschied in den Kompositionen. Im Essay haben wir es bloß mit Überlegungen und Reflexionen zu tun. Wir finden keine Darstellungen der Situation und des Umfeldes, in welchem das Essay entstanden ist, wie etwa die der Verfassung des Autors. Dies findet sich dagegen in einer Erzählung. Im Unterschied zu einem essayistischen Text reflektiert sie nicht nur, sondern schweift ab, indem sie über Stimmungen oder auch Zustandsbeschreibungen berichtet. Damit greift sie weit über eine sachliche Analyse hinaus. Der Konfigurationsvorgang einer Erzählung versucht, mit den heterogenen Elementen auch die Lebenswelt einzubinden.

Dramatische Einheit: Bedingung der Erzählung

Ein weiteres Kriterium der Konfiguration ist die dramatische Einheit der Erzählung. Ricoeur legt großen Wert darauf, dass diese dramatische Einheit gewahrt bleiben muss, denn für ihn liegt ohne diese dramatische Einheit genau genommen gar keine Erzählung vor. Damit haben wir bei Ricoeur durchaus einen eingeschränkten Erzählbegriff. Wir wollen uns allerdings nicht mit der Frage aufhalten, ob man beispielsweise in modernen Romanen eine dramatische Einheit wieder finden könnte.

In Robert Musils Roman *Der Mann ohne Eigenschaften* ist solch eine Einheit wahrscheinlich nicht vorhanden. Die dramatische Einheit betrifft den grundsätzlichen bzw. den typischen Aufbau einer Erzählung: Eine Erzählung muss einen Anfang und ein Ende haben, sie muss irgendwie beginnen und sie muss irgendwie zu einem Abschluss kommen. Der Abschluss ist besonders wichtig. Denn, wie wir bereits bei Benjamin gesehen haben, er zeigt den Ursprung der Erzählung auf, die Hinterlassenschaft des Sterbenden, der sein Leben in der Erzählung abschließt und dieses Leben als Erzählung an die Nachlebenden übergibt. Insofern ist der Abschluss auch anthropologisch fundiert, da er den Charakter der Erzählung von der Biographie und ihrer natürlichen Grenzen her versteht. Denn es ist ja der eigene Lebenszusammenhang, der es ermöglicht, in einen fremden Lebenszusammenhang hineinzudringen.

Weiterhin ist die Peripetie, d.h. der Umschlag, die Wendung in der Erzählung, ein entscheidender Punkt. Hierdurch ist der Einbruch des Schicksals oder irgendeiner anderen Begebenheit, die das Leben plötzlich verändert, wiedergegeben. Wir haben es hier mit dramatischen Wendungen in Lebensgeschichten zu tun. Diese entscheidende Wendung, die in das Leben einbricht, das Leben herausfordert und umwirft, ist nur durch die Erzählung herauszustellen.

Bedeutung der Figur: Vorbild in ihrer Intention, Krisen des Lebens zu überwinden

Ein weiteres zentrales Moment der Narrativen Identität stellt die Figur selbst dar. Sie ist ja im Begriff *der Konfiguration* schon enthalten. Das Vorkommen und Auftreten der Figur unterscheidet eine Erzählung von einem anonymen Essay oder einer Reflexion. In Letzteren tritt normalerweise keine Figur auf; vielleicht wird über Figuren nachgedacht, aber dabei werden lediglich Charaktereigenschaften reflektiert. Eine Ausnahme sind inszenierte Gespräche wie z.B. Platons Dialoge. Aber auch sie haben nicht den Charakter einer Erzählung. In der Erzählung wird die Figur in ihren Intentionen herausgestellt, die Krisen und Wendungen des Lebens zu bestehen und zu überwinden. Damit ist die Figur auch Vorbild: Sie lebt etwas vor und sucht dabei, die Integrität eines Lebenszusammenhanges darzustellen. Die Figur gehört als Person zur Erzählung dazu, aber sie ist keine nur aufgrund personaler Eigenschaften identifizierbare Figur. Sie geht vielmehr aus ihren Taten und Handlungen hervor, welche sie als Protagonist oder als Held der Geschichte vollbringt.

Refiguration: Verbindung der Sinnhorizonte von eigener und erzählter Geschichte

Zur narrativen Identität gehört auch die *Refiguration*. Indem wir Ricoeur von der Metapher bis hin zum Mythos gefolgt sind, wurde deutlich, was Übertragungen leisten. Die Refiguration ist die Übernahme der Geschichte in die eigene Geschichte, die Verbindung der eigenen Geschichte mit der erzählten Geschichte und damit die Deutung des eigenen Lebenszusammenhanges. Diese Verschmelzung, die Ricoeur mit einem Begriff Hans-Georg Gadamers als *Horizontverschmelzung* beschreibt, ist der eigentliche Verstehensvorgang, den wir schon behandelt haben: Der Horizont der eigenen Lebensgeschichte verbindet sich mit dem Sinnhorizont der erzählten Geschichte. Das sind Verbindungen von Sinnelementen.

Grundlegende Aufgabe der Erzählung: Erschließung von Lebenszusammenhängen

Ricoeur unterscheidet hier, wie wir bereits gesehen haben, zwischen *rhetorischen* und *poetischen Übertragungen*.

Die rhetorischen Übertragungen sind reine Überredung durch *Verklärungssysteme* wie die Mode oder andere Formen von Pseudo-Mythen. Die poetischen Übertragungen sind dagegen *Erschließungssysteme*, welche die Bedeutung von Leben aufschließen, also Sinnzusammenhänge des Lebens erschließen. Eine grundlegende Aufgabe der Erzählungen liegt in der Erschließung von Lebenszusammenhängen. In dieser poetischen Übertragung wird das Leben nach Art oder Modell des Mythos gelebt. Die Erzählung nimmt wesentlich Einfluss auf das Leben und verändert es.

Sie finden diese Zusammenhänge insbesondere in der sechsten Abhandlung von *Das Selbst als ein Anderer*, in welcher Ricoeur auf den Diltheyschen Begriff des Lebenszusammenhanges zurückgreift. Hier bekommen wir auch noch einmal den Anschluss an das, was wir zu Dilthey gesagt haben. Ricoeur versucht, diesen Begriff des Lebenszusammenhanges genauer zu bestimmen, herauszustellen und in seiner spezifischen Aussage näher zu erfassen.

Ereignis vs. Vorkommnis: narratives Modell vs. Kausalmodell

Bezüglich der Konfiguration führt Ricoeur an, sie sei eine *Synthese des Heterogenen*, die „zwischen der Verschiedenheit der Ereignisse und der zeitlichen Einheit der erzählten Geschichte, zwischen den disparaten Bestandteilen der Handlung, den Absichten, den Ursachen, den Zufällen und dem Fortgang der Geschichte, schließlich zwischen der reinen Abfolge und der Einheit der Zeitform" vermittelt (Ricoeur 1996, 174–175). Durch diese Vermittlung kommt der Konfigurationsakt der *poiesis* zustande.

Zu dieser Veränderung des Ereignischarakters, was also diese Verbindung und Verknüpfung der Konfiguration von Ereignissen, die wir erleben, betrifft, heißt es nun:

> „Der wesentliche Unterschied, der das narrative Modell von jedem anderen Modell der Verknüpfung unterscheidet, besteht im Status des *Ereignisses*, den wir wiederholt zum Angelpunkt der Analyse des Selbst gemacht haben. Während in einem Kausalmodell [dem Grundmodell für analytische Handlungstheorien in dem, einfach ausgedrückt, B kausale Folge von A ist, S. G.] Ereignis [événement] und Vorkommnis [occurrence] ununterscheidbar bleiben [es also nicht zu differenzieren ist, ob es sich um ein Ereignis handelt oder um ein Vorkommnis,

> S. G.], ist das narrative Ereignis durch sein Verhältnis zum Konfigurationsprozeß selbst definiert; es hat teil an der unbeständigen Struktur der diskordanten Konkordanz, die die Fabel selbst kennzeichnet; es ist Quelle der Diskordanz, insofern es in Erscheinung tritt, und Quelle der Konkordanz, insofern es zum Fortgang der Erzählung beiträgt" (Ricoeur 1996, 175).

Heilswirkung der Erzählung: Aufgreifen der Verbindung zu dem zu Erzählenden

In dieser schwierig anmutenden Passage will Ricoeur deutlich machen, dass die Erzählung selbst immer auch Teil des Erzählten ist; genau wie der Erzähler, der während der Erzählung gegenwärtig ist. Die Erzählung ist selbst Quelle der Diskordanz, der Unterbrechung oder des Neubeginns. Indem eine Erzählung beginnt, geschieht ein Bruch, aber die Erzählung bringt als Konfiguration die Ereignisse wieder zusammen. Schon von daher hat die Erzählung für Ricoeur einen erlösenden Charakter (vgl. Ricoeur 1996, 175; Anm.), sie hat eine Heilswirkung, weil sie die Verbindung zu dem zu Erzählenden aufgreift und in einen guten bzw. gelingenden Zusammenhang bringt.

3.4. Die Heilswirkung des Mythos im Ausgang der Aristotelischen Tragödienkonzeption

Ricoeur bezieht sich hier auf Aristoteles und dessen berühmte Auffassung über die Wirkung der Tragödie auf den Zuschauer:

Mythos
Aristoteles, *Poetik*

- **Ursprung und Seele der *Tragödie***
- **Tragödie**
  - Nachahmung (*mimesis*) einer guten und abgeschlossenen Handlung (kein Bericht)
    - von bestimmter Größe, in geformter Sprache
  - Reinigung (*katharsis*) durch / von Mitgefühl (*eleos*) und Schaudern (*phobos*)
    - Mitgefühl / Schauder nur bei „unschuldiger" Schuld (*hamartia*)

Mythos: Modell für das Leben

Wie schon gezeigt, spricht Ricoeur vom Mythos als Modell für das Leben. Leben wie im Mythos heißt: Das Leben wird überschrieben, refiguriert, bedeutet, bedeutsam und sinnhaft gemacht. Die Darstellung des Mythos wird von Ricoeur zugunsten des narrativen Momentes nicht allzu sehr hervorgehoben, obwohl sie ja gerade für Aristoteles zentral und wichtig ist. Für Aristoteles, von dem Ricoeur genau diese Idee der Bedeutung des Mythos übernommen hat, reicht es nicht, den Mythos zu erzählen: Der Mythos muss aufgeführt und dargestellt werden, wenn er eine kathartische Wirkung haben soll. Das geschieht aber nur in der Tragödie, welche den Mythos, das Modell für das Leben, theatral darstellt.

Aufgabe der Tragödie: Aufführung und Darstellung des Mythos

Der Mythos ist für Aristoteles *der Ursprung und die Seele der Tragödie*. Die Tragödie aber ist die Nachahmung einer guten und abgeschlossenen Handlung durch das Schauspiel. Es geht hier um eine Handlung, um die Mimesis einer guten, abgeschlossenen Handlung von bestimmter Größe und in geformter Sprache. Das künstlerische Element gehört dazu: Ohne die poetische Ausformung hat die Tragödie keine Wirkung. In der Mimesis wird eine Reinigung, eine Katharsis, bewirkt, und zwar durch das Mitgefühl von dem Mitgefühl und durch das Schaudern von dem Schaudern.

Das entsprechende Zitat aus der *Poetik*[13] des Aristoteles lautet:

> „Die Tragödie ist die Nachahmung einer guten und in sich geschlossenen Handlung von bestimmter Größe, in anziehend geformter Sprache, wobei diese formenden Mittel in den einzelnen Abschnitten je verschieden angewandt werden – Nachahmung von Handelnden und nicht durch Bericht, die Jammer und Schaudern hervorruft und hierdurch eine Reinigung von derartigen Erregungszuständen bewirkt" (Aristoteles 1994, 19).

Bedingung Katharsis: Geschichte der unschuldigen Verstrickung des Helden in Geschichten

Nun stellt sich die Frage: Wann tritt Jammer bzw. Mitgefühl und Schauder in dieser Weise auf? Sie treten nur dann auf, wenn die Geschichte die eines Protagonisten ist, der unschuldig in irgendwelche Zusammenhänge verstrickt wird, wenn also eine unschuldige Verstrickung vorliegt: Ansonsten haben wir weder Mitgefühl noch empfinden wir Schaudern.

Aristoteles sagt hierzu:

> „Man darf nicht zeigen, wie makellose Männer einen Umschlag von Glück ins Unglück erleben; dies ist nämlich weder schaudererregend noch jammervoll, sondern abscheulich ... Man darf auch nicht zeigen, wie Schufte einen Umschlag vom Unglück ins Glück erleben; dies ist nämlich die untragischste aller Möglichkeiten, weil sie keine der erforderlichen Qualitäten hat: sie ist weder menschenfreundlich noch jammervoll noch schaudererregend ... Andererseits darf man auch nicht zeigen, wie der ganz Schlechte einen Umschlag vom Glück ins Unglück erlebt. Eine solche Zusammenfügung enthielte zwar Menschenfreundlichkeit, aber weder Jammern noch Schaudern. Denn das eine stellt sich bei dem ein, der sein Unglück nicht verdient, das andere bei dem, der dem Zuschauer ähnelt, der Jammer bei dem unverdient Leidenden, der Schauder bei dem Ähnlichen. Daher ist dieses Geschehen weder jammervoll noch schaudererregend" (Aristoteles 1994, 39).

Aristoteles nennt ausschließende Gründe, warum letztlich nur die unschuldige Verstrickung ein solches Gefühl hervorruft und deshalb dargestellt werden soll und kommt im Folgenden zu einem weiteren wichtigen Kriterium:

> „So bleibt der Held übrig, der zwischen den genannten Möglichkeiten steht. Dies ist bei jemandem der Fall, der nicht trotz seiner sittlichen Größe und seines hervorragenden Gerechtigkeitsstrebens, aber auch nicht wegen seiner Schlechtigkeit und Gemeinheit einen Umschlag ins Unglück erlebt, sondern wegen eines Fehlers" (ebd.).

Es ist ein alter Streit unter den Altphilologen, was das denn wohl für ein Fehler sei. Aristoteles selbst sagt nichts dazu.

Immerhin stellt er aber fest, dass nicht moralische Verfehlungen gezeigt werden sollen, weil sie keine kathartische Wirkung hervorrufen. Vielmehr soll der Einbruch des Unbestimmbaren Schicksals und damit die Verstrickung in die Geschichte dargestellt werden. Hieran wird die weitreichende Bedeutung dieses Zitates von Aristoteles deutlich: Es geht darum, dass wir beim Zuschauen der Tragödie erkennen, dass wir selbst in Geschichten verstrickt sind, dass wir in diesen Verstrickungen leben und dass aufgrund dieser Verstrickung das Unheil schlagartig und völlig unvorhergesehen eintreten kann. Das allein erregt dieses Mitgefühl und Schaudern, von dem wir durch die Tragödie auch befreit werden können. Sie hält eine Lösung bereit, eine Lösung des grundsätzlichen Lebensproblems, des existenziellen Problems überhaupt, in Geschichten verstrickt zu sein.

Damit möchte ich die Ausführungen zur Hermeneutik abschließen und zur Dialektik übergehen.

III. Dialektik

1. Allgemeine Bestimmungen der Dialektik

1.1. Begriffliche Bestimmungen

- **Kunst der Erörterung**
  - Sokratisches Gespräch
- **Unauflösbarer Widerspruch/Gegensatz**
  - Transzendentale Erkenntnis der Vernunft
- **Entwicklung in Widersprüchen**
  - Selbsterkenntnis des Geistes

Dialektik als Kunst der Erörterung unterschiedlicher Positionen

In der Einleitung finden sich schon einige Zitate, die darauf hinweisen, was unter Dialektik verstanden werden kann. So ist zum Beispiel die Dialektik von ihrem antiken Verständnis her die Kunst der Erörterung. In diesen Zusammenhang gehört beispielsweise das Sokratische Gespräch, welches eine eigene Technik der Gesprächsführung zu erkennen gibt, oder der dialektische Aufsatz im Schulunterricht, bei dem die Kunst der gegensätzlichen Argumentation geschult wird. Es geht hier also um die Erörterung von Problemen, welche so oder so beantwortet oder gelöst werden können. Das ist aber nicht die einzige Definition von Dialektik.

Dialektik als ‚Kritik des Scheins' im Rahmen einer Selbstaufklärung der Vernunft

Dialektik ist auch – hier kommen wir auf die Transzendentalphilosophie Kants zu sprechen – ein unauflöslicher Widerspruch, ein Gegensatz, der durch die transzendentale Erkenntnis der Vernunft eingesehen wird. Das ist etwas ganz anderes als das Sokratische Gespräch: In der transzendentalen Erkenntnis geht es um eine Selbsterkenntnis der Vernunft im Hinblick auf die Beantwortung grundsätzlicher Fragen. Diese lauten zum Beispiel: Hat die Welt einen Anfang in der Zeit oder nicht? Ist eine Freiheit des Willens oder nicht? Beide möglichen Antworten auf diese Fragen müssen zunächst einmal stehen bleiben. Zur vernünftigen Einsicht gehört, dass die Vernunft solche Fragen *theoretisch* nicht klären kann und auch gar nicht soll. Für Kant ist letztlich nicht die theoretische Beantwortung dieser Fragen das Entscheidende, sondern das Zulassen dieser Fragen. Gerade der Sinn der Frage nach Freiheit ist für Kant nicht im Theoretischen, sondern im Praktischen zu suchen.

Dialektik als Prozess geschichtlicher Entwicklung in Widersprüchen

Aber auch das ist nicht alles, was zur Dialektik zu sagen wäre, denn ihre bekannteste Bestimmung findet sich in der Philosophie von Hegel. Dialektik wird hier verstanden als eine geschichtliche Entwicklung in Widersprüchen. Die Geschichte des Menschen ist eine Geschichte des Geistes, eine Geschichte der Selbsterkenntnis, welche sich in Widersprüchen vollzieht. Auch der so genannte Dialektische Materialismus sieht Dialektik im Sinne geschichtlicher und gesellschaftlicher Entwicklung als eine Praxis, die sich in Widersprüchen und Gegensätzen vollzieht.

Das sind die drei grundsätzlichen Begriffe von Dialektik. Die Frage ist nun: Wie lassen sich diese unterschiedlichen Begriffe von Dialektik als eine einheitliche Methode aufzeigen und für die Praktische Philosophie fruchtbar machen?

1.2. Methodische Bestimmungen

Dialektik als Methode

- **Argumentation**
  - Einnahme widersprüchlicher Positionen
    Sich-versetzen in die Gegenposition
- **Aufklärung**
  - Erkennen scheinbarer und notwendiger Widersprüche
    Vertreten beider Seiten des Widerspruchs
- **Versöhnung**
  - Überwindung widersprüchlicher Positionen
    Lösen des Konflikts

Das Sokratische Gespräch, die Möglichkeit der Erörterung, verlangt eine *Fähigkeit der Gesprächsführung*. Sie ist in diesem Fall methodisch erheblich.

Die Kantische Position verlangt eine Haltung kritischer *Toleranz* in dem Sinne, dass man nicht zu beantwortende Fragen offen lässt und dennoch dem Sinn ihrer Aufgabenstellung nachgeht. Das ist ebenfalls methodisch erheblich.

Die geschichtlich-dialektische Einsicht zeigt sich als eine *Fähigkeit*, den Entwicklungsverlauf, *die Dramaturgie des Lebens* oder der Geschichte als *aus unterschiedlichen und gegensätzlichen Elementen zusammengesetzt zu erkennen.* Hier wird also erkannt, dass Leben sich nicht einheitlich vollzieht, sondern in Widersprüchen, Gegensätzen und durch Krisen. Auch das ist methodisch erheblich. Wir versuchen nun, diese methodischen Möglichkeiten zu benennen.

Hermeneutische Kompetenz des Sichversetzens in das Andere

Im ersten Fall, also dem der Argumentation, finden wir die Dialektik als Methode, widersprüchliche Positionen einzunehmen. Dialektik bedeutet dann, so diskutieren zu können, dass wir uns auf die Position des Gegners einlassen und seine Position zumindest zu verstehen versuchen. Wir haben hier die Methode, wie wir uns in die Gegenposition versetzen können. Hierfür brauchen wir wiederum die hermeneutische Kompetenz des Sichversetzens in das Fremde, in das Andere. Die dialektische Methode baut also auf der hermeneutischen auf: Ohne hermeneutische Kompetenz ist keine Dialektik möglich.

Kompetenz der Übernahme des Anderen

Im zweiten Fall, also dem der Aufklärung, geht es um das Erkennen scheinbarer und notwendiger Widersprüche und auch um die Differenzierung derselben. Scheinbare Widersprüche sind solche, die einfach aufgrund eines logischen Irrtums oder auch sonstiger Irrtümer, z.B. einer optischen Täuschung, entstehen. Notwendige Widersprüche sind solche, in denen man sich nicht täuscht, sondern in denen man sich gerade *ent-täuscht* hat, an denen man sieht, was offen und ungelöst bleiben muss. Solche letzten Fragen, die offene Fragen sind, können nur vertreten werden, sie bleiben ungelöst. Die Methode der Vertretung widersprüchlicher Positionen verlangt über das bloße Sichversetzen hinaus die Fähigkeit und Kompetenz der Annahme und Übernahme des Anderen und Widersprüchlichen.

Kompetenz der Aufhebung des existenziellen Grundwiderspruchs

Der dritte Fall, also der der Versöhnung, zeigt eine Methode, die an Hegel angelehnt ist. Der dialektische Weg ist kein unendlicher Weg von ewigen Widersprüchen und deren Aufhebung zu neuen Widersprüchen, sondern er geht auf ein Ziel hin. Ziel der Einnahme widersprüchlicher Positionen ist die Überwindung des Widerspruchs. Das ist kein Rückfall hinter Kant, sondern die Einsicht in die dialektische Methode selbst. Hier ist die Kompetenz in der Lösung des Konfliktes zu sehen.

Das wären also Möglichkeiten, diese drei Formen der Dialektik umzusetzen. Wir werden dann vor allen Dingen im nächsten Band der *Grundlagen*, der sich darum bemüht, diese Methoden anzuwenden, sehen, wie gerade die Dialektik eine wichtige Rolle bekommt.

1.3. Inhaltliche Bestimmungen

1.3.1. Antike Ursprünge in Kult und Tragödie

Das Gemeinsame der verschiedenen Formen der Dialektik ist der *Widerspruch*.

Widerspruch
Antike

- **Theatral**
  - Kult (Bocksgesang)
    - Dionysos als Vernichter und Versöhner
      - lösbarer Konflikt
  - Tragödie
    - Aischylos, Sophokles, Euripides
      - unlösbarer Konflikt

Der Widerspruch und seine mögliche Lösung oder Auflösung macht ein altes philosophisches Thema aus, welches darüber hinaus auch ein menschliches Grundthema ist. Der Widerspruch wird in der Tragödie inszeniert. Die Tragödie gehörte zur Liturgie des Dionysos-Kultes in Griechenland und ist damit zunächst einmal ein kultisches Phänomen. Dionysos als der Protagonist der Tragödie tritt als Vernichter und Versöhner auf. Dabei wird der Widerspruch zwischen Erhaltung und Vernichtung des Lebens zum zentralen Thema. Was aber wider-

Eigentliches Thema der Tragödie: Grundwiderspruch von Leben und Tod

spricht sich hier genau? Das eigentliche Thema der Tragödie ist der Grundwiderspruch von Leben und Tod. Er zeigt sich darin, dass Leben nur auf der Basis des Todes möglich ist, dass Leben nur aus dem Tod hervorgeht und sich durch Zerstörung und Vernichtung erhält. Dieser Grundwiderspruch des Lebens wie auch die daraus hervorgehende untilgbare Schuld wird deshalb *tragischer Konflikt* genannt. Er ist auch *das* Thema der Tragödie bei den klassischen Tragikern Aischylos, Sophokles und Euripides. Genau genommen leistet die klassische Tragödie aber nicht mehr die ursprüngliche kultische Lösung des tragischen Konflikts, denn der tragische Konflikt im religiösen Kult ist kein offen gebliebener Konflikt. Hier wird Leben gegen Leben und damit auch Leben gegen Tod getauscht. In der klassischen Fassung der Tragödie, bei den genannten Autoren, gibt es keine Lösung in diesem Sinne. Hier stoßen vielmehr altes und neues Recht gegeneinander. Ich kann diesen Zusammenhang hier leider nur andeuten.[1]

1.3.2. Formalisierung des Grundwiderspruchs im Ausgang von Heraklit

Heraklit als Philosoph des Widerspruchs von Leben und Tod

Außerhalb der kultischen und theatralen Darstellung und Behandlung des Widerspruchs findet er seine Thematisierung in der Philosophie der Vorsokratiker und hier insbesondere bei Heraklit. Anhand der wenigen überlieferten Fragmen-

Widerspruch

Heraklit (5. Jhd. v. Chr.)

– Einheit der Gegensätze
  - Leben – Tod
  - das Selbe – das Nicht-Selbe
  - Streit – Harmonie
  - Bleiben – Wandel
  - Kampf – Stabilität

te hat man versucht, ein Bild seiner Philosophie zusammenzustellen. Heraklit gilt in besonderer Weise als der Philosoph des Widerspruchs und wird in erster Linie als Philosoph des Widerspruchs von Leben und Tod rezipiert. Eine Auswahl von Fragmenten des Heraklit[2] soll die verschiedenen Arten des Widerspruchs aufzeigen:

Zunächst zur Einheit der Gegensätze:

> „88. … Lebendes und Totes und Waches und Schlafendes und Junges und Altes. Denn dieses ist umschlagend jenes und jenes zurück umschlagend dieses“ (Diels 1957, 29).

Esoterische Einsicht in die Einheit der Gegensätze

Lebendes und Totes, Waches und Schlafendes, Junges und Altes, sind also ein und dasselbe.

Heraklit wendet sich immer gegen den ‚Pöbel‘, der genau dies nicht versteht. Die Einsicht in die Einheit der Gegensätze ist ihm verwehrt. Es ist auch von Heraklit selbst keine Methode überliefert, die zu einer solchen Einsicht führen könnte. Seine Lehre ist gewissermaßen esoterisch. Das geht aus dem folgenden Fragment hervor:

Widerspruch als dynamische Einheit

> „51. … Sie verstehen nicht, wie es auseinander getragen mit sich selbst im Sinn zusammen geht: gegenstrebige Vereinigung wie die des Bogens und der Leier“ (Diels 1957, 26-27).

Heraklit beschreibt hier also eine gegenstrebige Vereinigung wie beim Bogen. Die Spannkraft wird durch den Gegenzug beim Bogen oder der Leier erzeugt. Er spricht hier von einer dynamischen Einheit.

Heraklit kommt auch auf Dionysos zu sprechen, genau genommen auf die Reinigung im dionysischen Kult. Hier zeigt sich aber, dass er selbst nicht versteht, was die eigentliche

Bedeutung des Kultes ist. Zumindest geht es aus den Fragmenten nicht hervor:

Formalisiertes Verständnis von Dialektik

„5. … Aber Reinigung von (Blutschuld) suchen sie, indem sie sich mit neuem Blut besudeln, wie wenn einer, der in Kot getreten, sich mit Kot abwaschen wollte. Für wahnsinnig … würde ihn doch halten, wer etwa von den Leuten ihn bei solchem Treiben entdeckte“ (Diels 1957, 24).

Das Abwaschen von Blut mit Blut findet Heraklit beschämend. Daraus geht hervor, dass der Widerspruch bei ihm schon sehr formalisiert ist und dass er den Grundwiderspruch des Lebens, dass das Leben nur aus dem Tod hervorgehen kann, in seiner Auswirkung auf das Schuldbewusstsein nicht mehr versteht. Für ihn sind deshalb solche Riten, die sich an diese Schuld wenden und sie zu tilgen und abzuwaschen suchen, nur noch peinlich.

Ein weiteres Zitat soll auf die vereinende Bedeutung des Feuers hinweisen:

„67. … Gott ist Tag Nacht, Winter Sommer, Krieg Frieden, Sattheit Hunger. Er wandelt sich aber gerade wie das Feuer, das, wenn es mit Räucherwerk vermengt wird, nach dem Duft eines jeglichen heißt“ (Diels 1957, 27).

Feuer als Symbol der Einheit der Gegensätze

Das Feuer wandelt sich, wenn es sich mit Räucherwerk vermengt, und wird nach dem jeweiligen Duft benannt. Heraklit hat deswegen auch das Feuer als Grundprinzip angesehen, weil es als immer gleiches Feuer unterschiedliche Erscheinungsformen hervorbringt.

Zum Schluss sei noch das bekannteste Fragment genannt:

„53. … Krieg ist aller Dinge Vater, aller Dinge König. Die einen erweist er als Götter, die anderen als Menschen, die einen macht er zu Sklaven, die anderen zu Freien" (Diels 1957, 27).

Dieses bekannte Fragment wird uns als Überleitung dienen zur Dialektik Hegels.

Inhalt und Intention der Tragödie: unlösbarer Widerspruch zwischen Leben und Tod

Der kurze Exkurs in die Antike sollte zeigen, dass die Dialektik nicht bloß eine neuzeitliche Methode des Argumentierens und Denkens ist, sondern ein Grundthema der menschlichen Auseinandersetzung und Besinnung darstellt. Die Dialektik geht auf den Grundwiderspruch von Leben und Tod zurück. Der nicht zu lösende Widerspruch zwischen Tod und Leben bestimmt Inhalt und Intention der Tragödie. Er ist das Thema des tragischen Konfliktes.

Formalisierung des Grundwiderspruchs in der Philosophie

In der Philosophie wird dieser Widerspruch formalisiert, wie in den Fragmenten von Heraklit zu sehen ist: Er wird zu einem logischen Widerspruch stilisiert, wird zum Gegensatz des Selben und Nicht-Selben oder des Streites und der Harmonie. Hieraus entwickelt sich die dialektische Grundfigur, welche die Gegensätze nicht nur zulässt, sondern sie zu einem formalen und logischen Bestandteil der Auseinandersetzung des Menschen mit sich, mit dem Anderen, mit seiner Umwelt und mit der Gesellschaft macht, wie an dem bekannten Satz des Heraklit, dass der Streit oder Krieg der Vater aller Dinge sei, ersichtlich ist.

1.3.3. Redramatisierung des formalisierten Grundwiderspruchs in der neuzeitlichen Dialektik

Dialektik von *idem* und *ipse*

Identität *das Selbe – das Selbst*	Differenz *das Selbe – das Selbst*
• **Ricoeur**	• **Hegel**
– *Subjekt – Geschichte*	– *Sein – Werden*
• narrativ	• geschichtlich
	• **Sartre**
	– *Sein* und *Nichts*
	• existenziell

Narrative Identität: Identität von idem und ipse

In dem Schaubild finden Sie den dialektischen Widerspruch auf den Gegensatz von *idem* und *ipse* zurückgeführt, wie wir ihn schon bei Ricoeur gefunden haben. Dieser Gegensatz betrifft die Identität von *Selbigkeit*, also die ‚Dialektik' des Selben und des Selbst. Ricoeurs Anliegen ist es ja, zu zeigen, wie die narrative Identität, das *idem*, also die Charaktereigenschaften, die Prädikate, die man äußerlich feststellt, mit dem *ipse*, dem Selbst und seiner Geschichte, verbindet. Denn beides ist für sich unselbständig. Beides ist in der narrativen Identität zusammen als dialektische Identität, als ein dialektisches Zusammenkommen.

In der Dialektik wird aber weniger die Identität als vielmehr die Differenz im Streit, im Krieg oder im Auseinandergehen thematisiert. Dialektik ist zunächst einmal ein Eröffnen, ein Thematisieren, ein Deutlichmachen von Gegensätzen, wie das bereits in den Fragmenten von Heraklit gezeigt wurde. Bei Heraklit wird der Gegensatz nur in seiner Formalität deutlich. Wir werden deshalb auf zwei neuzeitliche Autoren eingehen, die den dramatischen Hintergrund dieser Gegensätzlichkeit herausstellen.

Eröffnung des dialektischen Dramas: Hegel und Sartre – Geschichte und Existenz

Der erste Autor ist G. W. F. Hegel als der Protagonist der neuzeitlichen und modernen Dialektik. Natürlich können wir Hegel hier nicht ausführlich behandeln, aber wir können versuchen, den Grundgedanken seiner Dialektik zu erfassen.

Die Hegelsche Dialektik ist eine des Gegensatzes zwischen dem *Sein* – dem Beständigen, dem Bestehenden, dem, was ist und was mit dem *Satz vom Widerspruch* erfasst werden kann – und dem *Werden*, also der Entwicklung, dem Vergehen, welches auf den *Satz vom Grunde* zurückgeführt werden kann. Die dialektische Logik bringt beide Grundprinzipien der Erkenntnis zusammen und hebt dabei die strikte Trennung und Verteilung bei der Anwendung dieser Prinzipien auf. Hegel gelingt diese Zusammenführung, indem er das Geschehen als eine geschichtliche Entwicklung darstellt. Die Geschichte ist nicht ein bloßes Vergehen von Zeiten, sondern eine gesetzmäßige Abfolge von Gegensätzen, von Widersprüchen, von Auseinandersetzungen, in denen sich Sein und Werden zwar differenzieren, aber – auch das ist Teil der philosophischen Aussage Hegels – zu einer Versöhnung finden. Ohne dieses Ziel der Geschichte wäre auch der Verlauf nicht dialektisch. Das Ziel zeichnet sich in den einzelnen Verläufen und einzelnen Schritten ab.

Der andere Autor, der von Hegel deutlich beeinflusst ist, ist Jean-Paul Sartre. Sartre bezeichnet sich selbst zwar als Phänomenologen, aber gerade sein Grundgedanke ist an der Hegelschen Terminologie geschult. Dieser Grundgedanke beschäftigt sich mit der Differenz zwischen dem *An-sich-sein*, dem Sein, und dem *Für-sich-sein*, dem Nichts. Sartre geht es dabei um das Spezifische der menschlichen Existenz. Er will aufzeigen, dass die Dialektik nicht als eine geschichtliche Entwicklung zu sehen ist, sondern in die existentielle Auseinandersetzung führt. Das ist allerdings etwas, was auch Hegel selbst schon gezeigt hat. Denn auch Hegels *Phänomenologie des Geistes*[3] beginnt ja nicht bei der Geschichte, sondern bei dem Bewusstsein bzw. bei dem Bewusstwerden des Hier und Jetzt, also ganz klar mit der offenbaren Erfahrung.

Greifen wir also zunächst Hegels *Phänomenologie des Geistes* auf.

2. Das Drama des Widerspruchs von *idem* und *ipse*

2.1. Hegel Kampf auf Leben und Tod um die Selbständigkeit des Selbstbewusstseins

Hegel

Phänomenologie des Geistes

„Herrschaft und Knechtschaft"

- **Selbständigkeit**
  - Für-sich-sein
    - Gewissheit
      - Sich-Wissen
        - einfaches
        - einzelnes
        - gegenständliches
    - Wahrheit
      - Negation
        - Dasein
        - Leben ego/alter
  - Aufhebung
    - Kampf auf Leben und Tod

- **Unselbständigkeit**
  - Für-andere-sein
    - Gewissheit
      - Sich-Auflösung
        - Furcht
        - Dienst
    - Wahrheit
      - Arbeit
      - Selbständigkeit
      - Sinn

Wir werden hier nicht den Weg des sich in der Welt zur Erscheinung bringenden Geistes nachgehen, sondern das prominente Kapitel *Selbstständigkeit und Unselbständigkeit des Selbst-*

bewußtseins; Herrschaft und Knechtschaft herausgreifen, nicht zuletzt deshalb, weil Sartre sich gerade auf dieses Kapitel beziehen wird.

Es wird auch behauptet, Sartre habe Hegels Werk nur bis zu diesem Kapitel rezipiert bzw. er habe überhaupt nur dieses Kapitel *Herrschaft und Knechtschaft* gelesen. Man glaubt, dies anhand von Anstreichungen in seinem Handexemplar nachweisen zu können. In der Tat ist dieses Kapitel besonders wichtig für Sartre, allerdings nicht lediglich für ihn, sondern überhaupt für die gesamte französische Philosophie der zweiten Hälfte des 20. Jahrhunderts. Der philosophiegeschichtliche Hintergrund ist bei Alexandre Kojève und seinen Vorlesungen über *Hegels Religionsphilosophie*[4] zu suchen, die er in seiner Zeit an der École pratique des Hautes Études in Paris von 1933 bis 1939 hielt. Kojève las Hegel aus existenzphilosophisch-phänomenologischer Perspektive und interpretierte ihn recht eigenwillig.[5] Zu den Zuhörern seiner Vorlesung zählte nicht nur Maurice Merleau-Ponty, Jean Hyppolite, Jacques Lacan, Georges Bataille, sondern eben auch Jean-Paul Sartre. Kojèves Einleitung in Hegels Denken umfasste nur eine Einleitung in das Kapitel *Herrschaft und Knechtschaft*. Aber das zeigt auch, dass dieses Kapitel nicht irgendein Kapitel ist, sondern ein zentrales oder vielleicht das zentrale Kapitel der *Phänomenologie des Geistes*. In den vorangegangenen Kapiteln der *Phänomenologie* hat sich Hegel damit auseinandergesetzt, wie sich das Bewusstsein konstituiert und dabei auf sich selbst stößt. Diese Selbsterkenntnis ist aber nicht selbständig, da sie sich nicht als Wahrheit erfassen kann. In diesem Kapitel nun konstituiert sich das Selbstbewusstsein erstmalig vom Anderen her.

Selbstbewusstsein: unselbstständige Selbstständigkeit

Zunächst zeigt sich die Selbständigkeit des Bewusstseins in seinem *Für-sich-sein*. Das *Für-sich-sein* ist eine formale Bezugnahme. Das Bewusstsein erkennt sich *für-sich* und erfasst sich als ein *Sich-Wissen*. Einerseits hat es Gewissheit, da ich nämlich weiß, *dass* ich bin. Das ist das *Sich-Wissen*. Ich weiß mich als Einfaches und auch als Gegenständliches. Das *Sich-Wissen* ist das Wissen, *dass* ich bin, als eine reine Gewissheit. Aber diese Gewissheit ist als solche noch keine Wahrheit. Die Gewissheit muss sich zur Wahrheit erheben und wird sich auch zur Wahrheit erheben. Denn es ist der Anspruch des Geistes – und auch Leitthema der *Phänomenologie* –, die unmittelbare Gewissheit zur Wahrheit zu erheben.

Für-sich-sein: unmittelbare Gewissheit des Sich-Wissens

Offenbar ist das Ich als solches aber noch nicht *wahr*, sondern nur *gewiss*. Damit es als Ich nicht nur gewiss, sondern wahr werden kann, bedarf es eines Erkennens, welches über die bloße Selbstgewissheit hinausgeht.

Die Frage nach der Wahrheit der unmittelbaren Gewissheit

Hier stellt sich die Frage: Wieso ist die Selbstgewissheit nicht ausreichend? Wieso bin ich mir nicht selbst genug in meiner Selbstgewissheit, in meinem *Mich-Wissen*? Wie kommt es, dass ich dieses *Mich-Wissen* als ungenügend erfasse? Die Antwort lieg in der ungenügenden Inhaltlichkeit der Selbstgewissheit. Ich weiß inhaltlich nichts von mir. *Ich weiß zwar, dass ich bin, aber ich weiß nicht, was oder gar wer ich bin.* Wenn ich etwas erfahren will, dann erfahre ich das allein über den Anderen.

Die Wahrheit über mich erfahre ich also nicht aus mir selbst, sondern über den Anderen. Der Andere erhält plötzlich die entscheidende Position, mir zu meiner Gewissheit, die ich schon habe, auch noch meine Wahrheiten zu sagen, die ich vielleicht gar nicht ertragen kann, da sie sich auf bloße Äußerlichkeiten beziehen. Denn der Andere hat ja nur das äußerliche Bild von mir. Das Erkennen, *dass* ich bin, reicht zur Wahrheit des Ich nicht hin, da das Ich sich selbst schon als unselbständig erfährt. Die Selbstgewissheit ist deshalb an-

Die Position des Anderen bei der Frage nach der Wahrheit der Selbstgewissheit

fällig für die Anerkennung, die ich durch den Anderen bekomme. Der Andere drängt mir die Wahrheit über mich auf, indem er mich nach meinen Eigenschaften beurteilt, eine Wahrheit allerdings, die sich nicht deckt und auch nicht decken kann mit der Gewissheit, die ich immer schon habe. Hier liegt die Wurzel des *dialektischen Widerspruchs*.

Dialektischer Grundwiderspruch: Widerspruch zwischen Selbstgewissheit und Wahrheit

Das Zu- oder Absprechen von Eigenschaften ist zunächst eine Art von Negation meiner eigenen Gewissheit. Denn das, was ich gewiss weiß, wird über bestimmte Eigenschaften anerkannt, die ich von mir aus als solche aber grundsätzlich nicht anerkennen kann, weil sie grundsätzlich nicht hinreichen. Denn das, was ich von dem Anderen über mich erfahre, bin ich ja nicht als Selbst. An diesem Widerspruch entwickelt sich nun die Dialektik. Hegel nennt sie hier auch ein *Spiel der Kräfte*.

Dieses Spiel der Kräfte ist ganz wörtlich zu nehmen. Denn es sind erstens *Kräfte* der Selbstbehauptung, die hier aufeinander treffen. Zweitens handelt es sich um ein *Spiel,* denn diese Kräfte können sich gerade wegen der Absicht der Selbsterkenntnis nicht bis zur letzten Konsequenz, dem Töten des Anderen, behaupten. Das Selbstbewusstsein muss seine Selbstbehauptung geltend machen und sich gegen das absetzten, was es über sich an Wahrheiten von dem Anderen erfährt. Es kommt dabei zu einem Kampf auf Leben und Tod um die Anerkennung durch den jeweils anderen – einem Kampf, der auch ein Spiel ist, da er nicht tödlich ausgehen darf. Der Kampf auf Leben und Tod ist eine ernste Simulation, um die Gewissheit (sich als Selbst zu erkennen) zur Wahrheit (als Selbst anerkannt zu werden) kommen zu lassen.

Warum ist dieser Kampf auf Leben und Tod, bei dem um das Äußerste, nämlich das Leben, gekämpft wird, notwendig? Weil sich das Leben in seiner bloßen Gewissheit auch als Wahrheit zu bewähren hat. Diese Bewährung findet in der

Anerkennung statt. Deshalb ist der Tod der Einsatz, der gebracht werden muss, damit das Leben nicht nur erkannt, sondern auch anerkannt wird.

Ich zitiere aus dem genannten Abschnitt:

> „Das Verhältnis beider Selbstbewusstsein [die hier also aufeinander treffen, um gegenseitig von sich die Wahrheit und Anerkennung zu holen, S.G.] ist also so bestimmt, daß sie sich selbst und einander durch den Kampf auf Leben und Tod bewähren. – Sie müssen in diesen Kampf gehen, denn sie müssen die Gewißheit ihrer selbst, für sich zu sein, zur Wahrheit an dem andern, und an ihnen selbst erheben. Und es ist allein das Daransetzen des Lebens, wodurch die Freiheit, wodurch es bewährt wird, daß dem Selbstbewußtsein nicht das Sein, nicht die unmittelbare Weise, wie es auftritt, nicht sein Versenktsein in die Ausbreitung des Lebens, – das Wesen, sondern daß an ihm nichts vorhanden, was für es nicht verschwindendes Moment wäre, daß es nur reines Fürsichsein ist" (Hegel PhdG, 130-131 [111]).

Kampf auf Leben und Tod: Kampf um die Wahrheit des Seins

Der Einsatz des Lebens zeigt, dass die Einzelheiten dieses Lebens – die Eigenschaften und Äußerlichkeiten – vor der Bedeutung der Gesamtheit dieser Gewissheit gleichgültig sind. Der Einsatz des Lebens ist damit eine Negation der Negation, nämlich die Negation der Bestimmungen, die als Wahrheiten von außen – durch den Anderen oder auch durch mich selbst – meine Selbstgewissheit schon einmal negiert haben. Diese einzelnen Bestimmungen gelten nichts *für mich.*

Das ‚Ich bin' ist an Bedeutung allem überlegen und über alles erhaben, was von außen oder von mir selbst an Eigenschaften und Charakteren angetragen wird. Hier zeigt sich die Differenz von *idem* und *ipse*, von Eigenschaft und Person, von Eigenschaft und Selbst, als dramatische Auseinandersetzung. Das Selbst kann keine Eigenschaften akzeptieren. Darin liegt der Grund, warum es eine solche Totalität des Einsatzes des Lebens gibt. Es geht um die Wahrheit des Seins. *Herr* und *Knecht* sind Typisierungen des Behauptens und des Nachgebens

Fortschritt im Anerkennen der Unselbstständigkeit

Der Kampf auf Leben und Tod führt allerdings nicht dazu, dass jemand stirbt, sondern er führt zu einer Ungleichheit der Selbständigkeit. Das Ergebnis des Kampfes ist, dass einer dieser Kämpfenden nachgibt. Warum? Weil der Tod keine Lösung wäre. Wenn in diesem Kampf, der ja in gewisser Weise eine Inszenierung darstellt, einer zu Tode käme, dann wäre keine Anerkennung möglich. Anerkennung kann nicht von einem Toten ausgehen. Einer der Kämpfenden muss nachgeben, muss der Klügere sein, denn er erkennt, dass das *Für-sich-sein* kein selbständiges Prinzip ist. Er geht den Schritt in die Unselbständigkeit. Dieser Schritt ist aber ein Fortschritt, denn das Nachgeben hat zur Folge, dass der Unterlegene, welcher der Klügere ist, sein *Für-sich-sein* im Sinne eines *Für-Andere-sein* zu verstehen gibt. Er ordnet sich zwar unter und macht sich zum Knecht, aber er hebt damit den Konflikt auf. Das führt zur Ungleichheit der beiden Kontrahenten. Derjenige, der nachgibt, ist derjenige, der das Für-sich-sein aufgegeben hat zugunsten eines *Für-andere-sein.* Das ist ein Aufgeben und Aufheben des *Für-sich-sein* zugunsten des *Für-andere-sein.*

Für-andere-Sein: Sich-Wissen in Form des Dienstes am Anderen

Im *Für-andere-sein* besteht die Gewissheit nicht im *Sich-wissen*, sondern in der Furcht und der Auflösung, die der Nachgebende erfahren hat. Er hat dieses *Sich-wissen* als Negation, als vollständige Erzitterung, als Angst, als Todesangst erlebt, während derjenige, der sein Leben aufs Spiel gesetzt hat und sich als Herr behauptet, diese Einsicht nicht hat. Der Klügere gibt sein Leben nicht auf, sondern bewahrt es, allerdings als in der Todesangst *durchnichtetes* Leben. In der

Todesangst löst sich das *Sich-wissen* als Selbstbehauptung auf, es verschwindet und wird zum Dienst am Anderen.

Arbeit: Wahrheit des Für-andere-Seins als Form von Selbständigkeit im schaffenden Umgang mit den Dingen

Die Wahrheit dieser Unselbständigkeit ist nun die *Arbeit*. In der Arbeit bekommt der Knecht, der Dienende, wieder seine Selbständigkeit. Dies ist allerdings eine andere Selbständigkeit als die ungenügende Selbstständigkeit des Sichwissens, nämlich die Selbständigkeit in und bei der Bearbeitung der Dinge. Diese neue Form der Selbständigkeit kennt der Herr, der Herrschende, der rein Genießende, nicht. Damit ändert sich die Hierarchie, die sich zwischen Herr und Knecht eingestellt hat. Der Untergebene bekommt einen Vorteil, weil er die Dinge bearbeiten kann und darin eine Überlegenheit über den Herrn erwirbt, welcher lediglich von diesen Produkten abhängt. Der Knecht lebt am Puls der Wirklichkeit, der Herr hat nur noch indirekt Verbindung zur Welt und zu den Dingen, deren er bedarf. Der Herr genießt zwar die Wirklichkeit, aber nur vermittels des Knechtes. Damit ist der Herr zur Degenerierung vorbestimmt. Die Arbeit schafft also eine neue Form von Selbständigkeit im schaffenden Umgang mit der Welt.

Die Selbständigkeit, die sich aus dem reinen Selbstbewusstsein ergibt, ist eigentlich unselbständig. Sie ist nur reine Gewissheit, die aber ohne Wahrheit ist. Über die Wahrheit negiert sich diese Selbstständigkeit und kommt über den Kampf zur Unselbständigkeit. Das wiederum ist ein Fortschritt, bei dem sich zeigt, dass die Unselbständigkeit, also das *Für-andere-sein*, eine neue Form von Selbständigkeit entwickelt, nämlich in der Bearbeitung des Gegenstandes. Arbeit stellt sich als eine kreative Kraft dar, durch welche die Welt neu gebildet wird. Die Unselbständigkeit wird hier zur Selbständigkeit, indem die Arbeit eine neue Form von Sinn gewährt.

2.2. Jean-Paul Sartre
Die Ohnmacht des unselbständigen Selbstbewusstseins im Blick des Anderen

Sartre: Wie lässt sich Selbständigkeit begreifen?

Kommen wir nun zu Jean-Paul Sartre. Man kann die Positionen von Hegel und Sartre allein schon deshalb so dicht zueinander stellen, weil Sartre das Anliegen von Hegel zu seiner eigenen Angelegenheit und Methode gemacht hat. Auch bei Sartre geht es um die Selbständigkeit des Ich bzw. des Selbst und um die Frage, wie sich diese Selbständigkeit begreifen lässt.

Unübertragbarkeit des sachlichen ‚An-sich' auf das ‚Für-sich'

Die Selbständigkeit drückt Sartre in der Spannung der Begriffe von *An-sich* und *Für-sich* aus. *An-sich-sein* bedeutet, dass etwas an sich und durch sich gegründet erscheint und damit den Charakter von Fakten hat. *An-sich* sind nur Gegenstände, die uns als Objekte vorliegen. Wenn wir von Gegenständen sprechen, etwa von einem Tisch, dann meinen wir das An-sich-sein des Tisches. Wir sprechen vom Tisch als solchem oder als diesem. Dabei wird allerdings nur ein faktisch gegebenes In-sich-gegründet-Sein gemeint, eine sachliche Identität, welche die Selbständigkeit des Seins von Dingen ausmacht.

Diese Selbständigkeit ist aber völlig wertlos, weil sie nicht in mich übergeht: Dieses An-sich-sein der Gegenstände kann nicht auf das Ich übergehen oder übertragen werden. Deshalb ist das Ich nicht *An-sich*. Ich bin zwar Ich, aber nicht *an* mir. Wir sind hier vor das gleiche Problem gestellt, wie schon bei Hegel: Das Ich ist nicht konsistent, es gibt kein Gegründet-Sein dieses Ichs durch sich selbst. Die Gewissheit des

'Ich bin Ich' ist kein Grund, nicht einmal ein Sein im Sinne des *An-sich*, sondern vielmehr das *Nichts* in dem reinen Bezug, den ich zu mir einnehme. 'Ich bin Ich' ist ein *Für-sich-sein*, das an Inhalt überhaupt nichts hergibt.

Grundproblem: Unmöglichkeit des Ich, sich auf sich selbst zu gründen

Sartre
Das Sein und das Nichts
„Die konkreten Beziehungen zu Anderen"

- **Selbständigkeit**
  - An-sich
    - Sein
    - Grund
- **Unselbständigkeit**
  - Für-sich
    - Nichts
    - Flucht
    - Verfolgung
    - Beziehung
  - Für-andere
    - Objekt

Das *Für-sich-sein*, dieser reine Bezug des Ich zu sich ohne irgendwelche inhaltliche Aussage, ist bei Sartre allerdings nicht unter dem Titel der Unselbständigkeit zu führen. Er versteht dieses *Für-sich-sein* derart, dass das Ich nicht auf sich selbst gegründet werden kann – wie ein Tisch oder ein Brieföffner, den er als Beispiel in seiner Schrift *Der Existentialismus ist ein Humanismus*[6] anführt. Wir können die Existenz und den Seinsmodus eines Brieföffners nicht übernehmen. Wir sind im reinen Selbstbezug schwebende Existenzen, die auf der Flucht vor Bestimmung sind. Das *Nichts* setzt diese Flucht in Gang. Das *Für-sich* ist Flucht wovor? Vor einer klaren Festlegung durch Eigenschaften, Charaktereigenschaften, Zuordnungen. Dennoch werden letztlich genau diese Eigenschaften gesucht. Denn das *Nichts* ist ein schwebender Zustand, der – in der Terminologie von Hegel – nur Gewissheit, aber keine Wahrheit ist. Die Wahrheit wird über die Eigenschaften bestimmt. Genau dies macht das *Für-sich-sein* zu einer reinen Dynamik der Selbstsuche und der Selbstflucht.

Weiterhin ist die Dynamik des *Für-sich,* das reine Bezogensein auf sich, reine *Beziehung*. Sie ist die Beziehung schlechthin, nämlich die Beziehung, die ich zur mir selbst habe und die sich als *Nichts* von Eigenschaften erweist. Diese Dynamik, in der ich vor Eigenschaften fliehe, um wiederum Eigenschaften zu verfolgen, ist verbunden mit der Tatsache, dass das *Für-sich* reine Beziehung ist. Deshalb bildet das *Für-sich* eine Art Achillesverse, eine verwundbare Stelle, an der die Monade des Selbst für den Anderen geöffnet ist. Als reine Beziehung ist das Für-sich auf alles Äußere bezogen, auch auf den Anderen. Deshalb bricht der Andere gleichsam wie ein Schlag in mein Bewusstsein ein. Das hat Sartre in *Das Sein und das Nichts*[7] in einem längeren Kapitel über den Blick dargelegt.

Der Blick: Eröffnung des Für-sich-sein als reine Beziehung

Der Blick des Anderen macht mir deutlich, dass ich nicht durch mich selbst begründet bin. Er schätzt mich ab, macht mich zum Objekt, was ich für mich nie sein kann. Er macht mir meine reine Abhängigkeit deutlich. In dem Angeblicktwerden werde ich von dem Anderen nicht nur taxiert, eingeordnet und bewertet, sondern auch auf mein eigenes Sein gestoßen, welches reine Beziehung ist. Entsprechend heißt es in *Das Sein und das Nichts*:

> „Deshalb trifft das Auftauchen des Anderen das Für-sich mitten ins Herz“ (Sartre SuN, 635).

Das Auftauchen des Anderen trifft das *Für-sich* mitten ins Herz, weil das *Für-sich* nichts als Beziehung ist.

> „Durch und für den Anderen ist die verfolgende Flucht zu An-sich erstarrt“ (ebd.).

Durch und für den Anderen ist die verfolgende Flucht dieses *Für-sich-seins*, was sich flieht und verfolgt, zu *An-sich* erstarrt. Für den Anderen bin ich ganz einfach Objekt, also das, was ich für mich nie sein kann. Auch wenn ich mich zum Beispiel vor dem Spiegel betrachte, dann sehe ich zwar *etwas*, das aber eigentlich nicht *ich* bin, sondern nur mein Äußeres. Man muss sich an sein Spiegelbild erst einmal gewöhnen. Diese Fremdheit gegenüber dem eigenen Fleisch hat Sartre in seinem Roman *Der Ekel* thematisiert. Das Fleischsein des Gesichtes, bin ich das? Das bleibt für mich eine Frage. Aber der Andere sieht mich einfach so, wie ich als Fleisch erscheine. Der Andere bestimmt mich von dieser Seite und scheint *das Geheimnis meines Seins* zu besitzen. Auch wenn das nur scheinbar der Fall ist, so hat es für mich doch Relevanz, weil der Andere mich zu einem Objekt, zu einem *An-sich* machen kann. Das ist der Hintergrund dieses etwas schwierig anmutenden Satzes von Sartre.

Der Andere als Besitzer des Geheimnisses meines Seins

In dieser Situation der Objektivität, in der mein eigenes *Für-mich-sein* für den Anderen außen zu *An-sich*, zu Fleisch und Objekt, erstarrt ist, ereignet sich die Grundinszenierung des Verhältnisses zum Anderen, denn Ich muss zu dieser Situation Stellung nehmen.

Deshalb sagt Sartre:

> „Das ist der Ursprung meiner konkreten Bezüge zu Anderen" (Sartre SuN, 635-636).

Mein *An-sich* liegt nach außen hin für den Anderen in meiner Leiblichkeit ausgebreitet. Das ist für den Anderen und über den Anderen auch für mich ein erstarrtes *An-sich*.

Diese konkreten Bezüge „werden völlig von meinen Haltungen gegenüber dem Objekt beherrscht, das ich für andere bin" (Sartre SuN, 636). Das ist der Punkt: Es geht um dieses nach außen Erstarrte und mir nicht zugängliche, dem Anderen aber zugängliche oder sogar *zuhandene* objektive, fleischliche Dasein.

> „Der Andere *erblickt* mich und besitzt als solcher das Geheimnis meines Seins, er weiß, was ich *bin*; demnach ist der tiefe Sinn meines Seins außerhalb meiner, in einer Abwesenheit gefangen; der Andere ist mir gegenüber im Vorteil" (ebd.).

Möglichkeiten der Selbstbehauptung: 1. Objektivierung des Anderen 2. Assimilation des Anderen

Hier nennt Sartre zwei Möglichkeiten, diesen Vorteil wieder auszugleichen: Ich kann einerseits den Anderen natürlich auch zum Objekt machen. Dies zu tun bin ich ja von jeher schon im Begriff, denn indem ich dem Anderen die gleiche Objektivität gebe, verliert er diese Bestimmung: Der Blick ist dann nur noch das Auge. Die andere Möglichkeit besteht darin, sich des Anderen zu bemächtigen, ihn zu assimilieren, um damit in den Besitz des Geheimnisses meines Seins zu kommen. Die Strategien, die Sartre hier darstellt, müssen für unsere methodische Fragestellung nicht entfaltet werden. Hier geht es uns nur um die Herausstellung des streitbaren und umkämpften Punktes zwischen der äußerlichen Erscheinung, dem Objekt, das ich für andere bin, und meinem Wissen um mich, welches diesen Status der Objektivität nicht hat. Hier prallen zwei unterschiedliche Arten des Wissens zusammen. Das eine ist das objektive Wissen, das mein Blick von außen darstellt, auch wenn ich mich selbst im Spiegel betrachte, das andere ist das Selbstwissen, dem diese Außenperspektive nie genügt.

Initiationspunkt der Dialektik: Der Widerspruch zwischen idem und ipse

Das ist der Initiationspunkt der Dialektik: der Widerspruch von *idem* und *ipse*. Das Selbstsein, das eben nur als *Für-sich*, als reines *Nichts*, als Beziehung, gewusst wird, widerspricht dem Selben, welches eine Feststellung über Eigenschaften, Prädikate, Charaktermerkmale usw. darstellt. Diese beiden unterschiedlichen Zugänge zu dem Selbst kommen nicht überein, sie gehen nicht ineinander über: *idem* und *ipse* lassen sich nicht ineinander überführen. Das heißt: Die Dialektik von *idem* und *ipse* muss erhalten bleiben und sie bleibt auch erhalten.

Für Sartre geht der Impuls, der die Dialektik erhält, von der menschlichen Freiheit aus. Die Freiheit lässt sich nicht in irgendeine Bestimmung einzwängen, sei sie wissenschaftlicher Art oder sei sie in Beziehungen gelebter Art. Das Lebensproblem besteht nun überhaupt darin, die im Selbst sich auslebende Freiheit, das Wissen um dieses Selbst, immer mit positivem Wissen, mit Charaktereigenschaften, verbinden zu müssen.

> „Hier erkennt man ... die unentwirrbare Verbindung von Freiheit und Faktizität in der Situation, weil ohne die Faktizität die Freiheit nicht existierte – als Nichtung- und Wahlvermögen – und ohne die Freiheit die Faktizität nicht entdeckt würde und nicht einmal irgendeinen Sinn hätte" (Sartre SuN, 856).

Der innere Konflikt, der innere Streit, stellt sich in der Dialektik dar oder wird von ihr dargestellt.

3. Die Dialektik in der leiblichen Erscheinung des Selbst

Die Betrachtung zweier dialektischer Ansätze bei Hegel und Sartre hat herausgestellt, dass die dialektische Methode ein anderes Szenario zugrunde legt, als wir es in der Phänomenologie und in der Hermeneutik vorgefunden haben. Die Dialektik geht von dem Grundmodell einer interaktiven Situation zweier Subjekte aus.

Dialektik: Kampf um Anerkennung als dramaturgische Handlung

Gerade bei Hegel ist das Zustandekommen dieses Szenarios gut nachvollziehbar: In seiner *Phänomenologie des Geistes*, also in der Erscheinung und vor allem in der Erscheinungsfolge der einzelnen Gestaltungen von Bewusstsein, geht das Bewusstsein des *Selbst* (ipse) nicht lediglich aus dem *Erkennen* des *Selben* (idem), sondern aus einem Bemühen um *Anerkennung* hervor. Das bedeutet für Hegel Kampf. Hier wird im Unterschied zu den bisher behandelten Methoden eine *Handlung* zugrunde gelegt. Diese Handlung der Anerkennung hat, wie alle Handlungen, eine Dramaturgie, einen Handlungsverlauf. Das ist weder bei der Phänomenologie noch bei der Hermeneutik der Fall.

Phänomenologie: Starre Gegenüberstellung von Subjekt und Welt

Das Szenario der Phänomenologie ist fest: Sie stellt das Subjekt in eine das Subjekt umgebende Welt. Auch wenn dabei nicht nur der Nahbereich der Umwelt in Betracht gezogen wird, wie das in der klassischen Phänomenologie der Fall ist, sondern wie in der sogenannten *Neuen Phänomenologie* auch der Fernebereich der Stimmungen mit einbezogen wird, bleibt die Aufstellung starr. Sie ist zentral auf das wahrnehmende und erfahrende Subjekt bezogen. Die Welt ist dabei dem Subjekt frontal gegenübergestellt.

Hermeneutik: Dezentralisierung des Subjekts im Verstehens als Wiederfinden des Ich im Du

Die Aufstellung der Hermeneutik geht nicht von einem zentral in die Welt gesetzten Subjekt aus, das in seinem Verhältnis zur Welt hin betrachtet wird. Sie ist von ihrer Methode her sogar dezentralisierend, indem das Verhältnis der Subjekte in Betracht gezogen wird. Subjekte werden dabei verstanden als in Geschichten lebend und sich über und durch ihre Geschichten verstehend. Die Hermeneutik ist in Bezug auf das Subjekt wesentlich dezentral. Das zeigt schon das Grundprinzip, das *Wiederfinden des Ich im Du*, welches die Möglichkeit des *Verstehens* im Unterschied zum *Erklären* herausstellt. Verstehen bedeutet eine Übertragungsfähigkeit von einem Subjekt auf das andere.

Hegel: Selbsterkennen über die Anerkennung vom Anderen her

Dies ist, wie schon herausgestellt wurde, auch die Bedingung für ein dialektisches Verstehen und das daraus entstehende Handeln. Das Ich muss sich im Du wiedererkennen können, um die Erwartung und den Anspruch zu haben, das Selbsterkennen über das Anerkennen und die Anerkennung vom Anderen zu erlangen. Dieses Wiedererkennen findet für Hegel in der bloßen Wahrnehmung eines anderen Selbst statt.

Sartre: Entdeckt-werden des Ich durch den Anderen

Anders ist das bei Sartre, hier bricht der Andere in das Selbst ein, indem sich das Selbst erblickt weiß. Das ist kein Wiederkennen des Ich im Du, sondern das Entdeckt-werden, gewissermaßen auch das Ertappt-werden des Ich durch das Du. Im Erblickt- und Ertappt-werden bricht das Du in das Ich ein, weil das Du das Wesen des Ich zu besitzen scheint. Diese eigenartige Konstellation entsteht daraus, dass sich der Blick des Anderen, des Du, auf meine Außenseite, meinen Körper, richtet. Der Anderes erblickt mich und sieht mich als Objekt, das heißt als ein Ding, das aber wie jedes andere Ding auch den Charakter des *An-sich* hat. Deshalb scheint in diesem Blick der Andere das Geheimnis meines Seins zu haben. Diese Vermutung geht von mir selbst, dem Erblickten aus, weil ich im Blick des Anderen so vorfindlich und vorhanden werde, wie ich mir selbst nie vorfindlich und vorhanden werden kann – nämlich als Objekt. Die aus dem Erblickt-werden entstehende Dynamik ist mit Hegels *Kampf auf Leben und Tod* vergleichbar. Nur ist der Kampf der Blicke noch radikaler, weil die Ohnmacht, sich selbst nicht begründen und damit verselbigen zu können, offen heraustritt. Das Selbst kann sich nicht von sich aus und durch sich allein zu einem Selben, zu einer Identität, machen.

Dialektik von Selbem und Selbst als Voraussetzung des Handelns

Im *System der Ethik* wurde dargestellt, wie für Sartre aus dieser Ohnmacht, sich nicht selbst zum Selben machen zu können, das menschliche Handeln entsteht.[8] Menschliches Handeln unterscheidet sich grundsätzlich von bloßen Körperbewegungen oder gar tierischem Verhalten, weil es aus keinem kausalen, sondern aus einem dialektischen Verhalten des Selbst zu sich hervorgeht. Die vorliegende Behandlung der Frage dreht sich jedoch nicht um die sich daraus entwickelnde Dynamik menschlicher Handlung, sondern eben um deren Voraussetzungen, welche zu dieser Eigentümlichkeit menschlicher Handlung führen. Hier kann die Dialektik die Wechselseitigkeit im Verstehen herausstellen und als eine Reziprozität, welche auf der Diskrepanz von Selbem und Selbst aufgebaut ist, vertiefen.

Aufweis der bestimmenden Äußerlichkeit durch die Dialektik

Nun konnte auch schon die Hermeneutik diese Widersprüchlichkeit aufweisen, was sich gerade in Ricoeurs Bemühen, die Identität als narrative Identität aufzuzeigen, verdeutlichte. Über diese schon von der Hermeneutik herausgestellte Diskrepanz erfasst die Dialektik die eigentümliche und geradezu widersinnig erscheinende Tatsache, dass die Innerlichkeit des Selbst durch den Blick und das Erblickt-werden gerade am Äußerlichen, an der dinglichen Erscheinung des Leibes und seinem zufälligen Aussehen, festgemacht wird.

Das bedeutet nicht nur, dass ich an mir eine Außenseite in der leiblichen Existenz erfasse, sondern dass diese Außenseite erst im Erblickt-werden durch den Anderen wesenhaft und bestimmend wird. Die Außenseite des Selbst wird also durch das Zur-Schau-stehen und die Zur-Schau-Stellung in einer bestimmenden und nötigenden Weise existent.

Theatralität

Zur-Schau-stehen/stellen

• **das Selbst (für-sich)**	• **das Selbe (für-Andere)**
– Leib für sich	– Leib für Andere
• Sich-fühlen	• Erblicktwerden
• Subjektiver Leib	• Objektiver Leib
– Person	– Rolle/Maske
• Präsenz	• Repräsentation
• Aufgabe	• Zur-Schau-stellen
• Tätigkeit	• Performation
• Wirklichkeit	• Theater
– Authentizität	– Rollenspiel
• Sich darstellen	• Rolle darstellen

Diese Veräußerlichung des Innersten ist der tiefste Widerspruch, den das Selbst erfahren muss. Das Selbst erfährt hier gleichsam ‚am eigenen Leib', dass es durch sein Äußerliches, durch seinen Leib, dargestellt und vertreten erscheint. Der Bezug zur eigenen Leiblichkeit kann damit erst von der dialektischen Methode in seiner eigentlichen spezifischen Form erfasst werden.

Keimzelle der Dialektik: Die Objekthaftigkeit des eigenen Leibes

Natürlich ist der dialektische Bezug zum Leib nicht der einzige und schon gar nicht der primäre Bezug. Der Leib erscheint zunächst unmittelbar in der leiblichen Verfassung der Befindlichkeit, also der Regungen wie Wollust und Schmerz und der sich darstellenden Stimmungen und Gefühle. Dies hat der menschliche Leib mit dem tierischen Leib gemeinsam. Die leibliche Kultur beginnt aber erst jenseits dieser Unmittelbarkeit, indem der Leib auch Gegenstand und Objekt für das Selbst wird. An der Gegenständlichkeit und Objekthaftigkeit entwickelt sich der Keim der Dialektik, wie sie Hegel und vor allem Sartre gezeigt haben. Denn der Leib ist für das Selbst nicht nur Subjekt, indem er der Ort der Befindlichkeit, des Gefühls und der Stimmungen ist, der eigene Leib ist zugleich auch Objekt. Diese Objekthaftigkeit konstituiert sich nicht nur in der Eigenwahrnehmung durch dasjenige, was ich selbst am eigenen Leib und mithilfe darstellender Medien vom Spiegel bis zur Kamera wahrnehme. Sie konstituiert sich in einer bestimmenden Weise durch den Blick des Anderen. Der Blick des Anderen ist nicht nur Spiegel und Medium meiner Leiblichkeit, sondern er ist, wie Sartre gezeigt hat, Grund der Erfahrung meiner selbst als Leib, indem er in der Abschätzung dem Leib seine Eigentümlichkeit verleiht. Der objektive Bezug zum Leib ist durch den Anderen und seinen Blick vermittelt. Hier errichtet sich die objektive Seite des Selbst. Sie ist das Fleisch, zu dem der Andere mich mit seinem prüfenden und abschätzenden Blick macht. Die menschliche Existenz wird durch ihr Erscheinen vor Anderen und deren Blick zum Objekt. Das Erscheinen vor dem Blick des Anderen ist eine Repräsentation, die zur unmittelbaren Präsenz, der subjektiven Verfassung, hinzukommt. In der tierisch-leiblichen Verfassung ist sich das Selbst *präsent*, im Erblickt-werden wird der Leib vor dem Anderen und durch den Anderen *repräsentiert*.

Präsentation und Repräsentation des Leibes

Repräsentation des eigenen Leibes durch den Anderen als theatrales Handlungselement

Das leibliche Dasein in seiner Repräsentation vor dem Anderen ist damit schon ein Handlungselement, das von seiner Aufstellung her als theatral bezeichnet werden kann. *Der Begriff theatral* (nicht zu verwechseln mit theatralisch) *ist eine allgemeine Bezeichnung für das Zur-Schau-stehen und die Zur-Schau-Stellung überhaupt.* Der Ursprung aller Zur-Schau-Stellung ist die vom Blick des Anderen verliehene Objektseite des Leibes. Es ist das Zur-Schau-stehen des Selbst im Selben, seinem Leib. Dieses unfreiwillige Offenliegen vor den Augen des Anderen wird nicht nur Ausgangspunkt aller Kommunikation, denn dieses Offenliegen ist ja ein gegenseitiges. Es ist auch der Grund für das Zur-Schau-stellen, also den freiwilligen Einsatz dieser Außenseite im Umgang miteinander. Für Hegel ist dieser Einsatz absolut, er geht auf Leben und Tod, weil diese Außenseite leiblicher Existenz in ihrer Nichtigkeit herausgestellt werden muss, um dabei, so sei erinnert, nicht den Leib überhaupt zu vernichten, sondern lediglich seine Bedeutung für das Selbst zu relativieren.

Der Kampf auf Leben und Tod ist der höchste Einsatz, er geht aufs Ganze. Doch der Einsatz zur Relativierung und Neubestimmung des Selbst darf und muss nicht grundsätzlich aufs Ganze gehen. In erster Linie wird der Leib als das eingesetzt, was er im Umgang und Miteinander ist, nämlich als Medium.

Der Leib als Medium der Person

Als Medium ermöglicht es der Leib über den *direkten* Bezug hinaus, der im Gefühl und der Befindlichkeit besteht, einen *indirekten* Bezug – über das Erblickt-werden durch den Anderen – aufzubauen und zu kultivieren.

Dieser indirekte Bezug über das Objekt, das der Leib für mich ist, indem er vom Anderen erblickter Leib ist, soll uns nun beschäftigen. Er ist der Ursprung und Kern der Rolle, der Maske und, wie es in diesem Zusammenhang vielleicht etwas fremd anmuten mag, der *Person*. Denn der Begriff der Person stammt wie der der Rolle und der Maske aus der Theatersprache. Der Mensch wird durch den indirekten Bezug zu seinem Leib in Rollen gezwungen. Insofern er nicht auf dem Theater oder vor einer Kamera steht, ist er mit diesen fest zu einer Person verbunden und verwachsen. Diese feste Bindung zur Rolle macht die Person, die Persönlichkeit aus und ist deshalb das *idem* (das Selbe) für das *ipse* (das Selbst)

Authentizität der Rollenübernahme im theatralen Spiel: Stellvertretung

Die feste Bindung der Person an Rollen bedeutet nicht, wie ein berühmt gewordener Ansatz des amerikanischen Soziologen Erving Goffman behauptet,[9] dass wir ununterbrochen voreinander Theater spielen; genau genommen bedeutet sie sogar das Gegenteil. Denn die Wirkung des Theaters liegt gerade darin, dass der Schauspieler nicht fest mit seiner Rolle verwächst. Um dies zu veranschaulichen bedarf es keines *epischen Theaters*, wie es Bert Brecht gefordert hatte. Der theatrale Effekt ist durch die Inszenierung – allgemeiner gesagt: durch das Spiel bereits gewährleistet. Das Spiel von Rollen, wie es im Theater, im Film und natürlich gelegentlich auch im alltäglichen Leben vorkommt, hat eine eigene Realität, die sich von der normalen Realität unterscheidet.

Im Theater kann und darf es zu keiner festen Identifizierung mit der Rolle kommen, auch und gerade dann, wenn sie ernsthaft gespielt wird. Der Ernst des Spiels liegt unter anderem darin, dass das Spiel auch Spiel bleibt.

Ich habe diesen wichtigen anthropologischen Grundzug des Spiels in einer mittlerweile publizierten Vorlesung dargestellt.[10] Im theatralen Spiel wird gerade diese Möglichkeit, Rollen an- und abzulegen, entscheidend. Es ist ausschlaggebend für das Spiel überhaupt – nicht nur für das gute Spiel –, dass der Schauspieler sich nicht selbst spielt, sondern eben eine fremde Rolle übernimmt und dass er diese Übernahme gut und überzeugend durchführt. Der Schauspieler bleibt in seiner Rolle immer Vertreter oder Stellvertreter – und er muss es auch bleiben.

Im alltäglichen Leben ist ein solches Spiel von Rollen nur gelegentlich zulässig, zum Beispiel als Mittel der Ironisierung. Im üblichen Fall ist es deplaziert und wird als peinlich aufge-

Authentizität der Rollenübernahme im alltäglichen Leben: Übernahme von Aufgaben

nommen. Menschen, die im alltäglichen Leben etwas vorspielen, erscheinen als kernlose Persönlichkeiten, denen nicht zu trauen ist, egal ob sie den Herrn oder den Knecht spielen. Die Authentizität einer Person im alltäglichen Leben hängt davon ab, wie fest und stabil ihr Bezug zu den Rollen ist, die sie im Leben spielt. Die Stabilität dieses Bezugs zeigt sich darin, dass die Person im Alltag genau genommen nicht *Rollen* spielt, sondern *Aufgaben* übernimmt. Die Authentizität eines Schauspielers liegt dagegen darin, eine *Rolle* zu spielen.

Theater: Ort der Inszenierung der Dialektik direkter Präsenz und indirekt leiblicher Repräsentation

Die Verwendung der Theatersprache für die Charakterisierung des alltäglichen Handelns und Verhaltens ist durchaus berechtigt, sie ist aber mit Bedacht zu wählen. Sie sollte vor allem nicht dazu verleiten, das Theater mit der Wirklichkeit zu verwechseln und die Wirklichkeit für Theater zu halten. In umgekehrter Hinsicht ist es für den theatralen Effekt unzulässig, im Theater – etwa durch die von Bert Brecht geforderte Rollendistanz – das Spiel zu unterbrechen und die Inszenierung aufzuheben. Wenn, wie Brecht es fordert, der Schauspieler sein Spiel auf offener Bühne unterbricht, dann ist Pause. Beides, das Theater als Wirklichkeit und die Wirklichkeit als Theater zu verstehen, sind Auswüchse und Folgen eines unklar bestimmten Rollenbegriffs.

Theater und Wirklichkeit sind streng zu trennen. Denn auch wenn die Wirklichkeit theatral ist, indem im Alltag der Leib zur Schau steht und sich darbietet, indem das Selbst über den Leib erkannt und anerkannt wird, so ist die Wirklichkeit kein Theater. Das Theater ist vielmehr der Ort, an dem die dialektische Situation einer direkten Präsenz und zugleich einer indirekten leiblichen Repräsentation eigens ausgestellt und zum Thema gemacht wird. Das Theater ist das vorgestellte Experiment der menschlichen Inkorporation und Inkarnation, welches durch das Zur-Schau-stehen der leiblichen Existenz überhaupt erst möglich wird.

Kommen wir nun näher auf diese dialektisch bedingte Situation des Zur-Schau-stehens zu sprechen. Wir sind hier schon auf die Begriffe der *Repräsentation* und *Vertretung* gestoßen, zunächst in der Form, dass das Selbst durch das Selbe, den Körper, repräsentiert und vertreten ist.

3.1. Anthropologie der Rolle

Die Notwendigkeit der Übertragung eines fremden Sinns zur Gründung der Selbständigkeit des Selbst

Die Möglichkeit einer Vertretung hängt mit der Dialektik zwischen dem Selbst und dem Selben zusammen, die ja auch für die narrative Identität maßgeblich ist. Es soll uns nun näher beschäftigen, wie das Selbst auf ein Selbes und umgekehrt das Selbe auf ein Selbst übertragen werden kann. Das Selbe ist nur dann bedeutsam – wie die narrative Identität gezeigt hat –, wenn hinter ihm ein Selbst und eine Selbständigkeit steht. Diese Möglichkeit der Übertragung besteht, weil das Selbst eigentlich unselbständig ist. Es ist unselbständig, soweit es sich zu erfassen und zu begründen versucht. Die Übertragung eines fremden Sinns ist zur Gründung der Selbstständigkeit des Selbst also nicht nur möglich, sondern notwendig. Wie wir bei Hegel und Sartre gesehen haben, kreist der Kern der Dialektik um die Frage, wie ich das Selbst, das ich bin, aber nicht habe, zu einer Substanz, zu einem *idem*, einem Selben, machen kann. Dieses Anliegen wird in seiner Vergeblichkeit dadurch verstärkt und geradezu zur Verzweiflung gebracht, dass die Identität als sachliche Selbigkeit und als Substanz geradezu unbrauchbar ist, das Selbst zu gründen und zu begründen. Das Selbe kann das Selbst aber repräsentieren. Mit dieser Möglichkeit der Vertretung des Selbst durch ein Selbes ist die Voraussetzung gegeben, das Selbst für sich und für Andere in einer *Rolle* zu repräsentieren.

Mit dieser Bedeutung der Rolle hat sich der Anthropologe Helmuth Plessner in vertiefender Weise auseinandergesetzt. Schon in seinem frühen Hauptwerk *Die Stufen des Organischen und der Mensch* von 1928[11] werden die Grundlagen für den Rollenbegriff in dem für den Menschen eigenen Selbstbezug der *Exzentrizität* gelegt.

Exzentrizität

Mensch = das „nicht festgestellte Tier"

- **Selbst**
  - unselbständig
    - ortlos
    - zeitlos
    - heimatlos
- **Kultur**
  - Verkörperung
    - Vorbild-Nachahmung
    - Verstecken
    - Verkleiden
  - Entfremdung
    - Übernahme des Fremden
  - Spiel

Herausstellung des dialektischen Verhältnisses des Selbst zu seiner Selbigkeit im Begriff der Exzentrizität

Die Exzentrizität ist ein Begriff von Plessner, der das Selbstverhältnis – auf unsere Begriffe bezogen –, das dialektische Verhältnis des Selbst zu seiner Selbigkeit, herausstellt. In diesem Verhältnis ist die Notwendigkeit der Distanz und Fremde begründet, die das Selbst gerade in Bezug auf sich selbst hat. Selbstbewusstsein bedeutet immer schon – unabhängig von seinen konkreten Erfahrungen – ein Neben-sich-stehen, weil es ort-, zeit- und heimatlos ist:

> „Darum ist er [der Mensch] von Natur, aus Gründen seiner Existenzform künstlich. Als exzentrisches Wesen nicht im Gleichgewicht, ortlos, zeitlos im Nichts stehend, kon-

> stitutiv heimatlos, muss er ‚etwas werden' und sich Gleichgewicht – schaffen" (Plessner GS, Bd. 4, 1981, 385).

Die Selbsterfahrung ist hälftenartig und verlangt eine Ergänzung:

Ergänzung der Unselbständigkeit des Selbst als Grundstock der Kultur

> „Der Mensch will heraus aus der unerträglichen Exzentrizität seines Wesens, er will die Hälftenhaftigkeit der eigenen Lebensform kompensieren und das kann er nur mit Dingen, die schwer genug sind, um dem Gewicht seiner Existenz die Waage zu halten" (ebd.).

Diese Ergänzung zu der Unselbständigkeit des Selbst ist künstlicher Art und bildet den Grundstock für die Kultur. Sie stellt eine Herausforderung dar, sich zu erfassen und zu identifizieren, und ist an unterschiedliche Strategien gebunden. Diese Strategien sind sozialer Natur und vermitteln sich über den Umgang mit dem Anderen. Hier wird das Verhältnis zu sich durch das Verhältnis von Urbild und Abbild, von Vorbild und Nachahmung, ausgebildet. Nachahmung und Schauspiel dienen alle der Identitätsfindung eines sich außer sich selbst befindenden Bewusstseins, welches die Tendenz hat, die innere Fremde dieser Selbstentzweiung durch eine Harmonisierung abzulösen.

Die Exzentrizität wird als Leere erlebt. In diese Leere hinein, die ihm wie der leere Raum der Bühne ist, spielt der Mensch seine Rolle. Der Bühnenraum ist also eine – wohlgemerkt: in und als Theater *gespielte* – Spiegelung der inneren Bühne, auf welcher der Mensch sein eigenes Stück spielt.

Selbstfindung und Selbstentwicklung als nachahmender Akt der Inkorporation des Anderen

Diese Spiegelung der inneren Bühne auf der äußeren wird besonders deutlich in Plessners Aufsätzen *Zur Anthropologie der Nachahmung* und *Der imitatorische Akt*,[12] in denen er die Exzentrizität am Köperschema festmacht. Das Körperschema, dieses Selbstbild des eigenen Leibes (eine von Paul Schilder gefundene physiologische Eigenart[13]), wird hier von Plessner zu dem Ort, an dem durch Nachahmung, die eben kein Nachäffen ist, der Andere im eigenen Leib *verkörpert* wird. Damit verbunden ist auch die „Freude am Sichverstecken, an der Verstellung und Verkleidung" (Plessner GS, Bd. 7, 1983, 452), die wie die Nachahmung Formen der Verkörperung des anderen sind, durch welche die *unerträgliche Hälftenhaftigkeit* kompensiert wird. Nachahmungen sind also Verkörperungen und diese sind wiederum Inszenierungen auf der leeren Bühne des Selbstbildes als Körperschema. Die Selbstfindung und Selbstentwicklung ist damit ein theatraler Vorgang, bei dem der Andere auf der Bühne des Selbst inkorporiert wird. Die Inkorporation oder Verkörperung ist als eine Entfremdung zu verstehen – jedoch nicht im Sinne und Verständnis der Romantik und der Sozialtheorien des 19. Jahrhunderts, die darin ein politisches Problem sahen, das beseitigt werden müsste. Entfremdung wird hier im Gegenteil gedacht als die notwendige Voraussetzung einer Selbstgewinnung durch die Übernahme und Verkörperung des Anderen auf der Bühne des Selbst.

Die anthropologische Bedeutung des Spiels im Rahmen der Dialektik von dem Selben und dem Selbst

Damit bekommt der berühmte Satz von Schiller, dass der Mensch nur dann Mensch ist, wenn er spielt,[14] anthropologische Bedeutung: Das Spiel wird Ernst und ist immer auch schon Ernst. Diese an sich schon dialektische Formulierung führt zu einer Erweiterung der Grundfragen: Neben den Fragen ‚*Was* ist der Mensch?' als der Frage nach dem Wesen oder *Selben*, und der Frage ‚*Wer* ist der Mensch?' als der Frage nach dem *Selbst* kommen wir hier zu der Frage ‚Warum *spielt* der Mensch?' Dies ist dann die Frage nach dem dialektischen Verhältnis von Selbem und Selbst, welches sich im Spiel – angefangen vom *Spiel der Kräfte* bei Hegel bis zum Spiel der Blicke und dem Spiel auf der Bühne – konstituiert. Dabei zeigt sich, dass sich die Positionen von Sartre und Plessner ergänzen. Während es Sartre vor allem um das Einbrechen des Anderen in die Sphäre des Selbst geht, indem es vom Anderen erblickt wird, stellt sich Plessner vornehmlich die Frage, wie das Selbst, das für sich genau so unselbständig ist, wie das erblickte Selbst bei Sartre, seine Unselbständigkeit beseitigt, indem es nämlich durch Imitation, Rollenspiel, Verkleidung usw. seine Selbständigkeit erspielt und erarbeitet. Wie immer dabei das Selbe – ein fremdes Wesen – auf das Selbst – das Eigene aber Unselbständige – übertragen wird, ob durch Verkörperung des Selbst (im Erblicktwerden) oder durch Verkörperung des Anderen (in der Imitation), in jedem Fall wird der menschliche Leib zu einem Medium, das die Bedeutung von Selbständigkeit repräsentiert. Der menschliche Leib ist der Körper oder das Ding, das *für* Selbständigkeit steht.

Leib als Stellvertreter der Selbständigkeit

3.2. Repräsentation, Vertretung, Stellvertretung

Wir haben es bei der Verdinglichung und Verkörperung des Leibes mit der genuinen Form der Vertretung und Stellvertretung zu tun. Das Verhältnis des Menschen zu seinem Leib zeigt sich neben der unmittelbaren Präsenz der leiblichen Befindlichkeit in der Repräsentation der Bedeutung, die der Leib als Stellvertreter der Person übernimmt. Der Leib ist hier Symbol und Zeichen für das Selbst.

Wir hatten herausgestellt, dass die Dialektik als Methode die Kompetenz der *Repräsentation* und *Vertretung* zugänglich macht und herausbildet. Der Begriff der Vertretung und Repräsentation wird nun in den unterschiedlichsten Bedeutungen verwendet. Die Tabelle soll verdeutlichen, wie die Übertragung zumeist definiert ist.

Repräsentation

Rahmen:	**Vertreter**	**für**	**um-zu**
persönlich	Leib	Selbst	verkörpern verwirklichen
theatral	Schauspieler	Mensch	aufzeigen belehren
politisch	Abgeordneter Botschafter	Nation	regieren repräsentieren
religiös	Priester	Göttliches	vermitteln

Die Aufstellung im oberen Schaubild geht in der ersten Zeile von der Person im und als Leib aus. Sie bildet die Basis der Aufstellung, die sich auch in den anderen Formen der Repräsentation wiederfindet.

Die zweite Zeile gibt den theatralen Rahmen vor. Hier wird in und mit der Rolle die Verkörperung des Selbst gespielt, um bei aller inhaltlichen Vorführung grundsätzlich auch die Rollensituation der Person zu verdeutlichen. In der theatralen Repräsentation wird also die Verkörperung überhaupt zum Thema gemacht.

Weitaus funktionaler sind dann andere Formen der Repräsentation. Als Beispiel seien der gesellschaftlich-politische und der religiös-theologische Rahmen genannt. Dieser Bereich der Funktionen ließe sich natürlich vielfach ergänzen. In funktionalen Zusammenhängen ist die Vertretung weniger symbolisch und stärker rechtlich gesichert. Im Falle der gesellschaftlich-politischen Vertretung spielen Symbole noch eine Rolle, wie an der Flagge und an Ehrenzeichen zu sehen ist. Doch auch hier ist eine Verrechtlichung unumgänglich geworden und unterscheidet moderne Staaten von archaischen Clans, bei denen die Macht ausschließlich symbolisch vertreten wird. Auch im religiösen Bereich ist symbolische und rechtliche Vertretung durchmischt. Ganz anderes ist das im geschäftlichen und administrativen Bereich, in denen Repräsentation auf rein rechtlicher Basis aufruht. Je funktionaler die Vertretung definiert ist, umso weniger greift sie auf die Macht der Symbole zurück.

Die Macht der Symbole in der Vergegenwärtigung des Grundes

Die Macht der Symbole, so lässt sich jetzt sagen, liegt darin, das Eigenständige, Selbständigkeit, Authentizität, das Selbst überhaupt, bzw. den *Grund* zu vertreten und zu repräsentieren. Die Möglichkeit und vor allem die Notwendigkeit dieser Vertretung liegen einerseits darin, dass das Wesentliche, das *Wesen*, nicht oder nicht mehr anwesend bzw. nicht zu vergegenwärtigen ist. So ist im christlichen Kontext Brot und Wein das Zeichen für die Gegenwart von Christus. Mit dem Vermächtnis in den Einsetzungsworten zum Abendmahl ‚Solches tut zu meinem Gedächtnis!‘ sind Brot und Wein zu Zeichen geworden, welche die Gegenwart von Christus wieder herstellen, repräsentieren. Neben der Repräsentation durch das Gedächtnis liegt die Möglichkeit und Notwendigkeit der Vertretung aber auch und vor allem darin, solches aufzuzeigen, was von sich aus grundsätzlich nicht erscheinen kann, also das Selbst, das Eigentliche oder das Wesen. Alle Erscheinungen in ihrer Zufälligkeit und Kontingenz können dem Wesen nicht gerecht werden. Der Mangel einer Erscheinung, nicht zureichend für ein Wesen oder ein Selbst zu sein, zeigt sich im Zusammenhang mit dem Selbst und seiner leiblichen Erscheinung, sowohl für sich als auch für Andere. Der Leib kann nie das Wesen repräsentieren, das er verkörpert. Dieser Grundwiderspruch durchzieht alle Formen der Vertretung und Stellvertretung.

Damit zeigt sich: Neben den mannigfachen funktionalen Vertretungen und Ersetzungen liegt die eigentliche Bedeutung der Vertretung in dem Stellvertreten eines Selbst, einer Eigenständigkeit und Wesenhaftigkeit oder auch eines Unbedingten, das als solches nicht in Erscheinung treten kann. Konkret zeigt sich diese Dialektik an der Erscheinung des Selbst als Leib. Die leibliche Erscheinung ist der Bedeutung des Selbst nicht angemessen. Weder kann das Selbst sein leibliches Erscheinen bestimmen, noch kann es sich gegen eine Bestimmung von außen grundsätzlich erwehren. Diese Diskrepanz von Erscheinung und Selbst wird durch die Dialektik vermittelt, indem sie den wechselseitigen Übertragungen von Erscheinung und Selbst nachgeht und sie in den Möglichkeiten der Vertretung aufzeigt.

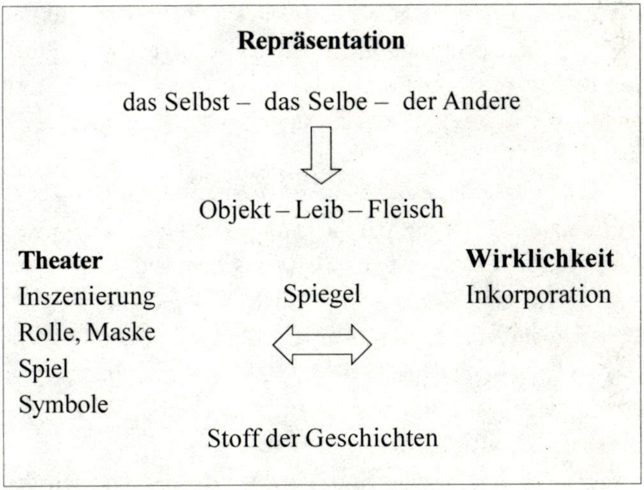

Genese des Objektiven Selbst als Spiegelung des Selbst am Selben durch den Anderen

In praktischer Hinsicht ist der Begriff der *Vertretung* ein zentraler Begriff, der nur mithilfe der Dialektik in seiner Funktion einsichtig wird. Die Vertretung ist ein dialektisches Spiel, ein in der Interaktion stattfindendes Geschehen, bei dem aus der Spannung von dem Selbst, dem Selbem und dem Anderem heraus ein Szenario entsteht. In diesem Szenario wird das Selbst durch das Selbe repräsentiert, obwohl es nicht mit ihm identisch ist oder auch nur Ähnlichkeit zu haben braucht.

Das Selbst steht in Form des Selben zur Disposition, denn es ist als Selbes äußerlich erkannt oder durch Wesenmerkmale festgestellt. In dieser Form ist es auch zum Anderen hingewendet. Das Selbst ist als Leib gegenwärtig, es tritt als Leib auf und ist leibhaftig präsent. In dieser Erscheinungsform wird es durch den Anderen bewertet und bekommt einen objektiven Charakter verliehen.

Der objektive Charakter des Selbst entsteht aus der wechselseitigen Bewertung, die sich an die Erscheinungsform des Selbst als Leib, an die Repräsentation, heftet. *Er ist ein Spiel der Kräfte, in dem das Selbst*, das unsichtbar bleibt und nur in seiner Geschichte entfaltet wird, *am Selben* als der sichtbaren Erscheinung des Selbst *durch den Anderen,* der dieser sichtbaren Erscheinung seine Objektivität gibt, *gespiegelt wird.*

Die Objektivität, welche in diesem Spiel entsteht, ist keine substanzielle Identität, wie sie ja auch nicht die Identität des Selbst aussagt. Denn die Identität zwischen dem Selbem und dem Selbst kann als a = a oder als Ich = Ich nicht stattfinden. Sie ist nicht substanziell, sondern dialektisch und entsteht erst im Umgang. Dabei ist sie das Produkt des Prozesses von Anerkennung und Für-wahr-Halten des Leibes als Objekt, als Leib oder als Fleisch.

Gerade Sartre hat gezeigt, dass der Körper, wie ihn der Mediziner sieht, nur die (lebendige) Leiche ist (vgl. Sartre SuN, 613ff.). Der menschliche Leib kann nicht auf den Körper reduziert werden, wie er medizinisch vorkommt, obwohl das Selbst mit ihm fest verbunden ist und identisch zu sein scheint. Im medizinischen Umgang ist der Leib Konstrukt oder Modell genau dieses medizinischen Umgangs. Dieses Modell bekommt im Falle einer Erkrankung eine wichtige Bedeutung, es ist aber im normalen Umgang der Menschen miteinander unerheblich. Der Leib ist normalerweise nicht der medizinische Körper, sondern das Phänomen oder die Erscheinung im Spiel von dem Selbst und dem Anderem. Diese Unterscheidung zwischen dem Körper als dem medizinischen Modell und dem Leib als Ort und Bühne des Spiels der Kräfte des Erkennens und Anerkennens ist außerordentlich wichtig: Ihre Verkennung oder Missachtung führt zu der leider verbreiteten Vorstellung, der Mensch würde sich mit seinem Körper (nicht mit seinem Leib) identifizieren. Das geschieht aber nur im Krankheitsfalle, wenn z.B. der Patient die Diagnose des Arztes annimmt und sich ihr unterwirft. Von einer solchen Identifizierung gehen auch biologistische Konzepte und Modelle aus, soweit sie den Menschen vom Körper und damit von der Pathologie her erschließen. Wir werden im nächsten Band der *Ethischen Praxis* darauf zurückkommen.

Wirklichkeit und Theaterwirklichkeit: Person und Inszenierung des Personseins

Im Spiel der Kräfte wird am Selben das Objekt, der Leib, das Fleisch erkannt als dasjenige, welches das Selbst repräsentiert oder vertritt, also als das, was unser Selbst nach außen hin zeigt. Das ist ein theatraler Vorgang. Ich hatte ja bereits angemerkt, dass die theatrale Wirklichkeit auf der Bühne nochmals die ursprüngliche Inkorporation des Menschen im Umgang miteinander aufscheinen lässt und explizit zum Ausdruck bringt: Die Bühnensituation leitet sich aus der wirklichen und reellen Inkorporation des Menschen ab. Das zeigen allein schon die Begriffe *Person* und *Rolle*. *Person* ist nichts anderes als *Maske*. Person zu sein meint, eine Rolle zu übernehmen, in ein Spiel einzutreten. Die Bühnen- und Theaterwirklichkeit ist dabei die gewollte und bewusste Inszenierung dieses Personenseins. Die Inszenierung, das *In-eine-Rolle-gehen*, das Rollen-spielen, ist eine Spiegelung dieser wirklichen Inkorporation, in der wir uns als Person befinden. Deshalb erfahren wir im Theater etwas über unsere Wirklichkeit. Die Bühnenwirklichkeit ist damit zwar keine gelebte Wirklichkeit, sie zeigt aber explizit auf, dass wir im Leben eine Position, eine Aufgabe oder eine Rolle übernehmen und auf diese Art und Weise unsere Lebensgeschichte realisieren und bewältigen. Es muss dabei, wie gesagt, immer die Differenz zwischen dem Ernst der wirklichen Rolle – dem Personsein – und dem Spiel einer Rolle gewahrt sein.

Wenn wir voreinander Theater spielen, dann machen wir uns etwas vor, dann wollen wir uns gegenseitig täuschen. Das ist aber nur die gespielte oder krankhafte Seite des gegenseitigen Umgangs. Die alltägliche Wirklichkeit ist norma-lerweise keine gewollte Inszenierung eines geschriebenen oder improvisierten Drehbuches, sondern die Umsetzung der eigenen Lebensgeschichte im Spiel der Kräfte, das sich aus dem Leib- und Fleischsein des Selbst vor und mit dem Anderen ergibt.

Bedingung der symbolischen Stellvertretung: Personale Wirklichkeit des Menschseins

In der leibhaftigen Wirklichkeit kommen immer *Symbole* zum Tragen. Symbole können auf die leibhaftige Wirklichkeit des Menschseins zurückgeführt werden, in der das Selbe, das Fleisch, für das unsichtbare Selbst steht. Symbole sind konkrete Bilder, die diese Situation des *In-der-Person-seins* widerspiegeln. Sie tragen den Charakter von Übertragung und Stellvertretung. Soweit es um die Repräsentation des Selbst durch das Selbe geht, kann und muss etwas für etwas anderes stehen.

Die Anthropologien von Helmuth Plessner und Arnold Gehlen, die wir hier nicht ausführlich behandeln können, haben in diesem Zusammenhang einen wertvollen Beitrag geleistet, die Bedeutung dieser anthropologischen Theorien für die Praktische Philosophie geltend zu machen.[15]

Die Theaterwirklichkeit spiegelt also die reale Wirklichkeit insofern wider, als sie das Personsein, das *In-Rollen-sein,* verdeutlicht, das *Zur-Schau-stehen* zu einem *Zur-Schau-stellen* macht und damit unsere Situation des *In-der-Welt-seins* als Inkorporation explizit herausstellt. Das ist auch der Stoff der Geschichten, welche sich letztlich mit der existenziellen Frage auseinandersetzen, wie wir im Leben, in der Alltagswirklichkeit, eine bestimmte Rolle, Position oder Aufgabe übernehmen und wie wir diese Situation bewältigen und meistern müssen.

Theaterwirklichkeit als Widerspiegelung des In-der-Welt-seins als Inkorporation

4. Adorno/Horkheimer Dialektik als Kulturkritik

Zum Abschluss des Kapitels zur Dialektik möchte ich noch ein wichtiges und bekanntes Werk behandeln, die *Dialektik der Aufklärung*[16]. Es ist ein Buch, das nach dem Zusammenbruch des Zweiten Weltkrieges nach den Ursachen der Barbarei sucht. Adorno und Horkheimer stellen die These auf, dass zum einen jeder Mythos, auch der antike Mythos, als eine Form der Aufklärung zu verstehen sei und andererseits die Aufklärung wieder in Mythologie zurückschlage. Mit diesem Rückschlag ist der Nationalsozialismus angesprochen, der seine Macht auf den Missbrauch von Mythen aufgebaut hat. Dieses eigentliche Hauptthema der Schrift von Adorno und Horkheimer möchte ich hier nicht behandeln, für unseren Zusammenhang ist es uns wichtig, der Voraussetzung dieser These auf den Grund zu gehen. Was sind also die Prämissen der Behauptung, dass Aufklärung eine *Entzauberung der Welt* bedeute? Der Begriff Entzauberung der Welt, ein Begriff, der auf Max Weber zurückgeht, meint die Profanierung der

Schon der Mythos ist Aufklärung, und: Aufklärung schlägt in Mythologie zurück.

Welt durch die Technisierung mit ihrem Verschwinden von Mythen und Göttern überhaupt.

'Entzauberung der Welt' mit dem Ziel ihrer Beherrschung durch Berechenbarkeit

„Die Entzauberung der Welt" ist für Adorno und Horkheimer „die Ausrottung des Animismus" (Horkheimer/Adorno DdA, 11). Die Entzauberung ist damit durch Wissenschaft geschehen, denn „auf dem Weg zur neuzeitlichen Wissenschaft leisten die Menschen auf Sinn Verzicht. Sie ersetzen den Begriff durch die Formel, Ursache durch Regel und Wahrscheinlichkeit" (ebd.).

Dieser Sinnverzicht macht sich also in einer klaren Einschränkung der Paradigmen deutlich, die somit auf das Ziel der vollständigen Beherrschung der Welt hin ausgerichtet sind. Es geht also für Adorno und Horkheimer in der Aufklärung immer schon um die Berechenbarkeit der Welt.

> „Die formale Logik war die große Schule der Vereinheitlichung. Sie bot den Aufklärern das Schema der Berechenbarkeit der Welt … die Zahl wurde zum Kanon der Aufklärung" (Horkheimer/Adorno DdA, 13).

Husserl hatte bereits in seiner *Krisis der europäischen Wissenschaften*[17] detailliert herausgestellt, wie sich diese Verwissenschaftlichung der Lebenswelt vollzieht. Adorno und Horkheimer greifen Husserls Überlegungen auf, aber es geht ihnen dabei eher um die kulturellen und wissenschaftlichen Folgen, die aus Verwissenschaftlichung und Entzauberung entstanden sind.

Immanenz des Positivismus und radikal gewordene mythische Angst

Für Adorno und Horkheimer führt das Phänomen der Verwissenschaftlichung der Welt, das sich durch Berechenbarkeit und Wiederholbarkeit auszeichnet, zu einem Positivismus, der mit seiner radikalen Immanenz einen neuen Mythos schafft. Die Gründe dafür liegen in einer gewissen Grundangst des Menschen:

„Die Aufklärung ist die radikal gewordene, mythische Angst. Die reine Immanenz des Positivismus, ihr letztes Produkt, ist nichts anderes als ein gleichsam universales Tabu. Es darf überhaupt nichts mehr draußen sein, weil die bloße Vorstellung des Draußen die eigentliche Quelle der Angst ist" (Horkheimer/W. Adorno DdA, 22).

Dialektik der Aufklärung

Horkheimer/Adorno 1947

- **Entzauberung der Welt durch Wissenschaft**
  - Berechenbarkeit
  - Wiederholbarkeit
  - Immanenz des Positivismus
  - Verlust der Stellvertretung
    - Bild, Traum > funktionales Zeichen
  - Verdoppelung der Natur
    - Schein-Wesen, Wirkung, Kraft

Tabu der Erfahrung der Fernebereiche

Mit dieser Analyse gehen Horkheimer und Adorno über den Ansatz von Husserl hinaus: Das Motiv der Aufklärung ist die radikal gewordene mythische Angst. Der Mensch schließt sich in ein eisernes Gehäuse technischer Art ein, in dem er sich sicher zu fühlen meint. Das Gehäuse ist die reine Immanenz des Positivismus, hier wird alles bestimmbar und berechenbar gemacht. Objektiv ist allein diejenige Welt, die sich unter das universale Tabu des Positivismus stellt. Der Positivismus ist damit eine im hohen Maße irrationale und voraufklärerische Geisteshaltung, die auf Angstbewältigung mithilfe der Tabus zurückgreift.

Das ist eine starke Aussage, die zu erkennen gibt, dass gerade die scheinbare Nüchternheit des Positivismus leidenschaftlich und irrational ist. Darin wird auch deutlich, warum die Fernebereiche, die wir in unserer Darstellung der Methoden besonders herausgestellt haben – der Bereich der Stimmungen, der Weiten, der Fernen – positivistisch abqualifiziert wird. Das Tabu verlangt Berechenbarkeit, Wiederholbarkeit und Immanenz. Allein dasjenige, welches im Nahbereich wissenschaftlicher Aussage verbleibt, ist im wissenschaftlichen Sinne wirklich. Alles außerhalb dieses Bereichs dagegen ist unsicher, unheimlich und unwissenschaftlich. Die Immanenz des Positivismus entzaubert die Welt, ist aber mit seinem Tabu selbst von magischer und irrationaler Art. Mit dem Positivismus wird also lediglich ein neuer Zauber über die Welt ausgesprochen.

Verlust der Stellvertretung in der Immanenz des Positivismus

Adorno und Horkheimer stellen auch eine wichtige Folge der Herrschaft des Positivismus heraus: *den Verlust der Stellvertretung*. Es geht dabei um den Verlust des Einmaligen, des Heiligen, das sich nicht direkt, sondern nur stellvertretend darstellen kann. Das Einmalige und Heilige kann nicht selbst als Wirkliches in Erscheinung treten, sondern nur in und mit Symbolen. Wir werden hier an unseren Zusammenhang von Selbst und Selbem erinnert: Auch das Selbst kann durch das Selbe nur dargestellt werden. Im gleichen Maße wird das Heilige, das Unaussprechbare und Undarstellbare, durch Symbole dargestellt und vertreten.

> „In der Magie gibt es spezifische Vertretbarkeit. Was dem Speer des Feindes, seinem Haar, seinem Namen geschieht, werde zugleich der Person angetan, anstelle des Gottes wird das Opfertier massakriert. Die Substitution beim Opfer bezeichnet einen Schritt zur diskursiven Logik hin. Wenn auch die Hirschkuh, die für die Tochter, das Lamm,

das für den Erstgeborenen darzubringen war, noch eigene Qualitäten haben mußten, stellen sie doch bereits die Gattung vor. Sie trugen die Beliebigkeit des Exemplars in sich. Aber die Heiligkeit des hic et nunc, die Einmaligkeit des Erwählten, in die das Stellvertretende eingeht, unterscheidet es radikal, macht es im Austausch unaustauschbar. Dem bereitet die Wissenschaft ein Ende; in ihr gibt es keine Vertretbarkeit: wenn schon Opfertiere so doch keinen Gott. Vertretbarkeit schlägt um in universale Fungibilität" (Horkheimer/Adorno DdA, 16).

Auflösung der Stellvertretung in der Funktion

Hier wird in einer sehr verkürzten Art und Weise das Phänomen der Vertretung angedeutet. Dabei macht sich ein entscheidender Bruch bemerkbar: Stellvertretung ist in der Wissenschaft nicht mehr möglich. An die Stelle der Stellvertretung tritt die Fungibilität, d.h. das Funktionieren all dessen, was im weitesten Sinne funktional gemacht werden kann.

„Auf der magischen Stufe galten Traum und Bild nicht als bloßes Zeichen der Sache, sondern als mit dieser durch Ähnlichkeit oder durch den Namen verbunden" (Horkheimer/ Adorno DdA, 17).

Doppeltheit von Schein und Wesen als Modus des Welterlebens

An die Stelle der Bilder und Träume wird durch die Aufklärung das funktionale Zeichen gesetzt. Die Zeichentracht der Bilder und Träume wird durch die der funktionalen Zeichen ersetzt. Natürlich haben wir nach wie vor Bilder und Träume, denen wir möglicherweise eine gewisse persönliche Bedeutung geben, aber wissenschaftlicher Charakter kommt ihnen nicht mehr zu, dieser ist allein den funktionalen Zeichen vorbehalten.

Die Welt der funktionalen Zeichen führt letztlich zu einer Verdoppelung der Natur. Die Natur selber, das zum Tabu gemachte Draußen der Geschehnisse, wird zum Gegenstand gemacht und kommt als Abstraktion in der Wissenschaft zur

Darstellung. Die Verdoppelung von Natur und Welt ist die Verdoppelung von Schein und Wesen. Diese Doppeltheit, die sich durch die Berechenbarkeit und die Veräußerlichung von Natur ergibt, ist die Art und Weise, wie wir Welt erleben.

Forderung eines Rückwegs aus der Funktionalität der Zeichen

Besonders wichtig erscheint mir in diesem Zusammenhang die Veränderung in der Bedeutung der Zeichen. Der Verlust der Stellvertretung im Rahmen der Entzauberung der Welt ist ein Verlust von Kommunikation, ein Verlust von Übertragbarkeit und der Möglichkeit des Übertragens. Das funktionale Zeichen kann keine Stellvertretung leisten, denn es hat weder Ähnlichkeit noch metaphorische Qualität gegenüber dem, was es vertritt. Es hat nur noch Funktion.

Ich habe diese kulturkritische Analyse von Adorno und Horkheimer an den Schluss unserer Untersuchungen gestellt, um die weitgehende Beschränkung des modernen und technischen Umgangs mit Zeichen und Symbolen aufzuzeigen: Für uns haben Zeichen eine fast ausschließlich funktionale Bedeutung. Wenn wir – wie es für die praktische Umsetzung der Methoden notwendig ist – auf die Möglichkeit von Vertretung oder von Symbolik zurückgreifen wollen, dann müssen wir die bloße Funktionalität des Zeichens kritisch betrachten. Zeichen sind Stellvertretungen, auch wenn das der Positivismus und gerade die moderne Semiotik nicht erfassen.

Die Analyse von Horkheimer und Adorno macht uns deutlich, dass wir diesen Zeichenbegriff, der die Möglichkeit von Vertretungen und den Austausch von Übertragung anzeigt, erst wieder erarbeiten müssen.

IV. Das leibhaftige Selbst als integrales Moment der Methoden

Methoden Praktischer Philosophie

Methode	**Phänomenologie**	**Hermeneutik**	**Dialektik**
lebensweltliche Seite der Methode	Erfahren	Verstehen	Vertreten
Gegenstand der Methode	Erlebnis	Ereignis	Handlung
Durchführung der Methode	Bedeuten	Erzählen, Auslegen	Differenzieren

Das integrale Moment der Methoden: das leibhaftige Selbst

Mit diesem Schaubild komme ich nun zum Schluss. Der Überblick soll noch einmal die Einheit der Methoden in praktischer Absicht deutlich machen. Denn unsere Aufgabe bestand ja nicht in der Abgrenzung der Methoden – das wäre eine Aufgabe der theoretischen Philosophie –, sondern in der Herausstellung des integralen Momentes, welches die einzelnen lebensweltlichen Momente von Erfahrung, Verstehen und Vertreten verbinden kann. Die Verbindung zwischen diesen Momenten wird durch die Suche und Bestimmung von menschlicher Identität in unterschiedlichen Erfahrungs- und Erlebnisformen ermöglicht. Die Suche ist methodischer Art und orientiert sich an unterschiedlichen Untersuchungsgegenständen, dem Erlebnis, dem Ereignis und der Handlung, denen wiederum unterschiedliche Durchführungen – das Bedeuten, das Erzählen und Auslegen sowie das Differenzieren – zugeordnet werden können. Einheitliche Grundlage ist das Selbst und seine Suche nach Identität in der Differenz. Die Differenz ergibt sich aus der Unmöglichkeit, das Selbst auf dessen Repräsentationen und Darstellungsmöglichkeiten zu reduzieren.

Es ist die Differenz, die sich zwar erst in der Dialektik explizit herausstellt, welche sich jedoch als die Unvereinbarkeit von dem Selbst und dem Selben in der Phänomenologie (hinsichtlich der Welt) sowie in der Hermeneutik (hinsichtlich der Geschichte) ankündigt. Das Selbst erweist sich dabei immer einerseits an seinen Leib gebunden und andererseits von ihm entbunden: Es ist auf der einen Seite von ihm und durch ihn bestimmt, auf der anderen Seite kann der Leib weder als der Produzent der Gefühle oder der Erlebnisse gelten, noch ist er mit dem medizinisch begriffenen Körper zu identifizieren. Aus dieser Unvereinbarkeit der Darstellungen des Selbst durch das Selbe kann das integrale Moment der Methoden abgeleitet werden. Das integrale Moment ist das Selbst in seiner Leibhaftigkeit. Es ist ein methodisches Moment, weil es die verkürzte Vorstellung eines substanziellen Selbst durch eine kritische Einstellung auflöst und in verschiedenen Aufstellungen von Selbst und Welt, Selbst und Geschichte sowie Selbst und Anderem ersetzt, wie es dann auch im nächsten Schaubild dargestellt ist. Die Leibhaftigkeit ist uneindeutig, sie ist Ort des Gefühls, aber nicht das Gefühl selbst, sie ist Zeuge und Authentizität der Geschichte, aber nicht die Geschichte selbst, sie ist Leib, aber nicht der Körper. Das

Selbst in seiner Leibhaftigkeit kann deshalb nicht durch eine Methode allein dargestellt werden Vielmehr ist die Darstellung davon abhängig, *wie* das Selbst dargestellt werden soll. Damit gibt die Methode den Ausschlag, wie das Selbst in seiner Leibhaftigkeit dargestellt und untersucht werden soll.

Die im Schaubild angeführten Begriffe sollen diese Priorität des methodischen Zuganges noch einmal verdeutlichen.

Die *Methoden* sind in der ersten Zeile noch einmal genannt. In den Zeilen darunter sind die unterschiedlichen Herangehensweisen der Methoden differenziert:

Zunächst der *lebensweltliche Zugang*: In der Phänomenologie ist es die Erfahrung, in der Hermeneutik das Verstehen und in der Dialektik das Vertreten. In Erfahrung, Verstehen und Vertreten haben wir den lebensweltlichen Umgang, aus dem heraus sich die Methoden entwickeln, um letztlich die Lebenswelt wieder kritisch hinterfragen zu können.

Dann folgt der *Gegenstand* der Methode: In der Phänomenologie ist es das konkrete *Erlebnis* in der Erfahrung. Das Erlebnis hatten wir nach Nahbereich und den Fernebereich differenziert. Der Nahbereich beschränkt sich auf die Gegenstände, wie sie sich im Erleben zeigen. Den Fernebereich bilden die Stimmungen als Erlebnisqualitäten. Diese Erlebnisqualitäten sind der Untersuchungsgegenstand der Phänomenologie.

In der Hermeneutik bildet das *Ereignis* den Gegenstand der Untersuchung. Das Ereignis ergibt sich durch Information und Erzählung. Es handelt sich also um das Ereignis, von dem ich höre und das mir mitgeteilt wird, nicht um ein solches, das ich selbst erlebe. Hier geht es um ein Geschehen, bei dem ich nicht selbst anwesend war, von dem ich aber über eine Botschaft, eine Mitteilung oder eine Erzählung, zu hören bekomme. Das Ereignis ist also ein erzähltes und mitgeteiltes Geschehen. Die Form der Mitteilung und Erzählung ist das Thema der Hermeneutik.

Das Thema und der Untersuchungsgegenstand der Dialektik ist die *Handlung* in einem weiten Sinne. Damit ist nicht nur Handeln als aktives Prinzip gemeint, sondern das umfassende Verständnis von Handlung als Handeln innerhalb eines Geschehens oder eines Plots. Der Kern der Handlung ist das Geschehen als persönliches Drama, als persönliche Wirklichkeit, die der Mensch lebt, indem er als leiblich erkanntes und anerkanntes Wesen sein Leben auch in Leibhaftigkeit führt.

In der letzten Zeile folgt das Schema der Durchführung oder *Anwendung* der Methoden.

Die Phänomenologie thematisiert die Realisation des *Bedeutens* von Erlebnissen als Grundlage unserer Erfahrung. Unsere Erfahrung findet dadurch statt, dass wir Erlebnisse bedeuten, ihnen eine Bedeutung geben und sie dadurch für uns objektiv werden.

Die Hermeneutik thematisiert das *Erzählen* und *Auslegen* als Grundlage der Verständigung. Indem wir durch Erzählen und Mitteilen voneinander hören, verstehen wir uns.

Die Dialektik thematisiert das *Differenzieren* im Aushandeln von Identität, von dem Selben und dem Selbst. Hierbei wird deutlich, dass für die Bestimmung der Identität der jeweilige Standpunkt und die Perspektive ausschlaggebend sind. Entsprechend kann es keine wahre oder ausschließliche Bestimmung von Identität geben.

Hier stoßen wir auf den konkreten Anwendungsbereich der Methoden in Alltag und Beruf, der im nächsten Band der *Grundlagen* vorgestellt wird. Das zeigt das Schaubild auf der gegenüberliegenden Seite. Diese Übersicht ist an dem vorhergehenden Schaubild orientiert und konkretisiert die Aufstellung des Subjekts in der Welt:

Aufstellung in den Methoden

Methode	**Phänomenologie**	**Hermeneutik**	**Dialektik**
lebensweltliche Seite der Methode	Ich – Welt	Ich – Du	Ich – Selbe – Du
Gegenstand der Methode	Nähe – Ferne	Geschichten	Interaktion
Durchführung der Methode	frontal	dezentralisierend	vermittelnd

In der Phänomenologie haben wir Ich und Welt als ein Gegenüber. In der Hermeneutik steht das Ich einem Du gegenüber. In der Dialektik ist es ein Szenario von Ich, dem Selben und Du – also eine Aufstellung des Selbst, seiner Repräsentation und dem Anderen.

Der Gegenstand der jeweiligen Methode ist die Welt, in der sich das Subjekt wiederfindet. Für die Phänomenologie stellt sich die Welt als Gegenstand im Nah- und Fernebereich der Erscheinung dar, für die Hermeneutik ist es die Welt der Geschichten, die geschichtliche Welt und für die Dialektik eine Welt der Interaktion als Handeln und Aushandeln der Identität.

Auch hier kommen wir noch einmal zur Durchführung der Methoden. In der Phänomenologie haben wir eine *frontale* Methode. Das Ich steht der Welt gegenüber. Es ist eine starre

Aufstellung mit allen Vor- und Nachteilen, die eine solches methodisches Stillstellen mit sich bringt. Ein starres Gegenüber von Ich und Welt erleben wir normalerweise ja gerade nicht. Aber das Modell dieser frontalen Aufstellung hat den Vorteil, dass die still gestellte Welt phänomenologisch beobachtet und ausgewertet werden kann.

Die Hermeneutik löst nun diese Starre auf, indem sie von der Subjektzentrierung abgeht. Die hermeneutische Methode ist *dezentral*. Dabei wird die frontale Aufstellung der Phänomenologie aufgelöst und durch Kommunikation ergänzt. Hierdurch eröffnet sich eine Situation, die nicht mehr auf ein Subjekt reduziert werden kann, sondern mehrere Subjekte einschließt.

In der Dialektik kommt es zur Aushandlung der mitgeteilten Botschaften. Die Aufstellung ist hier *vermittelnd*. Wir haben dabei immer ein Medium – den Leib und, von ihm abgeleitet, die Symbole – in dem die Identität des Selbst ausgehandelt wird.

Praxis der Methoden als Rückweg zur Lebenswelt

Indem wir auf dem Schaubild von unten nach oben – von der *Durchführung* über den *Gegenstand* zur *Lebenswelt* – zurück gehen, bewegen wir uns bereits im Felde der *Anwendungen* der Methoden. Wir kommen dabei von der Durchführung über den Gegenstand zu Lebenswelt zurück. Von ihr waren wir am Beginn dieser Darstellung ausgegangen. Doch der Umweg über die Methoden hat die Lebenswelt aus der Selbstverständlichkeit der natürlichen Einstellung heraus gelöst und problematisch gemacht. So konnten wir sehen, dass und wie das *Sein* des naiven Seinsglaubens ein *Erscheinen* ist, welches durch Intentionalität bestimmt wird. Wir konnten weiterhin sehen, dass und wie die *Information* eines technisch orientieren Medienkonzepts eine *Botschaft* ist, die immer eines Vermittlers bedarf. Schließlich konnten wir sehen, dass und wie die *Wahrheit* des Selbst eine Position und *Perspek-*

tive darstellt, aus der heraus Wahrheit innerhalb menschlicher Handlung interaktiv verhandelt wird.

Nach diesen Problematisierungen der natürlichen und wissenschaftlichen Einstellung und ihrer Selbstverständlichkeiten wenden wir uns kritisch bereichert der Lebenswelt wieder zu, um die ethische Praxis, den ethisch bestimmten Umgang in Alltag und Beruf neu bestimmen zu können.

Anmerkungen

Vorwort

1 Grätzel, Stephan: *Dasein ohne Schuld. Dimensionen menschlicher Schuld aus philosophischer Perspektive*. Göttingen: Vandenhoeck & Ruprecht 2004.

2 Runggaldier, Edmund: *Was sind Handlungen? – Eine philosophische Auseinandersetzung mit dem Naturalismus*. [Münchener philosophische Studien, NF 12]. München: Kohlhammer 1996.

Einleitung

1 Grätzel, Stephan: *System der Ethik. Existenzielle Fragestellungen der Praktischen Philosophie*. London: Turnshare 2006.

2 Husserl, Edmund: *Ideen zu einer reinen Phänomenologie und phänomenologischen Philosophie*. Husserliana III, hrsg. v. Walter Biemel. Den Haag: Nijhoff 1950.

3 Husserl, Edmund: *Logische Untersuchungen*. Tübingen: Niemeyer 1968.

4 Heidegger, Martin: *Sein und Zeit*. Tübingen: Niemeyer ^{14}1977.

5 Schleiermacher, Friedrich Daniel Ernst: *Hermeneutik und Kritik*. Hrsg. u. eingel. v. Manfred Frank. Frankfurt/M.: Suhrkamp 1977.

6 Kant wird im Folgenden nach der Akademieausgabe unter Angabe der entsprechenden Bandnummer und Seitenzahl zitiert. Die *Kritik der reinen Vernunft* wird nach den Orginalpaginierungen (B: 2. Auflage/A: 1. Auflage) zitiert.

7 Hegel, Georg Wilhelm Friedrich: *Wissenschaft der Logik*. Werke in 20 Bdn., Bde. V u. VI. Frankfurt/M.: Suhrkamp 1986.

I. Phänomenologie

1 Zur Kritik an den Sprechakttheorien von Austin von John L. Austin und John R. Searle vgl. Grätzel, Stephan: *Die Masken des Dionysos. Vorlesungen zu Philosophie und Mythologie*. London: Turnshare 2005, 67–69.

2 Heidegger, Martin: *Die Idee der Philosophie und das Weltanschauungsproblem*. In: Martin Heidegger: *Zur Bestimmung der Philosophie*. GA, Bd. 56/57, II. Abtlg: Vorlesungen. Frankfurt/M.: Klostermann ²1999, 3–117.

3 Vgl. Heidegger, Martin: *Die Frage nach der Technik*. In: Martin Heidegger: *Vorträge und Aufsätze*. Stuttgart: Neske 2000, 9ff.; Heidegger, Martin: *Holzwege*. Frankfurt/M.: Klostermann 1994. Zu Heideggers Technik-Kritik vgl. auch Grätzel, Stephan: *Die Wahrheit der Fiktion. Vorlesungen zur Hermeneutik*. London: Turnshare 2005, 69ff.

4 Heidegger, Martin: *Beiträge zur Philosophie* (Vom Ereignis) (1936–1938). GA, Bd. 65. Frankfurt/M.: Klostermann ³2003.

5 Der Begriff bzw. Neologismus ‚Fernebereich' soll zum Ausdruck bringen, dass eine Differenzierung zwischen Nahbereich und Fernbereich bzw. dem Bereich der Nähe und dem Bereich der Ferne nur in rein theoretischer Hinsicht möglich ist. In praktischer und nicht zuletzt ethischer Hinsicht – das werden die folgenden Untersuchungen zeigen – lässt sich zwar von einem Verlust der Ferneerfahrung sprechen, nicht aber von dem Verlust der Ferne selbst, d.h. die Ferne bleibt als Grundlage der intentionalen Welt anwesend. Welche Gründe für den Verlust der Ferneerfahrung angeführt werden können, welche Bedeutung dieser Verlust für die Erfahrung von Lebenswelt mit sich bringt und wie wir zu einem Wiederfinden der Erfahrung des Fernebereichs gelangen können, wird im Folgenden darzustellen sein.

[6] Vgl. hierzu: Grätzel, Stephan: *Über die Grenzen des Lebens. Vorlesungen zur Philosophischen Anthropologie*. London: Turnshare 2004, 103ff.

[7] Schmitz, Hermann: *System der Philosophie*. Studienausg., 10 Teilbde. Bonn: Bouvier 2005.

[8] Das Schaubild versucht durch eine dreidimensionale Darstellung, die Räumlichkeit der Gefühle aufzuzeigen. Die kursiv geschriebenen Begriffe sind allgemeine Bezeichnung der dritten Dimension, der Ferne, der Weite, der der Tiefe und auch der Stille, innerhalb der dann die einzelnen Stimmungen verortet werden. Auch die Stille ist eine Ferneerfahrung und darf nicht mit der Abwesenheit von Geräuschen verwechselt werden. Die Stille ist etwas Eigenes. Stille wird intentional gehört, erfahren und verstanden. Stille ist damit eine akustische Ferneerfahrung. Das kann hier nur angedeutet werden, dürfte aber aus dem Gesagten über die Weite der Stimmungen deutlich werden. Wenn wir Stille vernehmen, dann vernehmen wir etwas, nämlich die unerhörte und unerhörbare Weite des Raumes.

[9] Vgl. Grätzel, Stephan: *System der Ethik. Existenzielle Fragestellungen der Praktischen Philosophie*. London: Turnshare 2006, 85–91.

II. Hermeneutik

[1] Zur Einführung in die hermeneutischen Positionen von Friedrich Schleiermacher, August Boeckh, Johann Gustav Droysen, Wilhelm Dilthey und Martin Heidegger: Grätzel, Stephan: *Die Wahrheit der Fiktion. Vorlesungen zur Hermeneutik*. London: Turnshare 2005.

[2] Benjamin, Walter: *Der Erzähler. Betrachtungen zum Werk Nikolai Leskovs*. In: Benjamin, Walter: *Aufsätze, Essays, Vorträge*. GS, Bd. II/2. Frankfurt/M.: Suhrkamp 1977, 438–465.

[3] Vgl. Grätzel, Stephan: *Die Wahrheit der Fiktion. Vorlesungen zur Hermeneutik*. London: Turnshare 2005, 1–2.

4 Benjamin, Walter: *Das Kunstwerk im Zeitalter seiner technischen Reproduzierbarkeit.* In Walter Benjamin, GS, Bd. I/2. Frankfurt/M.: Suhrkamp 1974, 435–508.

5 Benjamin, Walter: *Über einige Motive bei Baudelaire.* In: Walter Benjamin, GS, Bd. I/2. Frankfurt/M:, Suhrkamp 1974, 607–653.

6 Benjamin, Walter: *Über den Begriff der Geschichte.* In: Walter Benjamin, GS, Bd. I/2. Frankfurt/M.: Suhrkamp 1974, 693–704.

7 Dilthey, Wilhelm: *Der Aufbau der geschichtlichen Welt in den Geisteswissenschaften.* In Wilhelm Dilthey: GS, Bd. VII. Göttingen: Vandenhoeck und Ruprecht [8]1992.

8 Vgl. Rickert, Heinrich: *Die Grenzen der naturwissenschaftlichen Begriffsbildung. Eine logische Einleitung in die Historischen Wissenschaften.* Tübingen: Mohr Siebeck 1929, 560. Zur Auseinandersetzung Rickerts mit Dilthey vgl. auch Grätzel Stephan: *Die Wahrheit der Fiktion. Vorlesungen zur Hermeneutik.* London: Turnshare 2005, 52–57.

9 Ricoeur, Paul: *Die lebendige Metapher.* München: Fink [2]1991.

10 Barthes, Roland: *Mythen des Alltags.* Frankfurt/M.: Suhrkamp 1964. Barthes, Roland: *Die Sprache der Mode.* Frankfurt/M.: Suhrkamp 1985.

11 Ausführlich hierzu: Grätzel, Stephan: *Die Masken des Dionysos. Vorlesungen zu Philosophie und Mythologie.* London, Turnshare 2005, 99–111.

12 Ricoeur, Paul: *Das Selbst als ein Anderer.* München: Fink 1996.

13 Aristoteles: *Die Poetik.* Übers. u. hrsg. v. Manfred Fuhrmann. Stuttgart: Reclam 1994.

III. Dialektik

1 Ausführlich hierzu: Grätzel Stephan: *Dasein ohne Schuld. Dimensionen menschlicher Schuld aus philosophischer Perspektive*. Göttingen: Vandenhoeck & Ruprecht 2004.

2 Diels, Hermann: *Die Fragmente der Vorsokratiker*. Hamburg: Rowohlt 1957.

3 Hegel, Georg Wilhelm Friedrich: *Phänomenologie des Geistes*. Hamburg: Meiner 1988.

4 1947 wurden die Vorlesungen Kojèves redigiert und unter dem Titel *Introduction à la lecture de Hegel* herausgegeben. In deutscher Sprache liegt diese Ausgabe seit 1958 in Auszügen unter dem Titel *Hegel. Eine Vergegenwärtigung seines Denkens. Kommentar zur Phänomenologie des Geistes* bei dem Verlag Kohlhammer vor. Die Seiten 34–69 dieser von Iring Fetscher herausgegebenen Ausgabe finden sich wiederum in den von Hans Friedrich Fulda und Dieter Henrich 1973 herausgegebenen *Materialien zu Hegels ›Phänomenologie des Geistes‹* unter dem Titel *Alexandre Kojève: Zusammenfassender Kommentar zu den ersten sechs Kapiteln der ›Phänomenologie des Geistes‹*.

5 Kojève erkennt in Hegels *Phänomenologie des Geistes* Ansätze einer „phänomenologischen *Anthropologie*“ (Kojève 1958, 41), die zeigt, dass der wahre Gegenstand des religiösen Gedankens nur der Mensch in der geschichtlichen Welt sein kann, wobei es für Kojève durch die Anwendung existenzphilosophischer Elemente auf Hegel möglich wird, die Philosophie Hegels als Sozial- und Geschichtsphilosophie zu verstehen. Kojève gelingt es somit, aus einem *humanistischen Atheismus* heraus im Rahmen seiner Deutung zu bestimmten Grundvoraussetzungen und Grundbestimmungen menschlichen Daseins zu gelangen, die gerade für Sartres *Versuch einer phänomenologischen Ontologie* – aber auch für seinen späteren Ansatz einer *Kritik der dialektischen Vernunft* als Theorie der gesellschaftlichen Praxis – ent-

scheidende Bedeutung besitzen. Die Frage, die Kojève ins Zentrum seiner Beschreibungen stellt, ist die Frage nach dem *Sein des Menschen*. Dabei ist es insbesondere ein Begriff, der Kojève besonders geeignet erscheint, dieses *Sein* zu beschreiben: der Begriff der „Negativität" (Kojève 1958, 185). Denn „der Mensch ist nicht ein Sein, das *da ist*: er ist Nichts, das durch die Negation des Seins *nichtet*. Die Negation des Seins aber ist die Tat" (Kojève 1958, 54).

6 Sartre, Jean-Paul: *Der Existentialismus ist ein Humanismus*. Reinbek bei Hamburg: Rowohlt ^{2}2002.

7 Sartre, Jean-Paul: *Das Sein und das Nichts. Versuch einer phänomenologischen Ontologie*. Reinbek bei Hamburg: Rowohlt 1998.

8 Grätzel, Stephan: *System der Ethik. Existenzielle Fragestellungen der Praktischen Philosophie*. London: Turnshare 2006, 149–170.

9 Goffman, Erving: *The Presentation of Self in Everyday Life*. Doubleday: Garden City, New York 1959.

10 Grätzel, Stephan: *Der Ernst des Spieles. Vorlesungen zu einer Philosophie des Spiels*. London: Turnshare ^{2}2007.

11 Plessner, Helmuth: *Die Stufen des Organischen und der Mensch. Einleitung in die philosophische Anthropologie*. GS, Bd. 4, hrsg. v. Günter Dux u.a. Frankfurt/M.: Suhrkamp 1981.

12 Plessner, Helmuth: *Zur Anthropologie der Nachahmung* (1948). In: GS, Bd. 7, Frankfurt/M.: Suhrkamp 1983, 389–398; ders.: *Der imitatorische Akt* (1961). In: GS, Bd. 7. Frankfurt/M.: Suhrkamp 1983, 446–458.

13 Schilder, Paul: *Das Körperschema. Ein Beitrag zur Lehre vom Bewusstsein des eigenen Körpers*. Berlin: Julius Springer 1923.

14 „Denn, um es endlich einmal herauszusagen, der Mensch spielt nur, wo er in voller Bedeutung des Worts Mensch ist, und *er ist nur da ganz* Mensch, wo er spielt" (Schiller SW, Bd. V, 2004, 618).

15 Vgl. Grätzel, Stephan: *Der Ernst des Spieles. Vorlesungen zu einer Philosophie des Spiels*. London: Turnshare ^{2}2007.

[16] Horkheimer, Max/Adorno, Theodor W.: *Dialektik der Aufklärung. Philosophische Fragmente*. Frankfurt/M.: Fischer [15]2004.

[17] Husserl, Edmund: *Die Krisis der Europäischen Wissenschaften und die Transzendentale Phänomenologie. Ein. Einleitung in die Phänomenologische Philosophie*. Husserliana, Bd. VI, hrsg. v. Walter Biemel. Den Haag: Nijhoff 1976.

Literaturverzeichnis

ARISTOTELES: *Die Poetik*. Übers. u. hrsg. v. Manfred Fuhrmann. Stuttgart: Reclam, 1994.

BARTHES, Roland: *Die Sprache der Mode*. Aus d. Franz. v. Horst Brühmann. Frankfurt/M.: Suhrkamp, 1985.

ders.: *Mythen des Alltags*. Aus d. Franz. v. Helmut Scheffel. Frankfurt/M.: Suhrkamp, 1964.

Benjamin, Walter: *Das Kunstwerk im Zeitalter seiner technischen Reproduzierbarkeit*. In: Walter Benjamin, GS, Bd. I/2. Frankfurt/M.: Suhrkamp, 1974.

ders.: *Der Erzähler. Betrachtungen zum Werk Nikolai Leskovs*. In: Benjamin, Walter: *Aufsätze, Essays, Vorträge*. GS, Bd. II/2. Frankfurt/M.: Suhrkamp, 1977.

ders.: *Über den Begriff der Geschichte*. In: Walter Benjamin, GS, Bd. I/2. Frankfurt/M.: Suhrkamp, 1974.

ders.: *Über einige Motive bei Baudelaire*. In: Walter Benjamin, GS, Bd. I/2. Frankfurt/M.: Suhrkamp, 1974.

BRECHT, Berthold: *Schriften zum Theater. Über eine nicht-aristotelische Dramatik*. Zsgest. von Siegfried Unseld. Frankfurt/M.: Suhrkamp, ^{22}1993.

DIELS, Hermann: *Die Fragmente der Vorsokratiker*. Hamburg: Rowohlt, 1957.

DILTHEY, Wilhelm: *Der Aufbau der geschichtlichen Welt in den Geisteswissenschaften*. In: Wilhelm Dilthey, GS, Bd. VII. Göttingen: Vandenhoeck und Ruprecht, ^{8}1992.

FREUD, Sigmund: *Jenseits des Lustprinzips*. In: Sigmund Freud, GW, Bd. 13. Frankfurt/M.: Fischer, ^{8}1976.

FULDA, Hans Friedrich/HENRICH, Dieter [Hrsg.]: *Materialien zu Hegels ›Phänomenologie des Geistes‹*. Frankfurt/M.: Suhrkamp, 1973.

GOFFMAN, Erving: *The Presentation of Self in Everyday Life*. Doubleday: Garden City, New York, 1959.

GRÄTZEL, Stephan: *Dasein ohne Schuld. Dimensionen menschlicher Schuld aus philosophischer Perspektive*. Göttingen: Vandenhoeck & Ruprecht, 2004.

ders.: *Der Ernst des Spieles. Vorlesungen zu einer Philosophie des Spiels*. London: Turnshare, [2]2007.

ders.: *Die Masken des Dionysos. Vorlesungen zu Philosophie und Mythologie*. London: Turnshare, 2005.

ders.: *Die Wahrheit der Fiktion. Vorlesungen zur Hermeneutik*. London: Turnshare, 2005.

ders.: *System der Ethik. Existenzielle Fragestellungen der Praktischen Philosophie*. London: Turnshare, 2006.

ders.: *Über die Grenzen des Lebens. Vorlesungen zur Philosophischen Anthropologie*. London: Turnshare, 2004.

HEGEL, Georg Wilhelm Friedrich: *Phänomenologie des Geistes*. Hamburg: Meiner, 1988.

ders. : *Wissenschaft der Logik*. Werke in 20 Bdn., Bde. V u. VI. Frankfurt/M.: Suhrkamp, 1986.

HEIDEGGER, Martin: *Beiträge zur Philosophie* (Vom Ereignis) (1936–1938). GA, Bd. 65, Frankfurt/M.: Klostermann, [3]2003.

ders.: *Die Frage nach der Technik*. In: Martin Heidegger: *Vorträge und Aufsätze*. Stuttgart: Neske, 2000.

ders.: *Die Idee der Philosophie und das Weltanschauungsproblem*. In: Martin Heidegger: *Zur Bestimmung der Philosophie*. GA, Bd. 56/57, II. Abtlg.: Vorlesungen. Frankfurt/M.: Klostermann, [2]1999.

ders.: *Holzwege*. Frankfurt/M.: Klostermann, 1994.

ders.: *Sein und Zeit*. Tübingen: Niemeyer, [14]1977.

HORKHEIMER, Max/ADORNO, Theodor W.: *Dialektik der Aufklärung. Philosophische Fragmente*. Frankfurt/M.: Fischer, [15]2004.

HUSSERL, Edmund: *Die Krisis der Europäischen Wissenschaften und die Transzendentale Phänomenologie. Eine Einleitung in die Phänomenologische Philosophie*. Husserliana, Bd. VI, hrsg. v. Walter Biemel. Den Haag: Nijhoff, 1976.

HUSSERL, Edmund: *Ideen zu einer reinen Phänomenologie und phänomenologischen Philosophie*. Husserliana Bd. III, hrsg. v. Walter Biemel. Den Haag: Nijhoff, 1950.

ders.: *Logische Untersuchungen*. Tübingen: Niemeyer, 1968.

KANT, Immanuel: Kants Werke, Akademie-Textausg. Berlin: de Gruyter, 1968 ff.

KOJÈVE, Alexandre: *Hegel. Eine Vergegenwärtigung seines Denkens. Kommentar zur Phänomenologie des Geistes*. Hrsg. v. Iring Fetscher. Aus d. Franz. übers. von Iring Fetscher u. Gerhard Lehmbruch. Stuttgart: Kohlhammer, 1958.

MUSIL, Robert: *Der Mann ohne Eigenchaften*. Erstes und Zweites Buch. Reinbek bei Hamburg: Rowohlt, 1994.

PLESSNER, Helmuth: *Der imitatorische Akt*. In: Helmuth Plessner, GS, Bd. VII. Frankfurt/M.: Suhrkamp, 1983.

ders.: *Zur Anthropologie der Nachahmung*. In: Helmuth Plessner, GS, Bd. VII. Frankfurt/M.: Suhrkamp, 1983.

PROUST, Marcel: *Auf der Suche nach der verlorenen Zeit*. Dt. von Eva Rechel-Mertens. 10 Bde. Frankfurt/M.: Suhrkamp, 1979ff.

RICKERT, Heinrich: *Die Grenzen der naturwissenschaftlichen Begriffsbildung. Eine logische Einleitung in die Historischen Wissenschaften*. Tübingen: Mohr Siebeck, 1929.

RICOEUR, Paul: *Das Selbst als ein Anderer*. München: Fink, 1996.

ders.: *Die lebendige Metapher*. München: Fink, 21991.

RUNGGALDIER, Edmund: *Was sind Handlungen? – Eine philosophische Auseinandersetzung mit dem Naturalismus*. [Münchener Philosophische Studien, NF 12]. München: Kohlhammer, 1996.

SARTRE, Jean-Paul: *Das Sein und das Nichts. Versuch einer phänomenologischen Ontologie*. Reinbek bei Hamburg: Rowohlt, 1998.

ders.: *Der Existentialismus ist ein Humanismus*. Reinbek bei Hamburg: Rowohlt, 22002.

SCHILDER, Paul: *Das Körperschema. Ein Beitrag zur Lehre vom Bewusstsein des eigenen Körpers*. Berlin: Julius Springer, 1923.

SCHLEIERMACHER, Friedrich Daniel Ernst: *Hermeneutik und Kritik*. Hrsg. u. eingel. v. Manfred Frank. Frankfurt/M.: Suhrkamp, 1977.

SCHMITZ, Hermann: *System der Philosophie*. Studienausg., 10 Teilbde. Bonn: Bouvier, 2005.

Stephan Grätzel

Grundlagen der Praktischen Philosophie Band I

SYSTEM DER ETHIK

EXISTENZIELLE FRAGESTELLUNGEN DER PRAKTISCHEN PHILOSOPHIE

London: Turnshare, 2006
ISBN: 1-903343-32-1
Seiten: 258, EUR: 14,80

Das System der Ethik ist der erste Teil einer Grundlegung der Praktischen Philosophie, die das Feld der Praktischen Philosophie wissenschaftlich umreißt und in mehreren Schritten zugänglich macht. Die Grundlegung beginnt mit der Besinnung auf die elementaren und existenziellen Fragen des Menschen in Bezug auf sein Handeln.

Das System der Ethik fasst den Menschen als ein in ethischer Hinsicht fragendes Wesen auf. Hierbei wird die Würde des Menschen nicht als „fragloses Faktum" hingenommen, sondern gerade ins Zentrum des Fragens gestellt.

Stephan Grätzel geht von den existenziellen Fragestellungen der Praktischen Philosophie aus und zeigt, wie mit der Differenzierung und Systematisierung der ethischen Fragen die Unverfügbarkeit von Würde und Leben überhaupt rational in den Blick gerät. Dies sind die Früchte einer hohen philosophischen Kultur, beginnend mit Kant bis hin zu Lévinas, die deutlich machen, dass Freiheit nicht Willkür ist, sondern Anspruch auf Grund und Sein in Geschichte als Verpflichtung gegenüber dem Anderen.

Stephan Grätzel

Die Vollendung des Denkens
Vorlesungen zu Philosophie und Mystik

London: Turnshare, 2005
ISBN: 1-903343-75-5
Seiten: 189, EUR: 12,80

In gewohnt anschaulicher und eindringlicher Weise führt Stephan Grätzel nicht nur in das Denken der Mystik ein, sondern zeigt, dass Mystik die höchste Form ethischen Handelns darstellt.

Diese These belegt der Autor anhand einschlägiger Denker der Mystik wie Plotin, Augustinus, Scotus Eriugena, Dionysius Areopagita, Meister Eckhart, Bonaventura und Nikolaus von Kues. Daneben werden aber auch Denker der Existenzphilosophie und des Existenzialismus wie Martin Heidegger und Jean-Paul Sartre in die Untersuchung einbezogen.

Dabei stellt Stephan Grätzel heraus, welche Aus- und Abblendungen die moderne Philosophie für die Konstruktion reduzierter Menschenbilder zu zahlen bereit scheint, um mystische Bedeutungsinhalte, Zielsetzungen und Erfahrungen hinter sich lassen zu können.

Stephan Grätzel

Die Masken des Dionysos

Vorlesungen zu Philosophie und Mythologie

London: Turnshare, 2005
ISBN: 1-903343-63-1
Seiten: 169, EUR 13,70

Ausgehend von der Geschichtlichkeit des Menschen und seinem Verstricktsein in Geschichten stellt Stephan Grätzel in seinen Vorlesungen die Gebundenheit des Menschen in der Schuld und die mögliche Entsühnung in der Solidarität als das eigentliche Thema des Mythos heraus.

Damit geht Stephan Grätzel nicht nur über Interpretationen des Mythos als ein ästhetisches oder rationales Mittel der Weltdeutung und Welterschließung hinaus, sondern eröffnet einen ethischen Zugang zum Mythos. Dabei wird die existentielle Bedeutsamkeit einer philosophischen Beschäftigung mit dem Phänomen des Mythos im Hinblick auf die Frage nach der Schuld des Menschen deutlich.

Stephan Grätzel

DIE WAHRHEIT DER FIKTION

VORLESUNGEN ZUR HERMENEUTIK

London: Turnshare, 2005
ISBN: 1-903343-69-0
Seiten: 143, EUR: 12,60

Neben Dialektik und Phänomenologie stellt die Hermeneutik eine der wichtigsten Methoden der Philosophie dar. Ursprünglich als Kunst der Interpretation von Texten entwickelt sich die Hermeneutik zu einer universalen Theorie des Verstehens.

Ausgehend von Friedrich Schleiermachers Kunstlehre des Verstehens zeigt Stephan Grätzel, welchen Bedeutungsgewinn das Verstehen bei August Boeckh, Johann Gustav Droysen über Wilhelm Dilthey, Martin Heidegger und Hans-Georg Gadamer bis hin zu Paul Ricoeur erfährt.

Meint nun Verstehen nicht länger eine bloße Methode der Geisteswissenschaften, sondern eine Seinsbestimmung des Daseins selbst, so eröffnet sich die ethische Dimension der Hermeneutik.

Stephan Grätzel

Über die Grenzen des Lebens

Vorlesungen zur Philosophischen Anthropologie

London: Turnshare, 2004
ISBN: 1-903343-55-0
Seiten: 146, EUR 11,80

Gerade auf Grund des wissenschaftlichen und medizinischen Fortschritts erscheint die Frage nach einer neuen Definition der Grenzen des Lebens als eine der dringlichsten Fragen überhaupt.

Die Bestimmung des Zeitpunktes der Geburt und des Todes steht stellvertretend für die Bestimmung von Sinn und Wert menschlichen Lebens.

Doch losgelöst von seinen geistesgeschichtlichen Wurzeln führt der moderne Todesbegriff in eine Widersprüchlichkeit, die sich letztlich als diffuse Todesangst in Szene setzt.

In seinen Vorlesungen führt Stephan Grätzel nicht nur in die aktuelle Diskussion ein und zeigt, welche Problematik mit dem Versuch einer Bestimmung der Grenzen des Lebens verbunden ist, sondern eröffnet philosophische Wege des Zugangs zur Bestimmung der Grenzen des Lebens, die von einer Ethik der Präsenz überleiten zu einer Ethik der Grenzen des Lebens in der Einheit von Leben und Tod.

Stephan Grätzel

Kunst ohne Ende

Vorlesungen zu einer Philosophie der Kunst

London: Turnshare, 2004
ISBN: 1-903343-58-5
Seiten: 165, EUR 11,90

Ist Friedrich Schillers idealistisches Projekt einer ästhetischen Erziehung des Menschen gescheitert?

Hat sich die Kunst von der Bühne des Welttheaters zurückgezogen, um in stiller Agonie der Stringenz ihrer eigenen feuilletonistischen Abgesänge zu lauschen?
Können Theorie und Wissenschaft jene Rolle übernehmen, die einst die Kunst inne hatte und haben sollte, oder lässt der moderne Wahrheitsbegriff den nach Sinn fragenden Menschen dabei ratlos zurück?

Beginnend mit der Aufklärung bis hin zur Gegenwart untersucht Stephan Grätzel die provokante These vom Ende der Kunst.
In seinen Vorlesungen führt der Autor in anschaulicher Weise in die Problematik einer Philosophie der Kunst ein und zeigt, welche Abblendungen und Abstraktionen wir uns zumuten, wenn wir zu akzeptieren bereit sind, dass einzig Theorie und Wissenschaft uns Aufklärung über die Frage verschaffen können: »Was ist der Mensch?«

Stephan Grätzel

DER ERNST DES SPIELES

VORLESUNGEN ZU EINER PHILOSOPHIE DES SPIELS

London: Turnshare, [2]2007
ISBN: 978-1-903343-94-4
Seiten: 117, EUR 13,80

Mit den in diesem Buch vorgestellten Theorien, aber auch der Gesamtkonzeption der Vorlesung, eröffnet sich ein Verständnis von „Spiel", welches die Menschwerdung insgesamt betrifft. Ein Spielbegriff, der dies zu leisten vermag, zeigt, dass der Mensch sich seine Existenz und eben gerade auch seine Identität in erster Linie nicht nur erarbeitet, sondern auch erspielen muss.